U0152526

赋能
未来

智能商业时代的
企业创新实践

长江商学院案例中心
编著

ZHEJIANG UNIVERSITY PRESS
浙江大学出版社
·杭州·

图书在版编目（CIP）数据

赋能未来：智能商业时代的企业创新实践 / 长江商学院案例中心编著. -- 杭州：浙江大学出版社，2022.10

ISBN 978-7-308-23103-9

Ⅰ.①赋… Ⅱ.①长… Ⅲ.①企业创新—研究 Ⅳ.①F273.1

中国版本图书馆CIP数据核字（2022）第179041号

赋能未来：智能商业时代的企业创新实践

长江商学院案例中心　编著

策　　划	杭州蓝狮子文化创意股份有限公司
责任编辑	罗人智　吴沈涛
责任校对	陈　欣
封面设计	邵一峰
出版发行	浙江大学出版社
	（杭州市天目山路148号　邮政编码310007）
	（网址：http://www.zjupress.com）
排　　版	杭州真凯文化艺术有限公司
印　　刷	杭州钱江彩色印务有限公司
开　　本	710mm×1000mm　1/16
印　　张	17.75
字　　数	248千
版 印 次	2022年10月第1版　2022年10月第1次印刷
书　　号	ISBN 978-7-308-23103-9
定　　价	68.00元

浙江大学出版社市场运营中心联系方式：（0571）88925591；http://zjdxcbs.tmall.com

编委会
（按姓名拼音字母排序）

序一 关注中国的创新实践

 李伟
长江商学院经济学教授、长江商学院案例中心
主任、长江商学院中国经济和可持续发展研究
中心主任、亚洲与欧洲市场副院长

什么是商学院案例？公说公有理，婆说婆有理，但结合笔者在美国的教学经历，至少有两点要求，一是有一个主人翁，二是在写作中持一个中性的立场。在遵从这两点的前提下，案例会呈现出一种独特的表现形式，而这种阅读材料特别有利于调动学生课堂讨论的积极性，所以在弗吉尼亚大学达顿商学院（这是一所全案例教学的商学院，与哈佛商学院类似）任教时，笔者没有过去讲完课后那种口干舌燥的感觉，却有一种脑力激荡的强烈感觉。

笔者来到长江商学院任职后，也希望将这种教学形式引入中国。在引入中国的早期，我们使用得比较多的案例是来自海外的。这些案例写作水平很高，但有一个问题，就是其与中国市场和中国企业的距离较远，有时候很难激发学生讨论的积极性，写作本土案例的急迫性日益凸显。笔者长期担任长江商学院案例中心主任，按照标准的案例写作要求来培养中国自己的案例写作人员，并写作本土化的案例。

现在这本《赋能未来：智能商业时代的企业创新实践》就是长江商学院案例中心一段时间以来的写作成果。在这本书中，我们将案例按照主题分为六个部分，分别是产品创新、品牌创新、商业模式创新、数字化创新、组织与战略创新、社会创新，一共10余个案例，其中涵盖了中国众多的新锐企业，例如SHEIN、蔚来汽车、节卡机器人、小仙炖和玲珑轮胎等。我们通过对这些企业的描述，去寻找它们获得商业成功的秘密，但不对其商业上的得失进行评价，即使要进行必要的评论，也引用多方的观点，力求客观中立。

随着中国成为世界第二大经济体，发展中国家中的第一大经济体，对中国经济的解读和分析已日益成为全球经济界的迫切需求。企业是整体经济的细胞，对这些细胞各方面的理解对于量度中国经济有着至关重要的作用。今天的中国已经诞生了众多巨无霸企业，2022年的《财富》世界500强的数据显示，中国上榜企业的总数高达145家，位居全球之首。这些巨无霸企业是中国经济的骄傲，也是改革开放四十余年成果的体现。每一家企业都是从小到大发展而来的。以阿里巴巴为例，它是中国民营企业的标杆，其主要的组成部分淘宝网是2003年创立的。换句话说，淘宝成立至今还不到20年。中国企业具有大多数快速发展的新兴企业的特点，就是持续的高增长，而在这个过程中，企业的基因却没有发生太大的变化，因此从这些企业的初生之时开始观察它们就显得尤为重要，而这也是我们的案例集聚焦于中国新锐企业的最主要原因。或许中国的下一个阿里巴巴就会诞生于我们所关注的这些企业中！

关注中国，关注中国企业，关注中国的新锐企业，关注中国新锐企业的创新实践，这就是本案例集的目标和抓手。我们希望抛砖引玉，能给业界带来一丝启发。

是为序。

序二 案例中心的"案例"——长江商学院案例中心近 20 年的探索

 周立
长江商学院助理院长兼管案例中心

在全球政治、经济、科技和气候环境发生深刻变化，新冠肺炎疫情尚未结束的 2022 年，长江商学院迎来了 20 周年校庆。作为学院创立后成立的首个研究部门，长江商学院案例中心参与了学院从无到有、由弱变强、从中国走向全球的发展历程。

2001 年 12 月，中国正式加入世界贸易组织（WTO）。一年后，长江商学院正式成立。建校伊始，大部分曾在世界顶级商学院留学并获得终身教职，最早一批回到中国的长江商学院创始教授们，就学院的发展方向展开了热烈的讨论，最后集中于两种办学模式之间的选择。

第一种办学模式，是将美国商学院的成熟模式平移到中国，招收中低层管理人员，帮助他们毕业后成为大公司的职业经理人。

这种办学模式的优点主要有以下三点。第一，风险低。美国的商学院已经有一百多年的历史，积累了丰富的办学经验，并成为全世界商学院的标杆，几乎所有美国以外的商学院都采用这种面向职业经理人的办学模式。第二，启动快。长江商学院的创始教授们大都曾在美国顶级商学院任教，对美国的办学模式十分熟悉。将这种模式复制到中国，教授们可谓驾轻就熟，除了将授课语言从英文改为中文外，无需太多额外准备。第三，有利于提高排名。全球商学院的排名都是基于以培养职业经理人为主的办学模式，例如，排名所依据的一个主要指标就是学员就读商学院前后的工资变化幅度。

当然，第一种办学模式的缺点也非常明显。第一，这种模式忽略了中国经济发展的特殊需要。相较于欧美国家已经发展了几百年的市场经济，当时中国的市场经济还处在起步阶段。2002年前后，国有企业在国民经济中占据主要地位，当时一些公派留学攻读MBA的人回国后，他们所学到的管理技能和理念，很难在派出单位发挥作用。大部分民营企业则只有10年左右的创业历史，尚未发展到需要传统商学院培养的职业经理人的阶段。在当时，最欢迎MBA学生的是在中国的外资企业。第二，这种模式缺乏差异化优势。当时国内的大部分商学院已经将培养职业经理人作为主要方向。特别是与外国机构有合作关系的商学院早已全面复制了美国商学院的办学模式，将重点放在为外企培养中国的职业经理人上。

第二种办学模式，则是面向企业家和公司最高决策层，帮助他们带领自己创办或掌舵的企业，走向中国乃至世界的前列。这种办学模式能够对中国企业迅速提高商业和管理水平产生直接的、重要的影响，使企业家和公司最高决策层更快地适应改革开放和全球经济一体化发展的进程。中国企业的最高决策层只有通过在长江商学院的学习，以全世界最新的管理理论和最佳实践武装自己，以全新的全球和市场经济的视野制定并执行企业的战略，才能带领企业在国内外日趋激烈的商业竞争中取胜。但这种模式的缺点在于没有成熟经验可以借鉴。

面对以上两种办学模式，权衡优缺点，长江商学院以院长项兵为代表的创始教授们经过充分论证，决定摈弃美国商学院从"连长、排长"中选拔招生对象，进而将他们培养成"师长、团长和参谋"的办学模式，直接将"军长、司令"级别的企业"一把手"作为学院招生的重点对象，走一条不同于西方传统商学院，也完全区别于国内商学院的全新道路。

在确定办学模式之后，课堂上讲授什么案例就成为重要课题。当时国内的一些主要商学院多以翻译和讲授美国商学院的现成案例为主。而长江商学院的创始教授们认为，首先，美国商学院的案例并不适合中国改革开放初期的现实环境，比如当时的中国企业最需要了解的是国有企业、民营企业和跨国公司如何在中国进行有效的竞争和合作，这是任何国外商学院都不曾涉及的课题。又比如，美国企业的全球化经历了上百年的历程，基本占据了全球主要市场的制高点，而中国企业的全球化还在起步阶段，以简单的加工出口为主要形式，讲授以IBM、GE等为代表的跨国公司的案例，对中国企业"走出去"的指导意义十分有限。其次，美国商学院的大部分案例是为培养未来职业经理人而开发的，注重"优术"层面的内容，而长江商学院的教授们认为，中国企业的"一把手"们，更需要对中外大"势"的把控和对"道"的感悟与升华，长江商学院要成为中国乃至全球商业领袖"取势、明道、优术"的学习平台。最后，美国商学院的大部分案例篇幅较长，带领公司在一线"作战"的中国企业家很难有足够的时间在课前通读篇幅过长的案例，以致在欧美国家屡试不爽的课堂案例讨论，难以照搬到长江商学院的课堂上。正是基于以上几点原因，2003年，长江商学院创办的第二年，学院便决定建立案例中心，参照国外经验，根据中国国情和学员特色开发可以更好地服务中国企业家的案例。

长江商学院案例中心自成立以来，立足中国，连接世界，为学院的教学和研究提供源源不断的长江智慧和中国洞见，随着中国经济的迅猛发展和中国企业的快速成长，长江商学院案例中心成为连接学院与国内外商业实践的重要桥梁。截至目前，案例中心已写作500多篇商业案例及以行业研究为背景的综合性报告。

比起西方传统商学院只侧重"术"的倾向，长江商学院的案例如同长江商学院的课程一样，更加注重势、道、术的和谐与统一。长江商学院的案例，大部分反映了企业创办者或最高决策者在企业发展的关键阶段所面对的挑战以及他们当时的思考、采取的行动和此后的复盘，具有独特、真实的"一把手视角"。

这些案例大多由长江商学院教授指导案例研究员开发，并通过与作为长江校友的企业创始人或决策者进行深度沟通和实地考察而完成。案例的开发过程也是教授、案例研究员和学员"教学相长"、共同提高的过程，学员生动真实的管理实践经过教授和案例研究员的梳理、提炼，形成可供其他学员借鉴的理论洞见。

通过这些案例的开发，我们也欣喜地看到，长江商学院的学员正践行着全球视野、人文关怀、社会创新、公益理念等长江商学院所着力倡导的思想和精神，将这些思想和精神融入商业创新的方方面面，并由此获得了非凡的商业回报，开创了企业发展的新局面，引领了当今时代的商业变革，也创造了巨大的社会价值。与此同时，通过对企业的长期跟踪与调研，案例中心深入研究中国行业发展、企业管理与监管环境等各方面问题，以长江洞见为国家建言献策。

自2016年起，案例中心每年甄选案例，编辑成集，以图书形式向更广泛的读者和商业爱好者推广原创内容。目前，案例中心已编撰4本案例集，分别是：《从颠覆到创新》（主题：互联网商业模式创新）；《新金融风向标》（主题：互联网金融创新）；《可操作的转型》（主题：企业转型与创新）；《China In Transition》（主题：全英文展现中国企业新的管理与经营模式）。

《赋能未来》为案例中心编撰的第五本案例集，收录了近20家企业在各个领域的创新实践，这些实践落脚于当下的数字化与数智化、碳中和与新能源、新消费与新国潮、共同富裕、全球化等时代主题。学科与行业、商业与时代，相互交织，演绎了当下最具活力的商业创新与社会创新。诚然，所有这些内容记录的是已经发生的事情，但目标则是为了照亮前程，为了"赋能未来"。

20年前，长江商学院诞生于全球化高歌猛进之时。得益于中国经济的高速发展，长江商学院在全球商学院中的地位不断提升。20年后的今天，世界正面临"百年未有之大变局"：世界政治、经济和军事正在动荡中建立新的秩序，经济全球化正在受到前所未有的严峻挑战；科学技术正以人类发展史上不可比拟的速度改变人类生活，甚至将改变人类本身；而气候变化和全球疾病大流行的风险正成为现实，威胁着全人类的生存……这一切都给长江商学院今后的发展提出了全新课题，也对案例开发提出了更高的要求。

长江商学院案例中心必须在新的形势下，不断研究新课题，尝试新方式，助力学院成为中外商业领袖全球学习和交流的高端平台。

▷ ►
第三章
商业模式创新

▷ ▶
**第四章
数字化创新**

第一章

产品创新

元气森林：价值观是核心算法

每一个产品，都是一片元气森林

2016年年底，在诸如全家、7-11、苏果、美宜佳等便利店中，消费者开始注意到一款名为"燃茶"的饮料。"无糖、无热量，但比其他纯茶饮好喝""价格挺高，但很好喝""看配料表很健康"……这些是大部分消费者对"燃茶"的印象。

2018年春，"0糖0脂0卡"的元气森林苏打气泡水被摆上了便利店货架。相比"燃茶"的逐步走热，苏打气泡水则是瞬间引爆，成了当之无愧的网红爆品。2019年天猫"618"活动，元气森林共卖出226万瓶饮料，超过可口可乐，拿下了天猫平台水饮品类销量第一名。

2019年，"元气森林乳茶"面世，低糖低脂肪，选用新西兰进口乳源，原茶叶一次萃取，口号"真奶真茶"。同年，"北海牧场"没有采用"元气森林"品牌，主打"不添加蔗糖又兼顾口感的自然系酸奶"，在高端乳品市场中逐步崭露头角。"纤茶"则采用草本原料，定位"0糖0脂0卡无咖啡因的植物茶"，呼应消费者追求内外兼修的生活态度。同年，元气森林启动海外战略。

2020年，元气森林苏打气泡水继续发力，陆续推出十余种口味让消费者"常饮常新"。6月，满分果汁微气泡面世，国内首创"99%果汁＋微气泡"，在"补充维生素""好喝"之外，热量"低于1.5个苹果"……同时，元气森林自建的5座工厂陆续投产，扭转了供应链受制于人的不利局面。2020年元气森林销售额同比增长超过270%，全年销售额达27亿元。

2021年，外星人能量饮料销量迅速增长，元气森林苏打气泡水则持续扩大市场，除了在新零售等优势渠道获得发展外，元气森林逐步进入传统渠道。2022年，元气森林的目标销售额是100亿元。

虽然饮料行业从来不乏各类增长奇迹，但是从未有像元气森林这样高口碑、连续几年持续高增长的新品牌出现。短短几年，元气森林从无到有，销量持续数年不断增长，"饮料是个传统行业""饮料行业里都是巨头""新品牌不长久"等等传统认知被一个个颠覆。元气森林的成功，像是一次跨界冲击、一次降维打击，更像是一次英雄主义的"自我诠释"。

元气森林之前

2015年，元气森林研发中心成立。谈起"元气森林"这个名字，唐彬森回忆说："我是想打造带有东方文化的品牌，比如草本生活、一草一木之类的。其实全世界都缺少东方品牌，尤其是在快消品领域，目前的大品牌很难让世人联想到东方。"

成功带来的认知

2017年，唐彬森经营的"智明星通"不仅是中关村人均创收第一名的高科技企业，也是中国游戏界出海最为成功的企业，更是在这一领域中为国家创收最多外汇的企业。当年，在Google与WPP[1]联合发布的"中国出海品牌30强"榜单中，智明星通位于联想、华为、阿里巴巴之后，排名第四，领先于小米、中国国际航空、海尔等品牌。这样的事实和成绩让唐彬森认为，中国文化、中国品质，可以征战全球。

基于这样的认知，唐彬森领衔创办了名为"挑战者创投"的投资机构，并坚信"中国正在崛起，同时中国是全球经济增长的核心动能，全球每个行业TOP10的企业中，都应该有3家中国企业"。所以挑战者创投"坚定投资那些国人尚未涉足或者缺乏自信去挑战的领域"。如表1-1所示，挑战者创投有四个核心理念。

表1-1 挑战者创投的核心理念

理念名称	中华有为	挑战巨头	产品驱动	相信年轻人
理念诠释	我们坚定相信，中国是全球经济增长的核心动能，全球每个行业TOP10企业里，都应该有3家中国企业	巨头有其惯性和弊病，为创业者留出机会。挑战巨头才会有更大的市场、切更大的蛋糕	我们希望国人未来消费的，不是广告费，而是实在的好产品、好食材	我们相信伟大的公司不是由职业经理人创造的，而是由激情澎湃、充满梦想的年轻人所创造，正如国外的脸书（Facebook）、苹果（Apple）及中国的阿里巴巴、美团
投资策略	挑战者创投坚定投资那些存在国人尚未涉足或缺乏自信去挑战的领域	我们相信口碑的势能和复合增长的力量，并有耐心与企业家一起撬开帝国的裂缝，打造行业头部品牌	我们坚定地投资那些靠极致口碑驱动复合增长的产品，而不是将用户的付费大量花在广告费上的公司	挑战者创投负责投资并点燃年轻人的理想

资料来源：根据访谈整理。

2014年，挑战者创投开始在新消费领域进行广泛投资。团队先后投资了上百个项目，其中，食品饮料、老品牌新消费等是重要组成部分。

什么是中国的崛起？什么是中华有为？唐彬森认为，如果一个领域，全球TOP10没有中国企业，全是世界500强企业，那么挑战者创投就会对这个领域的

---

[1] WPP集团（Wire & Plastic Products Group）是全球最大的广告传播集团。其营业范围包括广告、公共关系、游说、品牌形象与沟通。拥有一系列大型的广告传媒公司，包括奥美、智威汤逊、传立等。

创业项目格外感兴趣——因为赛道成熟、市场需求巨大。以前的品牌打输了，不是品牌不行，根本上是国力不行。

今时不同往日，再加上处在供需两端的中国年轻人都充满智慧，足够优秀。新时代，好的产品会自己发声，会被消费者认同和宣扬……历史已经证明，在数百年积累的势能之下，中国的不断崛起与国外企业优势的逐步减弱，在未来很长一段时间内将会是"不变"的，中国在不断取得成功，未来注定将更加成功。

《哈佛商业评论》中文版在名为《未来数十年里，为什么全球企业都要向中国学习？》的文章中也曾这样讲述："如今，中国拥有其他国家无法企及的资源。中国创新生态系统里有几亿极其擅长接受和适应创新的消费者，这令中国具备强大的全球竞争力。最终评估创新的势必是人们采用创新的意愿。在这一点上，别国无法比拟。"

环境已经改变

中国的崛起是一个趋势，并对各个行业产生重大影响。如表1-2所示，唐彬森认为当下环境已经发生了改变。看到更多细节的唐彬森认为消费品领域存在着巨大的机会："人类只会奖励对用户好的公司，过往数百年，在全世界范围内，基业长青的都是这类公司。把产品做好是可以很快被用户认可的，这样的变化决定了公司可以对产品进行多大的投入。"

表1-2　唐彬森眼中的"环境已经改变"

微观层面	例如社交媒体红利，可以让好产品和烂产品很快地在用户口碑中区隔开来，而非好产品和烂产品同处渠道的汪洋大海中，"干好干坏一个样"。这就可以解释小米的崛起，还有当前各类"网红"新品的崛起乃至全国潮的崛起现象
宏观层面	中国人的收入增长了，消费需求自然也要升级，日常的吃穿用度，从2元变成4元，100元变成200元，只要产品好，就一定会有市场。什么叫"供给侧结构性改革"，国家已经说得再明白不过了：鼓励企业做出好产品

资料来源：根据访谈整理。

历史经验表明，伴随着GDP的增长，很多行业都会发生变化，产生机会。

例如日本、韩国、瑞典，人均GDP达到5000美元是餐饮行业发生巨大变化的一个节点。这时候休闲餐饮和主题餐厅会大量地增长，餐饮业开始连锁化。美国20世纪五六十年代成立的餐饮企业到了20世纪80年代就消失了40%，其中多数被一些大型企业并购了。所以，为餐饮企业提供服务的公司，就应该看到客户企业连锁化的趋势，提高自己的能力并相应调整产品。虽然这是事后回顾总结得到的结论，但也可以指导当下的商业行为。

元气森林的"冷启动"

虽然唐彬森对大势有了判断，但是隔行如隔山。2016年的元气森林团队完全没有消费品行业的从业经历，一切需要从零开始。

迷雾重重

团队相关人员回忆道："（我们）先是投资了一个饮料行业的团队，但这个领域很少有融资、风投，大家的价值观和认知很不一样，我们认为投资是起点，对方认为获得投资是终点，结局自不必说……此后我们又在各种意见之下尝试做出了第一个产品，这时已经花了很多钱，但没想到的是，第一个产品出来后，大家都表示不想喝，因为这个产品不符合团队内心的要求……当时，团队没有采用低价销售，而是决定销毁价值500万元的第一批产品。但没想到销毁这批产品还要再花100万元……看着工人们把这批货装上卡车的时候，在厂负责这件事的小伙子差点哭出来。"

这一次失败，让元气森林团队又回到了起点。在很长一段时间里，团队都在以"借款"的方式向挑战者创投融资。据团队成员回忆："那时候最难的是，要不要继续做？找谁来做？紧张的资金。连租一间得体的办公室都做不到，办公条件不但简陋，而且还和其他公司共享办公室，几个人蜷缩在角落里办公，有应聘者还没进公司就打电话说不来了……那时候大家都想去金融投行、IT互联网，你会去面试一家饮料公司吗？还是一家连一个产品都没有的小公司。"

主动请缨的年轻人

在传统行业中挑选一个现有团队进行投资，是一件非常困难的事。在最低谷时，一直跟随唐彬森的助理，实在"心疼团队的付出"，也心疼老板花这么多钱却找不到合适的人，背水一战主动请缨。唐彬森也慢慢将精力更多地投入元气森林的管理，团队开始逐步走出迷雾。

团队喜欢喝茶，却在市场上找不到符合自己需求的产品，那就自己创造。茶叶不行，那就找全球最好的茶叶。不甜不好喝，那就找最健康最安全最天然的代糖。怕胖怕长肉，那就添加"膳食纤维＋乌龙茶"去油解腻……"燃茶"的诞生源自团队成员非常简单的愿望——做好喝又健康的饮料。何为健康？茶饮有益健康。何为好喝？甘甜爽口。

平衡"好喝"和"健康"成了元气森林考量的重要因素。选择"乌龙茶"做茶饮，是因为其有利于减肥。同时，团队在全球范围筛选了各类代糖，最终选择加入0热量，不参与人体糖原代谢、不增加血糖含量的赤藓糖醇，与木糖醇等代糖相比，赤藓糖醇更为健康。[1]再加入浓缩果汁、膳食纤维等元素，打造了拥有醇香、玄米、桃香、草莓茉莉等口味的全新茶饮，使"燃茶"既具备茶的健康和

---

[1]　相关文献显示，赤藓糖醇的能量系数大约为1.7kJ/g，木糖醇为16.7kJ/g。此外，赤藓糖醇的男士耐受量约为0.68g/kg体重，女士耐受量约为0.8g/kg体重；木糖醇的男士耐受量约为0.3g/kg体重，女士约为0.3～0.5g/kg体重。赤藓糖醇进入机体后，由于不能被任何酶系统消化降解，只能通过肾从血液中滤去，经尿排出体外。木糖醇主要通过肝脏代谢，50%以上转变为葡萄糖，45%左右被氧化，其他很少一部分变成乳酸。两者相比，平均血糖指数方面，赤藓糖醇为0，木糖醇为13，平均升胰岛素指数方面，赤藓糖醇为2，木糖醇为11。

味道，又能因口感佳而容易流行。

"燃茶"每百毫升含有能量约23千焦，虽然并非绝对的0能量，但与市面上常见的茶饮如统一冰红茶的每百毫升159千焦相比，还是有了大幅下降。按500毫升每瓶计量，"燃茶"的热量为每瓶120千焦左右，而常规茶饮则在每瓶800千焦左右。

据相关文献，喝一瓶常规茶饮比喝一瓶"燃茶"多摄入的能量需要一个体重70kg的成年人中速走路1小时才能够消耗完毕。

简而言之，"燃茶"将所含能量降低到了即使是减肥人群也基本可以忽视的水平。同时它保留了茶的营养，更增加了甜味口感和其他营养元素。如表1-3所示，"燃茶"价格接近6元/瓶，这在饮料行业是一个不常见的高价。综合来看，在当时的市场环境下，几乎没有同类型的国内产品。

表1-3 部分茶饮价格

品牌茶饮	价格
元气森林燃茶	5.8～6.0元/瓶
统一冰红茶	2.5～3.0元/瓶
农夫山泉东方树叶	4.2～5.0元/瓶
三得利乌龙茶	3.5～4.0元/瓶
农夫山泉茶π	4.3～5.0元/瓶

资料来源：京东商城自营、零售渠道常规价格。

一个问题随之而来，为何其他厂商没有做出这样的茶饮？

定价倒推成本，有可能是饮料行业多年难有独具竞争力的新品牌问世的重要原因之一。

"在开发时我们不考虑成本，你听说过谷歌在设计一个产品时，先考虑服务器成本吗？传统的饮料是用和几个巨头品牌差不多的定价去倒推成本，再去设计产品。成熟品牌具有规模效应，新品牌锚定成熟品牌的定价，只会越做越差。而我们是全面筛选原材料和制作工艺，做出自己觉得好的产品，最后加上合理的利润率，定出一个价格。你要相信现在的消费者可以喝得起6元一瓶的饮料，只要它真的好。"

此外，"燃茶"上市时没有宣传费用，但刚好碰上了当时很火的微博众筹，团队没想太多，就在微博众筹平台开始了"燃茶"的第一次售卖。据团队相关负责人回忆，因为没有经验，团队人员没有在产品包装纸箱中额外添加保护措施，导致很多产品在运输过程中出现破损，于是收到了铺天盖地的投诉，团队所有人上线当客服，全网挨个赔礼道歉。

"那时的团队不过几个人，每个人都肩负着非常多的工作，恨不得一天有48个小时。难以想象一个人可以身兼3到4种工作，"相关负责人表示，"比如一个产品设计师不但要负责产品包装的设计，还要负责电商页面和宣传海报的设计，甚至在大促期间还要去帮忙给线上店铺做活动页。这些事情在今天看来是要分成3到4个人来做的，但那个时候我们一个人就做成了。"

当然，在这一过程中也有大量人员没有坚持下去。笔者与很多创业团队交流发现，诸多案例都指向一种说法，即创始团队最好在一开始就经历磨难，之后留下的才会是核心成员。所谓"中流砥柱"就是指经历困境依然坚守，最后解决了困难的一群人。

气泡水的一飞冲天

"燃茶"之后，元气森林团队考虑到团队成员平时每天都会喝可乐等碳酸饮料，就想自己也做一款气泡水。元气森林产品负责人表示："我们知道碳酸饮料是一个非常成熟的市场，可乐类基本垄断，包括我们自己在内，几乎每天都要喝至少一罐可乐，竞争肯定特别激烈。但我们也没有考虑特别多，认为做一款自己喜欢的、健康的饮料就好。"

带着这样的想法，团队开始了新一轮的产品研发。研发团队由来自各行各业的年轻人组成，但他们很少有传统饮料企业的背景，其中女性成员为大多数，她们大都有着独特的品位、"挑剔"的口味，对健康或好喝有些"偏执"，在某一方面有超越常人的特质或爱好。换句话说，她们可能是某个领域的"玩家"或"极客"。

虽然她们并不懂化学、营养学等方面的知识，但是作为"玩家"，她们可以迅速而深入地研究出这些领域与"健康、好喝的饮料"相关的各类细节。例如什么元素健康无副作用，赤藓糖醇为什么是诸多糖醇中的最佳选择……公司同时配备了化学和实验方面的专业人才，两个团队彼此配合，虽然每天都会有"交锋"，但好产品就是这样"碰撞"出来的。

在经过一系列尝试后，2018年春天，拥有四种不同口味的元气森林苏打气泡水正式面世。与"燃茶"的慢热后逐步走高不同，气泡水是年轻人选择的主流品类，优秀的新品一经推出，立刻引爆市场，短短几个月时间即实现"燃茶"一年多才达到的销量高峰。同时在小红书、知乎、抖音、B站等流行媒体上，大量网友自发点赞、评论、转发，推荐这款"网红"饮料。

市场调研机构益普索（Ipsos）《2019中国食品饮料行业包装趋势洞察报告》显示，在购买食品饮料时，76%的24～40岁消费者会关注无糖、无添加等与健康相关的信息。市场监测和数据分析公司尼尔森（Nielsen）的数据显示，2017—2018年，苏打水市场整体销量增长36.9%，远高于整体饮料市场的3.1%。

凭借"无糖"和"气泡水"这两大关键因素，以及出众的口味，元气森林实现了真正的突破，整个公司也由此为消费者和公众所熟知。

气泡水的成功，让原本只有"燃茶"产品线的元气森林，冲出了茶饮品类，证明企业可以多赛道、多品类拓展，由此也放大了品牌的价值，拓宽了企业的成长空间。

同时，公司团队从2016年的30余人，发展到2020年总部400余人，全国总计3000余人的规模。

据媒体报道，元气森林在一、二线城市的销量正在快速迫近传统饮料巨头。

在上海，2019年元气森林与可口可乐销量（瓶）比为0.67∶1，2020年，这个比例已经攀升至0.92∶1。这体现了元气森林对一、二线主流消费人群的覆盖能力。

元气森林此时的营销也已形成势能，一举一动都能成为热点，引发关注。元气森林通过植入综艺节目《我们的乐队》，亮相中国金鸡百花电影节，与哔哩哔哩合作打开二次元市场，签约因参加《乘风破浪的姐姐》火爆全网的张雨绮为元气森林苏打气泡水形象大使，等等，不断提高品牌曝光度。

元气森林产品负责人表示："我们现在可能也会走一些弯路，但比起之前要好太多。例如我们的产品概念、包装设计等，会以各种组合元素，通过现代化的营销测量技术，在与粉丝互动中获得市场反馈意见，进而一步步完善，这让我们未来的产品有更大的概率成为爆款。"

"选非洲人"

元气森林的冷启动，依靠的是完全没有行业经验的人才，这是不是一种偶然？

唐彬森表示："我们跳出变化，看不变的东西——快消品行业和游戏行业、电影行业类似，背后都是一个'创新型组织'。其区别于擅长把事情做得特别扎实的'运营型组织'，核心能力是创新，主要行为是做产品，做研发，捕获用户需求。"

创新型组织的组织机制是个关键问题，其中最重要的就是"原则"。

很多企业"没有原则"，企业的"好恶"、鼓励什么、反对什么、重视什么、不看重什么，往往要通过老板的行为，让员工去事后"揣测"。

唐彬森认为，当大家都去揣测老板到底在想什么时，整个企业的效率就会特别低，创新更无从谈起。因为员工要先判断这样做是否对老板的脾气，而老板的脾气可能还会随时改变。所以元气森林非常注重将"潜规则"变成"显规则"。

人才如何选拔，如何激励？这是唐彬森最为关心的事情。元气森林有一个让人印象深刻且有趣的比喻——"选非洲人"，这里的"非洲人"象征的是他们的运动天赋，以说明"底子好"。

唐彬森认为："如果你是教练，要组织一群运动员，你一定会看每个人的底子好不好，而不是看他在这行干了多少年。"这就可以解释元气森林团队，以及做出气泡水、外星人等重要产品的核心人员，为何他们从没有过快消品从业经历，但却可以一鸣惊人。

顺着选人的逻辑，一个价值观浮现出来，唐彬森将其总结为"相信年轻人"。也许因为自己有着相似的经历，所以在唐彬森看来，年轻人的品位、激情、冲击力、学习能力、责任心、上进心，极度渴望成功、渴望证明自己的状态，这些都是创业过程中最宝贵和难以获得的稀缺资源。

"当你想要创业时，你是等不了的。"放眼全球，微软的创始人比尔·盖茨、Facebook（脸书）的创始人马克·扎克伯格、谷歌的创始人拉里·佩奇和谢尔盖·布林、苹果的创始人史蒂夫·乔布斯，这些顶级企业家虽然背景不同、创业路径有所差异，但他们创业时无一例外都是"年轻人"。

新消费与新品牌

国潮涌动

过往经验表明，消费品市场基本都是头部品牌的天下，可口可乐、宝洁、农夫山泉等品牌及企业通过媒体投放大量广告，渠道遍布城镇乡村，使得新品牌很难出现在人们的视野中，新消费也无从谈起。随着"核心变量"——新的消费者及其背后的新需求开始崛起，改变已经开始发生。

例如从2018年开始，一大批现象级国货新品牌悄然蹿红，钟薛高、三顿半、元气森林、完美日记等雪糕、咖啡、饮料和美妆品牌，以及拉面说、熊猫精酿、米有沙拉等细分领域的新消费品牌，借助社交媒体、电商、新零售渠道，品牌声量快速放大，销量同步上涨。2019年以来，在连续几年天猫"双十一"活动中，钟薛高雪糕开场十几分钟就售出数十万根；三顿半获得咖啡品类销量第一；元气森林苏打气泡水获得水饮料品类销量第一……而再早一些时候的新消费代表性品牌，例如三只松鼠、良品铺子，都已经成功上市，并获得了资本市场的热捧。

综合来看，渠道、媒体、供应链、消费升级、供给侧结构性改革甚至年轻人负债率的提升，诸多因素共同造就了新消费和新品牌的风口。

一方面，供应链的成熟和产能相对过剩，使"轻资产"创业成为可能，差异化的商品能够以较低成本生产出来。另一方面，随着互联网的发展，电商渠道持续渗透，新兴内容平台涌现，商超、便利店等线下业态兴起，消费品触达用户的成本大幅下降。

同时最核心的"消费者需求"，向着追求新颖、品质、归属感等方向持续演进，而传统品牌没有及时和"足量"地满足这些需求……这让"新品牌"眼中的消费品市场，产生了"好行业，弱对手"的时段性机会，看似红海的市场却酝酿着需求无法被满足的"蓝冰市场"，资本和创业者的热情都被点燃。

饮料行业的竞争格局

元气森林认为饮料行业应该依靠"创新型组织"，那么元气森林崛起之时的饮料行业究竟是何格局？

通过检视竞争环境，我们不难发现，影响饮料行业发展的因素众多：消费者认知、市场影响力、全球视野及研发能力、产品的相互模仿、企业间并购、渠道更迭、原材料成本变化、相关政策法规与行业标准的调整、媒体质疑、市场饱和度、消费行为的季节性、新市场参与者与替代产品的不断涌现……各式各样的风险因素都会影响饮料行业企业的生存与发展。

2020年因新冠肺炎疫情影响，数据具有局限性，同时各机构统计口径不尽相同，因此笔者采用了2019年农夫山泉在上市阶段委托弗若斯特沙利文（北京）咨询有限公司所做的相关调研数据，其具有较为广泛的参考性。

如表1-4所示，中国饮料产品分为十个主要类别，按2019年市场规模排序，从大到小依次为：包装饮用水、蛋白饮料、果汁饮料、功能饮料、固体饮料、碳酸饮料、茶饮料、植物饮料、风味饮料和咖啡饮料。

其中，按零售额计算，包装饮用水类别2019年市场规模达201.7亿元。从2014年至2019年，市场规模复合年均增长率最高的三个类别分别为咖啡饮料、功能饮料和包装饮用水，复合年均增长率分别为29.0%、14.0%和11.0%。

表1-4　饮料市场分类及市场数据

类别	零售额／10亿元			复合年均增长率／%	
	2014年	2019年	2024年（预计）	2014年至2019年	2019年至2024年（预计）
饮料总计	743.3	991.4	1323.0	5.9	5.9
包装饮用水	119.6	201.7	337.1	11.0	10.8
蛋白饮料	124.3	147.4	174.6	3.5	3.4
果汁饮料	127.5	143.5	160.3	2.4	2.2
功能饮料	58.1	111.9	175.6	14.0	9.4
固体饮料	82.1	91.3	95.6	2.1	0.9
碳酸饮料	78.8	88.5	98.4	2.3	2.1
茶饮料	65.3	78.7	93.6	3.8	3.5
植物饮料	51.0	69.1	93.2	6.3	6.2
风味饮料	31.8	44.4	58.5	6.9	5.7
咖啡饮料	3.7	13.2	34.0	29.0	20.8
其他饮料	1.1	1.7	2.1	9.1	4.3

资料来源：弗若斯特沙利文、农夫山泉招股书

按零售额计算，2019年中国饮料市场规模为9914亿元。受城镇化进程加快、居民可支配收入增长以及消费升级趋势等因素的推动，中国饮料市场将持续增长，从2019年至2024年，复合年均增长率预计将维持在5.9%。2024年中国饮料市场规模预计将达到13230亿元。

就元气森林起步阶段的"燃茶"所瞄准的茶饮料品类而言，相对大盘，这是一个小众的市场，并且茶饮料前五名占据市场份额的86.5%，行业集中度很高。

虽然"燃茶"以创新的单品在巨头的包围圈中撕开了一道口子，但是和国内外的知名品牌相比，元气森林以及大部分新品牌仍属于"网红爆品"，在市场占有率等指标上尚不能与知名品牌相提并论，距离成为成熟、稳健的知名品牌还有很长的一段路要走。

相关数据表明，饮料行业虽然具有一定的市场集中度，但并未达到无法撼动的地步。按2019年零售额计算，市场前十企业占42.5%的市场份额，其中前四大企业零售额显著高于其他企业，共占27.7%的市场份额。

在营销上，对于饮料这一类典型的快消品而言，一直有着"渠道为王"的说法。传统大型企业深耕全国渠道数十年，销售网点遍布每个城市和村庄，让消费者随时可以触及自己的产品，这也成就了一个个饮料巨头。以农夫山泉为例，根据农夫山泉股份有限公司上市招股书，截至2020年5月，农夫山泉的经销商数量达到4454家，覆盖了全国243万个零售终端网点，自动贩卖机62900个，48万家终端零售网点配有"农夫山泉"品牌形象冰柜。

根据弗若斯特沙利文报告，按零售额计算，2019年各主要零售渠道按规模从大到小依次为：（1）传统渠道，主要包括小型杂货店及非连锁便利店，这些商店通常由个体商户或家庭拥有及经营；（2）现代渠道，主要包括购物商场、超市及连锁便利店；（3）餐饮渠道，主要指餐饮服务提供商；（4）其他渠道，主要包括特通渠道（机场、车站、加油站及高速公路服务区）；（5）电商渠道，即在线销售平台。详见表1-5。

表1-5 饮料各零售渠道市场规模

类别	零售额／10亿元			复合年均增长率／%	
	2014年	2019年	2024年（预计）	2014年至2019年	2019年至2024年（预计）
饮料总计	743.3	991.4	1323.0	5.9	5.9
传统渠道	367.2	436.7	498.5	3.5	2.7
现代渠道	151.5	221.4	325.9	7.9	8.0
餐饮渠道	101.7	141.9	197.6	6.9	6.8

类别	零售额／10亿元			复合年均增长率／%	
	2014年	2019年	2024年（预计）	2014年至2019年	2019年至2024年（预计）
电商渠道	33.2	60.9	109.7	12.9	12.5
其他渠道	89.7	130.5	191.3	7.8	7.9

资料来源：弗若斯特沙利文、农夫山泉招股书。

2021，发展"中继"

了解了行业信息后，我们将视角转回到元气森林身上。正是在这样的竞争环境下，"燃茶"和气泡水，让元气森林站稳了脚跟，在竞争激烈的饮料行业占有一席之地。但相对于整体大市场，2019年的元气森林还只是个新品牌。

在饮料行业，新品牌层出不穷，但能继续向上直至与巨头分庭抗礼的品牌还不曾出现。2020年至2021年，新冠肺炎疫情成了商业发展中不可回避的关键词，而元气森林依然保持着高速增长。这一年多的时间，对元气森林有着承上启下的意义。

供应链的挑战

首要的挑战来自供应链。不断增长的销量需要持续扩大的产能，而在2020年之前，元气森林完全采用"轻资产"模式，通过代工厂进行饮料生产。但中国的主要饮料产能，多年来已受控于几大领先品牌。代工厂与这些品牌往往有着长期的合作关系。随着市场份额的持续扩大，元气森林越来越感受到"卡脖子"的煎熬。

关于合作工厂临时"断供"及背后的传闻，已经有大量媒体进行了相关报道，本案例不在此重复。总之，2019年，元气森林就下定决心自建工厂。对于一个互联网出身的团队、一个以创意和捕捉用户需求为核心使命的"创新型组织"

而言，做出这样的决定并不容易。

2019年10月，元气森林开始自建第一家工厂——滁州工厂。从筹建到投产，中间还经历了新冠肺炎疫情，元气森林用8个月的时间将工厂建成，2020年6月开始投产。滁州工厂一期占地100亩，建有3条高速生产线，全面选用行业领先的"无菌碳酸混比灌装"的生产技术，可生产"燃茶"、苏打气泡水、乳茶、能量饮料等饮品。

此后，滁州工厂二期工程、广东生产基地、天津生产基地、四川生产基地也陆续动工。2021年10月6日，元气森林投建的湖北咸宁工厂正式进入设备安装调试阶段。在自建工厂之前，元气森林的产品均由常熟东洋、健力宝、统一、奥瑞金等代工厂负责生产。而自建工厂让元气森林在很大程度上摆脱了产能的受制于人（赤藓糖醇等原材料也开始紧俏），但也有舆论认为，元气森林"重"了起来。

这方面的讨论在当下难有定论，我们将其留给时间来验证，但有一个可以辅助思考的例子。在气泡水的整个研发过程中，业务负责人正处于怀孕状态，她格外关注健康，从自身需求出发，她提出："我们的气泡水能不能把防腐剂去掉？"就因为这样一个设想和"用户第一"的坚持，元气森林自建工厂里的生产线都采用了需要更高投入的无菌碳酸线。所以今天消费者喝到的每一瓶元气森林气泡水里都没有苯甲酸钠、山梨酸钾等化学防腐剂。而在定价倒推成本的情况下，业内的大多数工厂都做不到这一点。

直面问题

2020—2021年，由于增长迅速，元气森林引发的关注也与日俱增。作为一家以产品为核心的企业，元气森林出现了几个需要直面的问题。

首先是元气森林之前只专注产品、创意，而在一些设计及营销细节上没有做到尽善尽美，对公共关系准备不足，加之关注度提升后的公众心理效应，导致了类似"日系包装"、"0蔗糖"不是"0糖"等舆论的误解。

其次是进入2021年后，快速的增长和巨大的潜力，令元气森林成为巨头眼中不可忽视的竞争对手，除了合作工厂"卡脖子"之外，据媒体报道，在线下渠道的铺设中，竞争一度进入"巷战"。

再次则是临近2021年"双十一"时，因设置问题，某合作淘宝店出现运营事故，以超低价卖出大量产品，元气森林立即停止了该淘宝店铺的一切销售，并跟进事件后续处理，宣布为下单用户每人寄送一箱白桃气泡水。

饮料行业从来不缺乏新品牌，但出于各种各样的原因，相较于成熟品牌，新品牌的成长颇为艰难。

尤其在偏重口味的分支品类中，产品往往呈现出较为明显的生命周期。这也许并不仅仅是因为消费者口味上的喜新厌旧，还可能是因为企业或团队在运营和经营上出现了越来越多的问题。

"我认为这一年，最大的问题和挑战，来自组织内部。向内看也是解决外部问题的最好路径。"唐彬森表示，"从几十人到几千人，从一些可以用Excel来统计的库存与销量，到海量渠道建设和数以亿计的铺货、供应链管理……组织的形式也要有所变化。"

元气森林采取的组织方式体现了其独特的价值观：将创意型组织和运营型组织分开，各司其职，各自保持特色与能力。同时采用飞书等强调组织协作的软件产品，在团队飞速扩张的同时统一认知，并通过飞书的大量自动化程序提高效率。

"其实底层依然没有变，就是我们内部允许犯错和失败，愿意给年轻人交学费。错一次没问题，但不能在一个地方重复犯错。'非洲人'不会在一个地方重复跌倒。"唐彬森表示，"这是我们非常典型的价值观，而且已经为所有人知晓，'将潜规则变为显规则'，这其实也是我们坚持的。"

2021年，一家代工厂生产元气森林荔枝味苏打气泡水时，包材版本搭配错误。发现问题后，元气森林立马调查原因并通知代工厂停止该批产品的发货。这次错误导致4.5万箱产品全部返工，造成了重大的经济损失。虽然该批产品流入市场并不会对消费者造成任何影响。但错误就是错误，不容忍、不侥幸，有错必纠。

相关负责人表示："做出这样的选择并不偶然，价值观使然。价值观的作用就是让你面对一件事时，能够很容易做出判断，并保持行动的一致性。"

正在"攻坚"的元气森林

长期以来，饮料行业的领先品牌建立了深入乡村的渠道体系。从消费场景来看，饮料的消费特点也是随处可见、随手可得。换句话说，线下渠道仍是饮料的主要消费触点。

渠道的技术升级

伴随2015年开始起步的"新零售"浪潮，元气森林在巨头品牌重兵把守的传统渠道，实现了销售渠道的突破。新零售不仅需要借助新颖、高品质的商品以区别于街头巷尾的"小卖部"，也需要高毛利的商品来实现自己的商业模式。

"你能想象在传统渠道的经营中，由人力去完成店面冰柜的巡检吗？就是由一个人负责一些店，工作就是过去查看一下店铺的冰柜里是否如约把品牌的产品展示了出来，或是否放在指定的位置。这样的人数以万计。这些都是成本，最后都会包含在产品的售价里。"唐彬森表示，"我们铺设了15万个冰柜，通过我们自己开发的智能摄像头，来做无人化的巡检，这就减少了人力成本，又减少了对应的管理成本，而这些节省下来的成本可以用来提升产品品质。整个成本模型也会变得完全不同。所以这不是科技公司还是饮料公司的问题，创新型的组织就是从各个层面去捕捉消费者需求，从更全面的视角想尽办法满足消费者需求。"

此外，元气森林的自动贩卖机也进入了大量互联网创新创业企业。同时，对于常规的门店类渠道运营，元气森林根据一线需求，也推出了智能巡店APP。该APP具有网点收录、附近网点查看、路线定制等功能，能够帮助负责人实现拜访、订货、巡店等多种操作。

低水平、重复、没有规律的事情，要尽可能通过研发投入进行替代。相对于竞争，元气森林更关心的是如何通过技术提高渠道效率，这样就可以将一瓶饮料的成本更多转移到饮料本身，打造出"更好的产品"。

正如前文所述，"创新型组织"和"运营型组织"在元气森林里并行，所以在渠道建设上，除了不断通过技术创新提升效率，改善整个产品的成本结构模型，元气森林还招聘了大量具有行业经验的专业人士，从事渠道建设、销售管理、工厂建设与管理、供应链管理等需要经验与积累，稳定与细致的工作。

都说"0糖0脂0卡"的"三0"概念是元气森林的营销杰作，但唐彬森认为，这不是营销的成功，而是整个组织在价值观驱动下，成体系地输出了这样的产品，随后才提炼出了"三0"这样的概念。换句话说，这只是一个结果，而非原因。

去掉"美颜"看营销

关于元气森林举行的各种营销活动、广告投放，公开媒体有很多相关报道，进入2021年元气森林大热后，其营销仿佛"自带美颜"，每次出手都被各类媒体从各个角度进行分析，让人们忽略了其"不变"的东西。在实际访谈中，我们并没有了解到元气森林公司本身有花大力气、专注地推动这些营销活动，元气森林还是在始终、反复地强调自己的产品品质。

外界对于元气森林的印象与评价，很大部分集中在其"日系"包装上。不可否认，元气森林曾经在部分产品上含有"和风"设计元素。不过另一种思考，具有一定借鉴意义。例如最为核心的名字——"気"，被一些人认为是模仿"日系"的证据，但考究起来，从商朝开始，历经各个朝代字体的变形，"气"也在不断地演化，被赋予新的意义。日文中的"気"本身也是对中文"气"的借用，在内涵上向"精神"层面延伸，多指一个人的精神或者心理状态，意义偏向于人体的内部，跟汉语中的"心"有些相似之处[1]。

"我们应该自信一些。为什么就应该是可口可乐被卖到中国，而不是将中国的饮料卖到全世界？"唐彬森表示，"在快消品或食品饮料领域，如果中国崛起，文化的力量就是最大的动力。所以我们第一款产品是燃茶，把汉字'燃'放大作为包装的主视觉，当时没有人敢把汉字放大，我们放大的不是产品包装，而是背后的趋势，我们是在借势，借五千年形成的文化之势，借中国崛起的势，很多人没有理解背后的逻辑。"

回顾产品投放的最初，没有营销费用，微博成了元气森林当时的主要阵地，团队开设了官方微博账号，每天的工作不是发广告，而是搜索"元气森林、燃茶"，关注大家都在讨论什么，对产品是否满意。随后在各种情况下，全网道歉，全网感谢，全网表情包……传统的快消行业，与消费者的主要接触点是在小卖部、便利店、超市。商家单方面地输出，用户单方面地购买，两者之间只有销售额和铺天盖地的推广。

直至今天，元气森林很多产品的迭代，大多数都来自用户的反馈。例如"瓶盖难拧"是几乎所有饮料都会遇到的问题，元气森林团队将这一问题反馈给工厂，但研究下来发现，"扭力"要在安全与容易拧开之间达到平衡，而且瓶盖还会在低温天气受热胀冷缩影响。这一问题看似无解，但团队还是和设备厂家共同研究，对旋盖机进行技术改进，在保证产品安全的基础上降低了扭力，大幅度改善了开启体验。如今，以乳茶为例，在用户的反馈中，再也没有"打不开瓶盖的女孩子"了。而最新推出的"有矿"矿泉水，瓶盖则比其他品牌矿泉水设计得

---

[1] 魏叶. 中文"气"与日文"気"的意义对比及文化内涵［J］. 现代语文（语言研究版），2016（09）：159-160.

更大。

其实营销从来不是单纯指做了什么活动、投放了哪些广告。营销是更广意义上的产品打造。"最近流行什么，大家喜欢喝什么，什么口味的饮料好喝，什么味道的香气好闻，什么样子的包装受欢迎"，这些共同决定了产品会出现在什么平台、什么货架上等一系列后续操作。

产品和营销没有区隔，产品即营销，在产品设计时将想要进行价值传递的信息都包含进去，消费者"懂的自然懂"，这一过程实现了品牌的价值创造、价值沟通、价值传递……这不是创新，这一过程在营销理论与创新理论中都有典型范式，只是元气森林因为各种本案例已经表述的原因"做到了"，"知道"和"做到"之间就是创新。

元气森林的未来

外星人能量饮料是元气森林在2021年推出的又一新品。据了解，其销量快速增长，大有复刻气泡水成功的可能。元气森林最近上市的矿泉水产品，命名为"有矿"，这是一个颇有"网感"的名字，也体现了产品特质，而口感亦如名字，"喝得出矿物质的含量"。与"元气森林"一样，这些名字都是在吃饭时由90后"非洲人"想出来的……元气森林正在不断长出新芽。

在组织方面，当前元气森林团队超过8000人，60%的员工是90后。其在全国拥有5家自建工厂。

"我们希望成为全世界快消品行业人效最高，研发费用投入最大的企业。"谈及未来，唐彬森表示，"包括产品研发、渠道研发、客服、市场调研、销售管理，我们要构建各种经得起时间考验的能力。因为如果按现有的数据模型，假设人力成本上升一倍，绝大多数行业企业都会无法维系，类似的变化无处不在，而且潜移默化，更加危险。不变的是你去主动改变，向更有价值的地方努力。"

当前元气森林旗下已有多款热销产品，包括元气森林苏打气泡水、燃茶、满分果汁微气泡、纤茶、外星人能量饮料、天然软矿泉水等，除此以外，元气森林还有大量尚未上市的产品。

据团队透露，目前面市的产品只占总产品库的5%，而根据市场反馈，各类产品的上下架也在快速调整中。同时，未来产品将不再刻意以"元气森林"为品牌，而是像宝洁一样形成多品牌产品矩阵，这些未使用"元气森林"品牌的产品也在不断获得成功，这不仅说明元气森林的成功可以复制，也说明成功依靠产品力而非品牌势能。

如果说两年以前，行业还将元气森林看作"新品牌"，那么，在经历了元气森林销售额从2020年的20亿元到2021年的70亿元的持续增长，虽然模仿者层出不穷但均未对元气森林造成冲击，以及巨头入局但依然难改趋势甚至铩羽而归之后，元气森林已经让这个行业意识到，饮料行业也许正在成为国力增长和民族复兴的一个缩影。

教授点评

滕斌圣

长江商学院战略学教授
高层管理教育项目副院长

饮料行业也许是最传统、最难创新的行业了，这也解释了为何唐彬森当时找不到一家值得投资的创新饮料企业。于是他"躬身入局"做元气森林。几年做到几十亿元的年营收，硬是把铁桶般的瓶装饮料业，撕开个口子。对巨头们来说，很久没有碰到如此快速崛起的新兴饮料品牌了。

元气森林不是单纯的产品创新，而是模式创新。结合唐彬森做游戏的背景，元气森林开创了一套新的价值组合拳："好喝＋健康＋社交媒体"。以前的茶饮，低糖的往往不好喝，好喝的却高糖。元气森林的第一个爆款"燃茶"，通过小红书等社交媒体的种草引流，成功打造了健康并好喝的"人设"，也为接下来的各款新品，打开了赛道。

目前，元气森林正在赛道上狂奔，以全力上量。方法主要是推出令人眼花缭乱的新品，从满分、有矿到酸奶。在很多产品上，甚至难以看出任何与元气森林有关的标志。作为一家创业公司，元气森林很早就采用了类似宝洁的多品类多品牌战略。效果如何，我们拭目以待。

同时，由于巨头的杯葛，元气森林耗资55亿元自主建立了5家工厂，这使原先轻资产的互联网打法，变"重"了很多，毛利大概率会下降。大量竞品的出现，也使赛道变得像速度滑冰，对抗激烈，碰撞不断。对元气森林而言，自古华山一条道，唯有尽快冲上百亿规模，才能进入战略的下一阶段。

研究员说

王小龙

长江商学院案例中心高级研究员

"饮料行业从来不乏新品，但它们往往在一段时间后消亡，风味饮料更是如此。"这是在研究过程中，我们看到的一句对饮料行业现象的总结。在与长江商学院同学的交流中我们了解到，"刚开始挺好，做着做着就不行了"。这是很多企业家提及发展时说得最多的问题。

细细想来，当产品销售额达到一个量级时，企业的发展就不再是产品卖点、消费者洞察、数据化渠道等等这些局部的问题了，而是与企业整个经营管理的"全局"都紧密相关的事情了。这里包含战略、组织、领导力、金融、运营管理、营销……亦如商学院的学科分类。

　　这也许是一件无法快起来，也不应该快起来的事情。但有时又往往"不成功，便成仁"，这种选择与处理需要智慧和时运，这是当前时代留给每一位挺立潮头的企业家的一道重要考题。

节卡机器人：一个用户端思维的初创企业样本

1950年，俄罗斯犹太裔美国科幻作家艾萨克·阿西莫夫出版了科幻小说短篇集《我，机器人》，在这部后来被改编成电影的小说里，基于保护人类的角度，阿西莫夫提出了著名的"机器人学三定律"：一、机器人不得危害人类，不可因为疏忽危险的存在而使人类受害；二、机器人必须服从人类的命令，但命令违反第一条内容时，则不在此限；三、在不违反第一条和第二条的情况下，机器人必须保护自己。

从上述原则看，安全性绝对是机器人设计和使用的第一要务。正因如此，长期以来我们看到的工业机器人都是被锁在铁笼里独立工作的，人要避免靠近以防受到意外伤害。直到20世纪90年代，工业机器人中的一个分支——"协作机器人"理念被提了出来，近20年它快速商业化并规模化，不仅实现了"把工业机器人放出笼子"的愿景，也让人机共融、人机协作走进了越来越多现实中的工厂。

成立于2014年的上海节卡机器人科技有限公司（以下简称"节卡"）便是全球协作机器人浪潮下崛起的新一代企业的代表。

节卡董事长兼CEO李明洋说："节卡从2014年创立至今，共经历了三个阶段：第一个是智慧工厂阶段，我们解决了后端用机器人进行自动化包装的需求；

第二个阶段也是企业的一个蜕变，我们认为要做一种更简单易用，让工人都可以使用的机器人，这个阶段节卡实现了由一个工程公司向产品公司的转变；第三个阶段是节卡的产品——协作机器人进入了像丰田这样的国际主流客户的采购名单，这些企业是世界上最知名的，对机器人的各项要求也是最高的，而我们成了它们的全球供应商。"

用户的痛点代表着行动的方向

创业源于对用户痛点的敏锐洞察

在2014年创立节卡之前，李明洋在一家全球知名的总制品设备和包装企业从事技术和管理工作。他在给中国乳业企业的很多工厂做规划时，发现了一个很有趣的现象：在高档礼品牛奶的生产线上，尽管牛奶的加工生产环节已经实现了高度自动化，但礼品盒的包装却依旧依靠大量人工。前面的灌装设备单条生产线每小时可产出约24000盒牛奶，为了保证将它们及时装入礼品盒，在后端包装环节的每条生产线上，需要75~110人进行二班倒或者三班倒工作。这些工人的工作非常简单，就是将包装盒展开，填充泡沫，然后将牛奶放入，最后封装。这样一条生产线对人工的需求和成本随着时间的推移变得越来越大。

在2014年这个时点上，中国已经有3000多条这样的生产线，而这些生产线大部分都部署在一些边远地区，因为这样可以靠近乳业生产基地。但在这些地方，随着大量劳动力外出务工，劳动力短缺的情况正变得越来越严重。李明洋敏锐地察觉到了这一点。早期他和同事在规划工厂的时候，牛奶厂雇用的工人经常是年轻的小伙子、小姑娘，随着产业的转变，流水线上工人的年纪变得越来越大，有些甚至换成了老年人。"这其实就意味这个产业在招人的时候变得越来越难了，企业的薪资支出或者用工成本是越来越高的，也正是因为这样，我们发现后端包装用人力这种方式是不太可能持续的。"李明洋本来从事的就是设备行业的自动化，他深刻地了解，任何一个自动化工厂的规划都不可能脱离成本和产出之间的平衡，而乳业厂包装环节的成本过高，里面蕴藏了一个巨大的商机，需要用技术手段去解决。当时，因为国外不存在礼品牛奶的需求，所以节卡也没有可借鉴的案例。正是这样一个来源于用户端的痛点，成了李明洋创建节卡最初的驱动因素。

当时，自动化程度如此高的包装在技术层面是很难实现的，也有无数企业用自动化的专机进行过研发，但都以失败而告终。而李明洋在研究这个项目时，幸运地通过同事的介绍认识了上海交通大学机器人研究所的几位知名教授，"我们是否能用机器人去解决包装的问题？"这是李明洋与教授们最初讨论的起点。在经过一个月的调研之后，大家觉得礼品包装这道工序是可以实现自动化的。

2014年7月，上海节卡机器人科技有限公司正式成立。上海交通大学的老师们负责研发原型，公司的技术人员则负责产品及应用性的开发。经过历时一年半的研发，机器人高速礼品箱生产线正式投入使用。它能在一小时内将29000盒礼品牛奶封装成箱，原来每条生产线需要75～110人，现在仅需1名工人负责即可。同时，产品采取了模块化设计，团队可根据工厂场地环境，调整生产线的形状和位置。由于市场上没有同类产品，销售进行得还算顺利，蒙牛、光明、完达山、旺旺等大型企业相继安装了这套包装产线[1]。

走到第一线倾听工人的抱怨

在机器人高速礼品箱生产线被越来越多的企业接受时，用户工厂里却有工人出现了对立情绪。"我们协作机器人的诞生就源自工人的抱怨，有一家乳品行业的知名企业，我们当时在现场调试完之后，机器人都是很好的状态，但第二天我们工程师到现场，惊讶地发现机器人的坐标全部偏了，机器人无法正常工作。经过观察，我们发现现场的工人和我们的设备其实是对立的，因为他们眼睁睁地看

---

[1] 铅笔道. 他的机器人替代百人工作 解放蒙牛光明产品线 进驻16家企业融资1500万. （2017-10-31）https://www.sohu.com/a/201308848_649045.

着你的设备一天一天变好，并且取代他们的工作，这造成了他们在情绪上的对立，引起了我们极大的震撼。我们内部进行了思考，觉得如果我们的产品不能跟生产线上的工人达到和谐或者利益一致，那么我们的产品是不会有出路的。"李明洋直言道。所以后来节卡强调的是让现场每一个生产者都能使用机器人，让工人都可以变成操作者。"我们最后的产品，从社会意义上来讲，是让普通的工人变成了技术工人，与工人的利益保持一致，而且对工人是有益的。"

节卡的工程师在设计研发第一代协作机器人小助系列时，机器人顶端有5个按钮，设计者认为这样可以给现场的操作者带来更完善的功能，但是对于现场的工人而言，5个按钮太复杂了，所以当节卡工程师走访客户的时候，发现工人都在抱怨："机器人在运转的时候，5个按钮我们根本看不懂是什么，对于我们来讲，不需要那么复杂的功能，只要给机器人做一个程序，它能够记录就可以了。"所以后来节卡把5个按钮变成了1个很大的按钮，这样的改进正是来源于客户的抱怨。

小助系列机器人的负载有别于市场上常见的负载标准，它设计了3kg、7kg、12kg三种规格，这同样来自客户的现场需求。3kg是站在流水线旁边的女性工人的平均负载；7kg一般是站在流水线旁的男性工人的平均负载；12kg对应的则是相对重体力劳动的流水线，比如发动机装配线的工人的平均负载。这些设定都是从使用者出发，从实际需求出发再回溯到产品本身。

为了降低生产线工人的学习门槛，节卡后来陆续推出的All-in-one共融系列和Jaka C系列协作机器人在操作页面上都强调"傻瓜式操作"，融合了无线示教、图形化编程、视觉安全防护等机器人技术，革新了人与机器人的交互方式，提升了人机协作交互的安全性，大大降低了机器人的使用门槛。甚至一个小学生经过简单的培训，也可以进行相关的编程操作。

从客户需求反推到技术，是节卡在产品研发中一直坚持的原则。"服务客户，走到客户当中去，你才会知道客户的需求，这也是为什么节卡的研发人员，无论硕士还是博士，无论他是CTO还是包括像我这样的CEO，都要定期去客户现场跟客户交流，这是我们获取数据的途径。其实我们不是在问客户需要什么产品，而是听客户的抱怨，听客户在产品使用过程中的不满，能发现这些，才算是对我们产品的迭代提供了支撑。"李明洋表示，"这个时候我们发现更多这样的信号的出现，结合现场就会知道产品要往哪里迭代，该往哪努力，要做些什么。"

关于客户的抱怨是真需求还是伪需求，节卡也有一个简单的判断标准：从做产品的逻辑出发，一个好产品做出来之后，每个人都会觉得它本来就应该是这样，即化繁为简才是一个好产品。如果一个抱怨是让产品变得越来越复杂，那它就是一个伪抱怨、伪需求；如果一个抱怨能促使产品在给到使用者的时候，变得更简单、更高效和更便捷（虽然产品工程师自身的工作可能会因此变得更复杂），那它肯定是一个真需求。

掌控核心，借助外力打造生态圈

以人为先，打造核心研发团队

2018年5月，从上海交通大学机器人研究所博士毕业两年后，许雄决定正式加入节卡，担任节卡的CTO，主导协作机器人的研发。许雄加入时，节卡刚刚发布了第一代协作机器人，正在进行小批量的生产。

许雄回忆，2018年开始，节卡才真正从传统的智能制造转向做机器人产品。当时节卡在机器人产品方面的人才储备不是很完备，因此加快研发人才梯队建设成了最重要也是最紧急的任务。节卡在核心算法（包括关键的算法、控制性的算法等）、人机交互界面等领域的人才都很缺乏，而对于一个初创公司来说，吸引优秀人才的加入在开始时是非常困难的。好在节卡从创立之初就与上海交通大学机器人研究所建立了深度的合作关系，而许雄本人也是上海交通大学机器人研究所毕业的博士，可以凭借师兄弟的关系说服一些优秀人才加入。"主要是从上海交大还有哈工大两所高校的机器人专业招人，当然还有一些其他很不错的985高校的优秀人才。我觉得很多时候加入一家公司，尤其是做产品和研发，一是需要情怀，二是要有信任的关系，比如师兄弟或者校友关系。"许雄表示，"研发打磨，我觉得一开始是要解决人的问题，之后很多东西都会迎刃而解，产品的可靠性、性能等都会大幅度上升。"

除了研发人才，因为协作机器人已经开始批量化生产了，节卡还需要找到一些出色的工艺、生产和测试人才来把控相关制造环节，毕竟从实验室研发到真正的批量化制造之间还存在着一定的鸿沟。许雄坚持找专业的人干专业的事，他根据能力的匹配度跨行业招聘，从传统行业比如电子制造行业，挖来了不少从事生产类的人才加入节卡的团队。

对于未来所需技术人才的类型，许雄认为人工智能、大数据，包括数据安全方面的人才都是节卡需要未雨绸缪并持续关注的。因为协作机器人未来要进入很多工厂里，一个工厂里的多个协作机器人以及不同工厂里的众多协作机器人之间都需要互相连接，怎样进行数据交互，包括一些远程维护和远程程序的更新，都会牵扯到数据安全，数据不安全，很多大企业很难把数据开放给协作机器人企业进行更多功能的落地实现。"一些数据安全的人才，在传统的金融机构里面比较多，对此我们会持续关注。"

而李明洋认为，不光要得到人才，还要留住人才，让人才有发展，这才是核心。为此，从创业开始，节卡管理层就把自己的股份拿出来分给了研发技术人才，合伙人队伍从最早的8人扩大到了20多人，"节卡发展到今天，我们最引以为豪的就是我们的队伍相当稳定，尤其核心骨干不断涌现，规模越来越大，这是节卡发展的核心。"

90%以上的核心零部件能够实现自给自足

对于节卡最重视的研发环节，除了组建优秀的核心研发团队外，节卡也一直坚持着自己的初心——"用机器人解放双手"。李明洋表示，所有的产品其实都是为人服务的，节卡提出人人皆可使用的机器人才是好的机器人。所以节卡在做协作机器人的过程当中，一直秉持着让使用者更方便的理念。如何降低人的使用门槛，是节卡存在的最大意义。

在研发上，节卡与上海交通大学共同建立了两个研发中心，一个是与上海交通大学机械与动力学院成立的智能装备联合研发中心，另一个是与上海交通大学设计学院成立的创新应用中心。这两个中心在研究方向上各有不同：智能装备联合研发中心着眼于机器人的硬件，主要从事机器人的编码器、电机、一体化关节技术，以及示教程序的研发；而创新应用中心则是从人体工学的角度，研究人与机器人的互动，以及机器人和人在编程阶段的视觉交互、视觉表达。

协作机器人最核心的技术是一体化关节，一台协作机器人通常有6个一体化关节。这6个一体化关节涉及从直流的电机到减速器、编码器、驱动控制等一系列机器人领域的核心技术。而节卡机器人从创立那天开始，通过与上海交通大学的合作，不断加大对核心技术的投入，最终拥有了这些核心技术的全部自主知识产权。到目前为止，节卡机器人能够设计多个核心零部件，并且90%以上的核心零部件能够实现自给自足。

在掌控核心技术的同时，节卡也积极借助外力。"这里面有一些可能是我们设计的，但委外给其他供应商做。供应商长期在这个行业，有自己已有的加工技术，或者一些细微的专属技术，这些我们就不需要去承担了。我们不可能自己拥有全部的知识产权，一方面很难，另一方面也没有必要。"李明洋解释道。许雄对此给予了更具体的说明，他表示节卡机器人大部分都是自主研发的，尤其是机器人中偏软件以及算法的部分。此外，核心的零部件比如电机和驱动器也是节卡自主研发设计的。在对外采购方面，电机是委外加工的，减速器是外购的。

对于外购和委外加工的部分，节卡强调通过建立测试标准来加强供应链管控。以减速器为例，减速器对机器人来说是一个非常重要的部件，它影响着整个机器人长期稳定的运作以及使用寿命。怎么评判减速器的好坏？如果对减速器的本质原理理解不是很深，买家很难建立自己的一套自动化测试标准。而节卡凭借研发技术团队对减速器的深度认知，研究出一套自己的科学算法，通过评判减速器的抖动情况，看其能否达到节卡机器人的出厂条件，如果不能的话，节卡就会和供应商协商进行改进。正是因为节卡有这样的一套标准，对于减速器供应商来说，他们也更容易把控好自己装备环节的各套工艺。

"如果没有做到严控品质，并且没有自己的测试手段、测试平台，自动化地测试这些性能指标，测试零部件的刚度、扭转刚度或者噪声情况，可能就会让供应商很多品质不太好的产品进入最后的整机出厂环节，那么整机性能肯定会大幅度变差。"许雄说道。

可见，即使是外购和委外加工的部分，节卡依然强调要对相关的领域有深刻的认知，这样才能很好地管控供应商，促使他们达到自己的标准。

借助外力打造"JAKA＋"生态圈

作为一个标准产品，协作机器人在应用到工厂之前，还需要辅助一些周边品才能落地，实际解决客户真正的需求，真正地实现代替人工。比如用协作机器人代替人做涂胶，就要在机器人本体的末端添加一些设计，可能有的地方需要设计夹手，有的地方来料不规则的话，还要进行视觉定位。这些周边品的方案，不可能全部由一个公司自己设计自己做，全部自己做的话，可能提供的整个解决方案不是最优的，带来的成本也不是最低的，因此节卡会把很多优质供应商纳入到"JAKA＋"生态圈，让他们成为生态圈的合作伙伴。"JAKA＋"生态圈包括了鹰爪[1]、执行终端、系统电动等各类周边品的供应商。

建立"JAKA＋"生态圈是为了增强机器人在不同场景的落地能力，无论是工业场景、商业场景，还是医疗或者个人消费领域，建立"JAKA＋"生态圈能

---

[1]　又称"夹爪"，是一种机械夹持结构，广泛应用于工业机器人和协作机器人中，主要用于物体的抓取。

让协作机器人的开发变得更简单，让更多的使用者和更多的开发者融入进来，最终让机器人应用到不同的场景当中去。"JAKA＋"生态圈使得节卡和更多的开发者以及企业变成了一个利益共同体，大家共同推动协作机器人在不同行业不同场景下，实现更多的应用，从而实现共同的繁荣。

据李明洋介绍，在节卡的引导下，"JAKA＋"生态圈已经逐步把合作伙伴、供应商和客户聚焦到了11个主要场景，37个细分市场，形成了以机器人本体为核心的共同开发平台。这个开源平台包括了各种通信协议的接口以及一些开发工具，对开发者十分友好，有助于实现感知元器件与机器人本体之间的通信。此外，节卡也会举办大量的研讨会，对研发和现场场景中的问题进行讨论。"JAKA＋"生态圈从实际出发，非常强调集成开发，比如在节卡以往的产品中，协作机器人的视觉、执行结构等不同部分可能分别有自己的控制器，造成了大量的浪费，而在后面的开发中，节卡会将它们合为一体，只要一个控制器。

李明洋说："最后还是从需求出发，我们的客户遇到了一个什么样的场景，需要我们如何配合，这个时候我们就要主动地去适应；反过来，我们碰到了一个什么样的场景，需要视觉的供应商、力觉的合作伙伴以及执行端的合作伙伴进行怎样的配合？我们应该开放一个什么样的底层架构？这些都需要我们有广阔的心胸和自信来构建这个平台，这才是关键。"

用产品和服务赢得塔尖客户的认可

逆势而为，率先瞄准高端客户

遵循以往中国制造的发展模式，中国不少机器人企业往往也是从低端开始做起，在产品价格上比工业机器人的"四大家族"[1]更便宜，应用的领域也更简单。而节卡走的则是另外一条道路。因为在李明洋看来，在协作机器人领域，节卡与"四大家族"同处于领跑位置，所以节卡选择客户应该立足国际视角，选择全球战略的大客户。

"我们选择的都是金字塔顶端的客户。目前来讲，协作机器人应用最多的领域是汽车产业和3C产业。在汽车产业，我们选择了丰田、上汽这样的客户作为主要目标，并取得了不俗的成绩，丰田还特地给我们颁发了一个奖状，表示对我们做出的贡献的认可。这些年也正是3C产业蓬勃发展的时候，节卡也为多家国际知名企业进行了一些工艺上的攻关，设备也在被大规模地使用。目前在汽车产业中，节卡不仅有中国的客户，也有日本和欧洲的客户；而3C领域的客户则主要分布在中国、东南亚和北美。"李明洋说道，"我们采取的策略是先瞄准金字塔的顶端，形成一个示范效应。给谁看呢？就是给渠道看，我们的通路就是广大的自动化公司，通过它们把我们的机器人应用到更多的客户当中，形成一定的示范效应。"

作为一家成立仅仅8年的公司，节卡是如何成为这些国际知名企业的全球供应商的呢？节卡的CMO常莉表示，大客户主要关注的是以下几个方面：一是产品，包括产品本身的技术、性能和品质；二是服务，专业的服务和体系化的服务，更多地考验整个公司的运营能力；三是客户会考虑未来是否能够和这家公司一直同行，在这个过程当中，一家企业不管体量规模有多大或者发展了多少年，都面临着市场的竞争，需要不断地在市场寻找新的机会点。

常莉以节卡合作的一家全球知名日系车企为例，这家车企的生产和供应链体系的先进性在全球都是数一数二的。节卡在2019年年底接触到了这家企业，这家

---

[1]　在工业机器人行业里，瑞士的ABB、德国的库卡（KUKA）、日本安川（YASKAWA）、日本发那科（FANUC）并称为"四大家族"，以研发和生产传统的工业机器人为主，但近年来也开始进军协作机器人。

日系车企当时正在寻找协作机器人的供应商。他们经过了很长时间、非常专业的前期市场调研之后，决定把首站放在中国。该车企的整个考察期大概有半年，常莉接待的各个层面的考察人员达到了50多人次，这家车企从供应链、产品、技术、应用、生产、服务等多个方面对节卡进行了全方位的考察。企业各个部门的专家，甚至一些白发苍苍的老专家都来到了节卡做深度考察，以检验节卡是否具备与他们合作的能力。特别是在产品方面，这些专家以专业的眼光和他们对这个行业的深度理解，对节卡机器人的底层算法，生产过程中的品控，机器人的各项性能，相对应的第三方对节卡机器人产品的认证，以及在面临特殊的难题或是挫折时的表现进行了极其全面与细致深入的考察，最终节卡获得了该客户的认可。

为了与这些客户建立长期的信任合作关系，节卡也在提升产品品质上不断地下功夫。李明洋说，节卡应该是协作机器人圈第一家取得2万小时MTBF[1]认证的企业，即平均2万个小时运作无故障，目前节卡正在挑战3万小时甚至更长时间的MTBF，这对整个行业都是有引领性的。同时，节卡为客户提供的不仅是产品，还有解决方案。"因为对于客户来说，他需要的不是产品，而是帮他解决问题。涉及解决方案的时候，产品只是第一环节，剩下的是工艺，对行业的了解，以及最后形成的解决方案，这四个方面是层层递进的。"常莉表示。通过产品与解决方案，节卡可以为客户提供更大的价值，相应地，客户对其的忠诚度和黏性也会增加。

客户服务现场就是战场

在节卡，与产品研发一样受到高度重视的还有服务。李明洋直言："我们中国企业要想做得好，有两件事一定要做好，一是服务，二是在服务上面衍生出来的创新。创新往往是由客户需求引发的，怎么抓住客户其实就蕴含在这两件事

---

[1] 即平均无故障工作时间，是衡量一个产品（尤其是电器产品）的可靠性指标。

里。所以我们一直强调的都是怎样走进客户，怎样服务客户，其实这也决定了未来产品如何迭代，企业如何去做。"

李明洋表示，节卡的服务是从创立之日起一直不断地实践、打磨出来的，节卡对服务有明确的打分流程。其中最显著的特点是节卡给能打胜仗、能给客户带来利益的人和被客户表彰、被客户认可的人，提供丰厚的奖金、利益分成和快速上升的职业通道。"节卡的一切服务是以'打仗'为目标，客户现场就是战场，我们公司工程师、销售人员去了客户现场，那就是在战场上，在战场才会见真章。"

具体来看，服务工程师每服务一个客户，每一台机器人从进入现场到实施完毕，节卡是按照战功来算的，每一台都可能有1000～2000的战功。如果是一个国际型的客户，它的应用是更具有代表性的，那么战功会在上述基础上乘以不同的系数。节卡鼓励大家去打硬仗、做高端，让企业保持向前进的动力。

"我们曾经有一个工程师，在日本一家著名企业的现场，服务客户之余，他在休息的时候发现客户现场的零部件很乱，他出于职业习惯帮客户将零部件摆放整齐。当时客户的总经理，一个日本人很感动，拍下照片并给我发来了微信进行表彰。他发给我的是日文，我还请同事帮忙翻译了一下，才知道他在表彰。正是这样，节卡才会一直被客户接受，因为我们带来了新的风气。"李明洋感叹。

为了更好地服务客户，除了建立相应的激励机制外，节卡也非常重视服务团队的搭建和优化。服务团队的规模从一开始只有几个人，到现在已经扩大到五六十人。节卡的服务团队严格按照区域划分，以快速响应本区域的各种服务，可以做到7×24小时无间断，服务人员在接到电话后一般会在1～2小时内赶到现场。而针对丰田这样的大客户，节卡更是尽可能地提供本地化服务，比如丰田在天津有工厂，节卡就在天津也设立了技术中心并有一个服务小分队长期驻扎在天津，从而保证给天津的丰田提供很好的售后服务。"对于客户来说，因为他买的不是消费品，而是工业品，除了机器人本体的价格，他还关注整个售后的服务，这对于客户来说是很重要的。他觉得买节卡机器人，他得到的是放心，心里很踏实。"许雄说。

节卡的服务不仅强调快速响应，也重视专业性。服务团队的每个人入职后都会在主要针对节卡员工和生态群体的"节卡学院"进行内部培训，节卡学院主要提供产品和解决方案的技术与服务培训，同时节卡也会通过以老带新等方式，让新员工的机器人调试经验、应用经验等快速达到良好的水平。因为服务团队的现场服务，不光是为了调试机器人，还要告诉客户整体的解决方案。对于客户来说，这样的服务团队才是专业的、值得信赖的。

寻找着眼于长期的投资者

与节卡在产品研发、技术革新和客户服务上所下的大量功夫相比，"我们在融资上遇到的困难还是比较少的"，李明洋说道。因为资金面的情况不错，从2014年成立一直到2017年首次融资前，支持节卡运作的都是运营产生的现金流。节卡CFO宁夏也表示："公司刚成立时，我们就拿到了几千万元的订单，这些订单都有前期预付款，所以节卡在发展初期并不需要融资。"

但随着企业进入快速发展期，节卡在2019年遇到了资金紧张的情况。当时节卡的协作机器人产品需要大量的研发费用，而市场还处于起步阶段。李明洋回忆道："那个时候其实是要求我们第一要从自身的角度出发，看如何优化管理；第二要加强融资，但这里面最核心的其实还是回归客户。因为有更多的客户愿意买单，就代表着资本也会为你买单。节卡即使在缺钱的时候，也没有像其他企业一样因为缺钱而追着资本跑，我们即使缺钱，还是把大量精力都用在了标杆客户的建立上，只有在标杆客户上形成效益，才有未来。"

在赢得更多的大客户信任之后，融资的难度自然也会减小。如表1-6所示，从2017年10月至2021年1月，节卡已经完成了四轮融资。

表1-6　节卡融资历程

公开时间	融资轮次	金额	估值	投资机构
2017 年 10 月	A 轮	1500 万元	未披露	和君资本
2018 年 3 月	A＋轮	6000 万元	未披露	方广资本
2019 年 4 月	B 轮	1 亿元	未披露	赛富投资基金
2021 年 1 月	C 轮	3 亿元	未披露	CPE 源峰、国投招商、方广资本

资料来源：企名片。

作为节卡的CFO，宁夏对投资机构的选择标准和选择过程有着具体的了解。她表示，投资机构通常会先对被投企业所在的行业进行判断，再对这个细分行业未来的发展潜力进行判断。节卡的市场潜力是被客户认可的，尤其是受人力成本逐渐上升的痛点驱动，对协作机器人这个细分赛道，大家的判断都是很有发展前景。另外，投资机构也会从以下几方面判断被投企业：一是会对被投企业产品的稳定性进行判断，产品的性能是否能在未来也经得起考验，以及企业的研发能力是不是可以持续地在行业里保持领先；二是对企业技术的考察，包括把产品或客户的需求快速落地的能力。尤其是协作机器人并不是把一个标准的产品交给终端的客户，客户把产品拿回去就可以直接使用了，而是需要技术团队帮助集成商在客户非常个性化的需求下再对产品进行快速落地。此外，大的投资机构也会对企业的管理团队进行深入的调查和判断。投资机构除了通过自己团队里相同方向的专家进行判断外，还会请第三方机构进行多维度的第三方调研，包括请第三方机构对节卡的供应商、现有客户以及潜在客户进行访谈以了解企业和产品的口碑和潜力。

近年来，随着节卡在整个协作机器人行业里逐渐形成自己的口碑，越来越多的投资人慕名前来考察。"我们最新一轮融资是去年（此处指2020年）9月中旬才开启的，消息传出以后，从9月到12月，就有20多家机构联系节卡前来调研或表示出投资兴趣。这些机构很多都有产业的基金，但是因为每轮我们稀释的股权有限，最后定了两家机构。"宁夏说，"我们选择的标准更多的是哪些机构和节卡的价值观相同，哪些机构投资节卡更多是从长期发展的角度，而不是为了短期的资本回报，或者是实现财务上的套现。另外就是看哪些机构能够在节卡成长的过程中带来更好的生态资源。"

作为两次投资节卡的方广资本的管理合伙人钱昱给出了投资节卡的理由："我们首先是看好协作机器人产业的发展。在社会老龄化，人力成本上涨的大环境下，机器替代人力是未来的趋势。尤其协作机器人轻便、灵巧、易于操作，具有很高的性价比。其次是节卡团队务实、有冲劲，依托上海交大机器人研究所的技术实力，和应用场景深度结合为企业提供优质解决方案。我们认为他们一定会带领节卡成为协作机器人领域的领军企业。"

李明洋表示新一轮融资将主要用于海外市场的开拓和更多产品线的研发，尤其是海外通路的建设，节卡已经在日本、东南亚建立了自己的技术服务中心，美国和欧洲的技术服务中心也正在筹划中，这些中心正是节卡在海外的通路。目前节卡在国内和海外的销售比约为8：2。

作为一家成立已有8年时间，正在协作机器人赛道上一路狂奔的高成长初创企业，节卡一直不忘初心，不论是产品迭代的方向、设计细节的改进，还是服务客户的方式和服务的可获得性，无不体现着其贯彻始终的"用户端思维"的思考方式，甚至在面对资金压力时，其依然坚持追着客户跑而非追着资本跑。

教授点评

李伟

长江商学院经济学教授
长江商学院案例中心主任
长江商学院中国经济和可持续发展研究中心主任
亚洲与欧洲市场副院长

虽然机器人是未来的趋势，但机器人并非要完全将人替代，人与机器人的共生也可以像人与手机一样紧密且和谐。节卡成立仅仅数年，就稳固了其在协作机器人市场的领先地位，除了研发技术的壁垒优势，节卡的产品设计也独具匠心。但更核心的是其研发、生产、市场、售后等各环节所体现的真正的"用户端思维"，这是节卡保持竞争力和生命力的源泉。

研究员说

李超

长江商学院案例中心特约研究员

节卡案例的采访和写作过程让我印象最深刻的，是其深入骨髓的"用户端思维"。这不仅体现在大的战略和研发方向上，更落实在市场、销售和售后服务中很多微小的细节上，它已经成为节卡自身的一种基因，且可以不断复制。即使在发展的一些阶段面临资金压力时，节卡也依然没有追着资本跑，而是追着客户跑，并最终赢得了客户和资本的信任和认可。这样的思维值得更多的中国企业学习。

巴奴：火锅界的搅局者

提到火锅，大家首先想到的就是海底捞，海底捞凭借其"细致入微的服务"成了火锅行业第一品牌，构筑起了行业的天花板。随后，中国餐饮行业，特别是火锅行业的从业者，或多或少都会以海底捞为榜样，或学习或模仿，但鲜有另辟蹊径而出其右者。

巴奴毛肚火锅（以下简称巴奴），或许是第一个公开挑战海底捞的火锅品牌，堪称火锅界的搅局者。据巴奴公司官网数据，截至2019年6月，巴奴北京悠唐店最高翻台率达700%，核心主打菜毛肚点击率最高达140%，平均点击率124%。公司体量虽小（85家直营店年销售额只有18亿元），但在用户好评率上却一度超过了"家大业大"的海底捞，成为消费者心中冉冉升起的新星。

时间倒转十多年，巴奴还挣扎在与海底捞正面交锋的焦头烂额之中。从2009年进入郑州开设第一家火锅店开始，巴奴一直活在海底捞的"阴影"之下。巴奴用了3年的时间模仿海底捞，但始终未能收到良好的效果。如何打开市场局面、如何赢得消费者是巴奴创始人杜中兵一直在冥思苦想的问题。

2012年，巴奴迎来了转机，在对顾客进行了充分的调研之后，杜中兵终于看到了巴奴在品牌发展上存在的问题，并基于此提出了"产品主义"的概念，带领巴奴走上了差异化发展的道路。而这一切，在杜中兵看来都是基于善念，基于对餐饮行业最本质的"正道"的理解，他坚信"产品主义"一定会超越服务主义。如今，巴奴已经在一线市场、更高端的市场与其他火锅品牌展开了角逐，面对行业内巨头们的虎视眈眈，"产品主义"能支撑巴奴走向行业领军吗？

巴奴发展背景

在餐饮行业中，火锅的毛利率与净利率相对较高，但行业集中度却很低。弗若斯特沙利文数据显示，海底捞和呷哺呷哺分别位列2020年中国火锅企业营收排行榜第一和第二，其中海底捞的市场份额为5.8%，呷哺呷哺为1.2%，剩下的市场份额多分散在一些区域性品牌、特色火锅品牌和独立运营的小品牌手中。

任何企业的崛起都不是一蹴而就的，巴奴同样也经历了多个阶段的探索、转型与升级。2001年，巴奴在河南安阳开设了第一家门店，由此开创了毛肚火锅品类；2009年，巴奴进入郑州开始与海底捞正面交锋，3年之后找到了自己的差异化战略，走出了一条产品主义道路；2018年，巴奴进军一线城市北京，并于2019年开始在上海、西安开店，2021年7月，巴奴深圳首店开业，进军华南。截至2021年7月，巴奴在全国共有85家店，而且全部直营，覆盖了北京、上海、深圳、西安、南京、郑州、苏州等地。2006年，巴奴在重庆建了自己的底料生产基地，目前在全国拥有3个中央厨房。

创立巴奴之前，杜中兵也经历了较长时间的摸索。这还要从他的童年说起。巴奴创始人杜中兵出生在河北邯郸，他从小习武，练就了坚毅、吃苦耐劳、不服输的精神。在他的个人经历中，奶奶和父亲有着举足轻重的作用，奶奶的善行善举和父亲的责任担当在少年杜中兵的心里播下了"善""勇敢无惧"和"责任担当"的种子。长辈的言传身教，家庭的熏陶对杜中兵的人生和事业发展影响极大，他敢于遵从自己内心的直觉和召唤，不愿意委屈自己去干那些只是为了赚钱的事情。他告诫自己不管在多糟糕的环境下都要保持"正心正念"。

正是这份从小被熏陶出来的"正心正念"，支撑着杜中兵最终选择创立巴奴。在做火锅之前，杜中兵主要从事生铁和焦炭贸易行业，从打工到自己做老板，先后走过了10多年。1992年，邓小平南方谈话的那一年，19岁的杜中兵开始自己当老板做生意，很快他就赚到了一笔钱。他经常去南方，特别是在江苏常州一带做生意，结交了很多思想开阔的朋友。这些朋友对杜中兵的转型起到了巨大的推动作用。杜中兵逐渐意识到，自己做的生意和别人做的生意是不同的：自己的生意大多要跟国有企业、乡镇企业打交道，靠求人争取订单，是求人的买卖；而别人的生意，有做布匹的、丝绸的、电器的，相对来说可能是别人求他们。杜中兵在受到触动的同时，还经常和朋友到全国各地参加各种订货会，这让他对市场和商业都有了真正的了解。

由此，杜中兵开始反思自己做生意的逻辑，他此前的生意，用现在的理论解释，其实是做B端的生意，原材料的需求方往往是国有企业，有时会让他感到不平等，这使杜中兵萌生了做C端生意的念头。而随后到来的亚洲金融危机，又加深了他的反思。过去为了赚钱，做的很多事情都不是自己真正想干的，但是赚到钱之后就完全不同了。他渴望做真正市场化的、平等的、靠自己的智慧和能力赚钱的生意。最终，杜中兵决定放弃还在赚钱的焦炭生意，而且不再只为赚钱而做生意。在他看来，餐饮是一个更平等的生意，而且更重要的是，因为身边很多人都喜欢吃火锅，他希望为身边的人做出好火锅，这也成了杜中兵做火锅的初心。正是这个初心，使巴奴一直走到了现在，无论怎么变革，杜中兵都本着这个初心，始终不渝。

坚守初心，改变传统行业规则（2001—2009 年）

2001年，杜中兵在河南安阳开了第一家火锅店。在此之前，他曾去四川、重庆学习，重庆火锅最初在历史上叫做毛肚火锅，即以毛肚为主涮品的火锅。老重庆们一直把毛肚火锅推崇为最具代表性的、最正宗美味的重庆火锅。很快，杜中兵就发现火锅行业有两件事令他非常困扰。一个是用火碱发制品，另一个是使用老油做锅底。

火锅的食材中有很多干货，如毛肚、鸭肠、黄喉、鱿鱼等。过去，由于这些食材不容易保存，很多肉制品都是晒干、风干成为干货再保存。但这些干货用水直接煮的话很难嚼得动，为此火锅店一般会用火碱先将干货泡发，而且一般都采用腐蚀力很强的工业烧碱。工业烧碱对人的健康危害很大，人吃了以后很容易得胃溃疡。特别是在夏天，这些用火碱泡发的干货一般不放冰箱里，而是放在桶里，为了防止变质，就必须用福尔马林泡着。福尔马林既能防止食材变质，还能使食材呈现出来的颜色更漂亮。当然，福尔马林对人的健康也是有害的。但过去顾客并不知晓，商人也无所顾忌，这就成了行业惯例。使用老油做锅底也是重庆火锅的习惯。过去火锅锅底是不收费的，而且油的成本很高，因此锅底就被反复使用，成为老油。同时，老油的味道比较厚重，吃火锅的口感会比较好。

面对这两个积习，杜中兵没有经验，不知道如何决策。但他一直在思考，自己做火锅的初衷就是为了给身边的人做出好火锅，既然要做好火锅就必须要有好的标准，他要按照内心的标准去做。

杜中兵首先去肉联厂准备采购鲜货，但由于采购量不多肉联厂不愿意接待。后来，他听说西南大学的李洪军教授研发的"木瓜蛋白酶（Papain）嫩化"技术，可以保证毛肚等干货泡发时的新鲜度，又天然、卫生、安全。于是巴奴以此为基础开发了绿色毛肚生产线，形成了12道工序的标准化生产，让顾客吃到了无害发制、美味健康的毛肚。安全问题解决了，但又出现了一个新问题——成本过高。用木瓜蛋白酶泡发干货的成本较高，而且鲜货泡发出来一斤就是一斤，而用火碱泡发的话一斤干货可以发到好几斤，因此，巴奴毛肚的成本就比其他火锅要高出许多。

执着的杜中兵找到防疫站的领导，向其阐述火碱的危害，并表示愿意把"木瓜蛋白酶嫩化"技术免费提供给大家使用。他的私心是如果大家都用上这样的毛肚，竞争就公平了。抛开私心，杜中兵也希望消费者能吃到健康的食材，这也算做了一件善事。虽然推广的难度非常大，但后来他发现同行们也慢慢地学了起来。20多年后的今天，火碱发制几乎退出了火锅市场。可以说，巴奴的这一创新，改变了整个行业。

为了不用老油，杜中兵也想了很多办法。比如把料炒好以后放上一个月，看这样的料能不能当老料，再重新和新料一块炒，杜中兵发现这个办法可行。之后又进行了优化，就是把用老料炒过的油发酵，然后用发酵过的油再去炒新料，这实际上等于把油炒了两遍，这个味道就和老油的味道差不多了。除了制作方法，杜中兵也在材料上下了很大的功夫。比如花椒，一斤好花椒比一斤普通花椒贵三分之一，但杜中兵发现，用两斤好花椒炒出来的味道并不比三斤普通花椒差，因为普通花椒会有杂质，会破坏整体的味道。如果贪图便宜用了普通花椒，要炒出味道就要用很大的量，这反而增加了成本。

为了提高食材的质量和保障顾客的健康，巴奴决定走创新之路，摒弃行业陋习，这也造成了火锅成本的上升。比如，当时巴奴的锅底料要收十八元，而其他火锅是免费的；巴奴的毛肚只有四两便要价十八元，而其他家的毛肚八两才要价十二块钱。顾客经常会问，为什么巴奴要收锅底料费？为什么巴奴的毛肚价格这么高？这就倒逼杜中兵想办法跟顾客解释，获得顾客的理解。他在火锅店的房顶上吊了一面旗子，把原因写在了上面。同时在餐桌上放一张菜单，正面写着绿色毛肚的好处，背面写着火碱发制品对人的害处。2003年，巴奴坚持绿色健康火锅的理念受到了媒体的关注，《安阳广播电视报》发表连载文章《巴奴：背起文化的行囊，掀起绿色革命》，对巴奴进行了报道，引发了广泛热议。此后，巴奴一直很火爆，顾客开始排队用餐。

用了五年时间，巴奴在安阳开了五家店。这时，杜中兵发现其他的火锅店几乎都关掉了，只剩下巴奴一家。这让他坚定了信心，也坚定了自己做好产品的初心。他觉得把产品做好，真正为顾客服务才是正道、长久之道。他意识到，创业就是"闹革命"！只有革掉坏东西，才有成功的可能。这也为后来杜中兵提出"产品主义"打下了坚实的基础。

战略转型：从模仿到差异化（2009—2018年）

2009年，巴奴进入郑州市场，开始与海底捞正面交锋。从最初模仿海底捞，到找到自己的差异化定位，再到确立市场地位，巴奴用了10年。这是巴奴发展的第二个阶段，也是脱胎换骨的一个阶段。

模仿

早在2006年，杜中兵就已经感觉到自己在管理上有些力不从心了。他觉得有两三家火锅店的时候，自己还控制得住，但越到后来越发感觉到自己的无能为力。恰在此时，一个朋友推荐他读了商学院，他才开始了解到什么是真正的管理。2007年，杜中兵成立了自己的公司，并设置了企划部、财务部、应用部等相关部门，开始了真正意义上的公司管理。2008年年底，巴奴制定了五年发展战略，决定"进军"省城，亮相全国。

与此同时，巴奴在郑州也遇到了市场上最强劲的竞争对手——海底捞。在外人看来，巴奴似乎一直以海底捞为竞争对手。但实际情况是，当时海底捞已经完成了在国内很多省会城市的布局，不管巴奴进入哪个城市，一定会碰上海底捞。海底捞在2002年进入郑州，至2009年已经有了7年的客户积累，并通过广泛的服务取悦顾客。顾客也会在无意中按照海底捞的服务标准来衡量其他火锅店，巴奴作为后来者，也不可避免地学习起了海底捞，除了擦鞋、修指甲，能想到的服务基本上都干了，但效果并不理想，这促使杜中兵开始反思。

反思

模仿了海底捞三年，巴奴为什么不成功？杜中兵隐隐地感觉到，盲目地跟随海底捞是没有出路的，必须找到与海底捞的差异点，而这个差异点应该是产品吗？他的脑海里迅速闪过了三个问题：到底什么是战略？什么是服务？凭什么让顾客为你的高价买单？

第一，什么是战略？杜中兵反复问自己："什么叫战略？战略就是先把自己的位子做好，不要抢别人的位子。因为你抢别人的时候，就会丢了自己的位子。海底捞有他的位子，我就得找到我的。"他意识到选择巴奴的顾客大多是消费能力强、口味要求高的"社会精英"。那么，能不能把这群人的画像做精准，能不能服务好他们？

第二，什么是服务？餐饮属于服务行业，服务行业不做服务做什么？就是不学海底捞，做餐饮也逃不过服务二字。那么到底什么是服务，怎么做服务？这里面包含了两个问题：首先，"专业"是不是一种服务？巴奴能不能通过专家型的伙伴和员工，围绕产品，不断研究，不断地给顾客提供好吃的产品，并把产品的特色、故事讲明白，让顾客知道钱花在了哪里？其次，服务是否要有边界？的确，提供好的服务能让一部分人找到被尊重的感觉。但在提供极致服务的过程中，会不会因为只顾盲目服务而看不到客户问题的本质？比如有时候热情的服务却变成了打扰，让客人不自在。

第三，凭什么让顾客为你的高价买单？杜中兵回想巴奴最初在安阳的时候，别人家的火锅店不收底料费，但巴奴收，巴奴的毛肚也比人家贵很多，但也成功赢得了顾客的认可。凭什么？杜中兵认为，这是巴奴在原材料和产品品质上绝不妥协的态度带来的成功。

反思之后，杜中兵开始行动。2012年，杜中兵对巴奴的市场情况做了详细全面的调研。从顾客反馈中，杜中兵看到了巴奴存在的问题。虽然巴奴也注重独特性、产品的差异化，但这种独特性和差异化仅仅停留在执行层面，并没有渗透到顾客的消费认知层面。通过此次调研，杜中兵更加坚信，盲目地跟随海底捞是没有出路的，必须找到与海底捞的差异点，而这个差异点必须是产品。

构建

在明确了自己产品的核心竞争力后，杜中兵把"巴奴火锅"改名为"巴奴毛肚火锅"，把毛肚当成自己的特点和招牌。这个决定来自很多顾客的反馈，如"去巴奴并不是因为其服务好，而是因为毛肚好吃、菌汤好喝"。杜中兵由此马上行动，开始改变店里的宣传内容，主打毛肚和菌汤。同时将十几家店铺的广告语都调整为"服务不是巴奴的特色，毛肚和菌汤才是"，锁定"产品主义"的定位。虽然一些人对他的做法有异议，但店里客流量越来越大，这让他觉得改变是成功的。

经过2012年的调整，杜中兵一直在思考，为什么这样一个小小的调整会给巴奴带来这么大的力量？因为巴奴之前虽然也做了差异化的事，但却没有真正让顾客体验和认知到这些差异化。随后，巴奴索性把模仿海底捞的服务全部都删掉了，如送眼镜布、舞面等，转而把重心全部放在了产品上，重新梳理产品，着力打造巴奴的产品特色，全面围绕产品重新构建差异化。经过产品的迭代升级，2014年，巴奴的客单价已经超过了海底捞，上桌率也超过了海底捞。这一阶段，巴奴迎头赶上了海底捞，杜中兵也在此时形成了更加完整的经营理念。

品牌差异化定位

通过调研，巴奴终于找到了自己的品牌差异化定位，即让毛肚和菌汤链接品牌，将品牌聚焦，最终实现了品牌认知层面的差异化。经过这一轮调整，杜中兵对于品牌的认识越来越深刻。他最核心的感悟就是，顾客对品牌的认知往往只停留在品牌最突出的一点上。因此，品牌越聚焦，焦点越清晰，品牌所显示出来的势能就越大。只有体现出自己的独特性才能给自己带来机会。

杜中兵认为，若将餐饮比作一台戏，它同样需要一点一点地构建、塑造和呈现。首先在战略上，巴奴锁定了产品的差异化战略；在服务上，巴奴提出了毛肚火锅专家的专业服务，直接表达了对于服务的态度。巴奴的服务追求专业、适度而"无感"。巴奴不仅希望引导顾客关注特色，从而实现对顾客获取的核心价值的关注，也希望顾客在火锅店里能够感受和体验到释放的自由，从而通过"有度"的服务保证顾客的自由度。

全面践行产品主义

一般餐饮企业认为，一个菜品再好吃，顾客再满意，但如果供应链管理成本太高，或者不稳定，他们也不会做。但是巴奴的理念相反，杜中兵认为只要顾客需要，他们就会竭尽全力开发出成本合适的新菜品。因为杜中兵认为，做好产品才是正道，才是真正地创造客户价值，才是企业最核心的竞争能力。随后，巴奴开始有意识地开发更多新菜品。

巴奴对原材料严格把关，不断缩减菜品的SKU，聚焦毛肚及相关菜品，并借此讲述关于食材的好故事，对行业里的很多菜品进行了创新。巴奴把一些核心产品定义为"十二大护法"，即雪花牛肉、乌鸡卷、内蒙古草原羔羊、鲜鸭血、虾滑、鲜鸭肠、绣球菌、井水黄豆芽、巴奴擀面皮、茴香小油条、巴奴拽面、乌龙冰粉，试图通过打造爆款菜品来拉动品牌消费。在其他火锅店因为鲜鸭血运输保鲜难，而放弃鲜鸭血只卖成品鸭血的时候，巴奴用了266天，帮助供应商进行车间改造，获得了符合质量检验标准的鲜鸭血，并一举攻克了保鲜与运输的难题，让消费者在巴奴吃到了不加防腐剂的100%纯鸭血。巴奴还用了两年时间，通过跟农户合作，将只有在农村才能吃到的冬季打过霜的笨菠菜，送到了巴奴全国所有门店的餐桌上。除此之外，巴奴还率先研发了井水黄豆芽、谷朊粉制作的擀面皮、无任何添加的拽面、玻璃瓶＋木塞的绣球菌等菜品。

这些新产品都经历了这样那样的坎坷之路。但其中最核心的，还是优质食材与革新技术的结合。不仅是新产品研发，巴奴对于做菜上菜也很讲究：锅底讲究，味道要香浓；吃法讲究，专门锅底配专门小料；招牌的野山菌汤，每锅汤仅供食用4小时，用不完就倒掉，还把菌汤要搭配15粒香葱写进了产品手册。

巴奴的产品不仅打动了顾客，还打动了不少火锅店同行，引领全国火锅行业出现"毛肚热"，打出"只用一次性牛油"的口号。很多火锅店同行争相效仿，纷纷跟进推出新产品，也开始向"产品主义"靠拢。

经过几年的深耕，杜中兵逐渐完善了自己"产品主义"的核心理念。他认为"产品主义"有四层理念。第一层是品质，产品品质本身是最基本的要求；第二层是独特性，只有具有了独特性，产品才能让顾客持续认同，同时，独特性还赋予了品牌更高的溢价，从而为企业带来更多价值；第三层是信念，做产品不仅是某一个人或某一个部门的事，更应该将"产品主义"渗透到企业内部的文化和理念之中，将其体现在公司的各项流程和机制当中，这样才能真正让产品更好地迭代、创新；第四层是故事，特色食品是一个城市的符号或代言，是人们心灵的一种归属，比如来北京一定要吃烤鸭，来上海要吃生煎，来武汉要吃热干面。"产品主义"不能只停留在产品功能上，必须形成上下四层一体化的建构，才能真正形成以产品为中心的思考模式。

打造第三代供应链，回归餐饮本质（2018年至今）

2018年巴奴北京首店落地悠唐购物广场，试营业7天就收获大众点评五星级评价，翻台率高达700%；第8天就成了朝阳区火锅第一名。2019年，上海环球港店营业，连续十多天爆单。2020年12月，巴奴南京首店开业当日，最长排到了490号。2021年8月14日七夕节当天，刚刚进军深圳20多天的巴奴排号高达900多号，翻台率达到830%。在此期间，巴奴也在不断优化，升级了品牌定位、供应链和管理模式。杜中兵希望把巴奴打造成川味火锅、麻辣火锅里面的"王"，通过高端与领先到底的定位，将巴奴打造成真正有王者风范的品牌。

2020年，巴奴调整了定价和门店设计，并确定了"服务不过度，样样都讲究"的理念。用杜中兵的话说，那些真正懂食物、讲品质的顾客，他们重视食材，讲究工艺。这类人群更专注，更会生活，更具有消费力，也更愿意为好产品买单。为此，杜中兵反复问自己，餐饮难道必须用食品工业的方式来经营吗？巴奴通过打造第三代供应链，做出了自己的回答。

在杜中兵看来，之前餐饮行业内的供应链一直有两种模式。第一代供应链是西方的工业化、冷冻化的模式，如麦当劳和肯德基的供应链，这种供应链往往一个月配送一次，配送的都是冷冻食材。杜中兵认为这与中国人的餐饮文化完全相悖。第二代供应链是随着中餐连锁店的崛起而建立的中央厨房模式。中央厨房虽然有了一定的个性化特点，但还是为了连锁化而连锁化，为了标准化而标准化，供应链的目的还是希望更简单更高效地配合门店，并没有真正做到从极致美味的产品出发。

而巴奴提出的第三代供应链则是以"极致美味"为理念，以标准化为手段，用需求倒逼供应链，能冷鲜就不要冷冻，能天然就不要添加剂，能当天就不隔夜。杜中兵认为第三代供应链就是要完全回归中国人吃饭的传统。每个中国人都喜欢妈妈做的饭，而妈妈的标准可以总结为两个字："鲜"和"现"，即鲜买现做。所以他认为做到"能冷鲜不冷冻、能天然不添加、能当天不隔夜"的才是好食材，这也是巴奴提倡的第三代供应链的核心理念。

巴奴的产品理念是本色主义、健康美味、真材实料、追求极致。巴奴供应链的思维方式是从全产业链的角度思考，从餐桌倒推到养殖、种植，全面思考如何改变餐桌，改变消费习惯，改变人们对于食物的认知，改变整个产业链所有的供应商、合作商，改变团队内部的思维方式和价值观，以此推动整个行业去改变，这是巴奴的任务和使命。因为火锅店和中餐馆不一样，火锅店的每一道菜都是食材，唯一能改变的就是上游。因此，巴奴的很多食材是直接到产地，与农户共同开发出来的，比如巴奴与农户磨合了2年，才开发出笨菠菜；在巴奴20周年之际，巴奴与四川王家渡食品有限公司共同开发了低温午餐肉。有了对产品的极致追求，巴奴以对产品的极致追求为核心，倒逼自己建立了强大的供应链和中央厨房。（见图1-1）

图1-1　巴奴供应链体系

资料来源：巴奴内部资料。

巴奴的未来与挑战

2021年5月，巴奴20周年之际，杜中兵回顾了巴奴20年来的发展，进一步强调了自己对于企业本质的理解。他认为：企业的本质不是做大规模，企业存在的目的是为顾客和社会持续创造价值。只有创造价值，企业才有存在的意义，持续地为顾客和社会创造价值是巴奴始终不变的使命和责任。至于规模能做多大，杜中兵相信当有更多的人认同和认可巴奴的时候，企业的规模自然会增长。

发展至今，巴奴已经在"产品主义"的道路上越走越远。这一理念也给巴奴带来了良好的口碑。但竞争没有休止符，市场需求随时在变，没有永恒不变的商业模式，巴奴的产品与发展模式很快也会被其他品牌复制。比如在2020年9月有人就指出海底捞抄袭巴奴原创菜品"井水黄豆芽"的摆盘与宣传文案；同样是港股上市的九毛九餐饮集团，旗下推出的"怂重庆火锅厂"品牌，喊出"灵魂是锅底，头牌是牛肉"的口号。有了巴奴毛肚珠玉在前，消费者确实很想尝试一下，怂火锅的牛肉到底有何奥妙。

我们可以看到，一场火锅业的深层变革正在发生。一些头部品牌为了争夺新消费群体，已经开始抛开价格战，转向提供安全可靠的供应链和持续输出爆款菜品，这也是巴奴眼里的终极武器。同质化、模仿盛行的激烈竞争之下，巴奴作为行业跟随者的后发优势或许会逐渐消失。靠第三代供应链做到所有食材"一天一配"、原料零添加的"差异化发展"，"产品主义"能否带领巴奴走向行业领先？我们拭目以待。

教授点评

朱睿

长江商学院市场营销学教授
社会创新与品牌研究中心主任
ESG及社会创新中心主任
长江商学院教育发展基金会监事

　　一家餐饮企业如何践行商业向善？火锅市场竞争激烈，知名品牌影响力
巨大，如何在一个成熟的火锅市场里，通过创新，解决社会痛点，进而创造
商业价值？或许巴奴毛肚火锅的践行可以给到读者启发。

研究员说

李梦军

长江商学院案例中心高级研究员

　　在改革开放后40余年的发展时间里，中国大部分企业走过了最初缺乏品
牌的野蛮生长时代，走到了行业转型升级的十字路口。如何打破行业既有的
规则与壁垒，另辟蹊径，找到真正的差异化战略，是众多企业面临的空前挑
战。在同质化竞争异常激烈的火锅市场，巴奴火锅能够脱颖而出是令人振奋
的，其经验也值得众多企业借鉴。

　　海底捞和巴奴，代表了两种不同的经营方式，海底捞以服务著称，

而巴奴则以"产品主义"站稳了脚跟。和其他品牌一样，巴奴在找到自己独特的优势竞争赛道之前，也经历了漫长的模仿期，经过反思，巴奴对自己进行了重新构建。这一切的一切都可以在"回归初心"中找到答案。立足"一个好火锅，一所好学校"的理念，杜中兵说："产品就是初心，是我们永恒的力量。"巴奴的案例告诉我们，企业应该回归初心，回归企业的本质。企业的本质不是做大规模，而是为顾客和社会持续地创造价值。巴奴的这一次创新，给中国的火锅产业，乃至餐饮产业，甚至其他行业企业，开创了一个依托"产品主义"实践商业向善的可持续发展方向。

第二章

品牌创新

"小仙炖"：如何成就"鲜炖燕窝"

"小仙炖"是靠营销还是靠产品

从2019年开始，"一抹时尚的红色"开始密集地出现在楼宇广告、广播电视、微博、微信、小红书中，"小仙炖"开始"引爆主流"。

凭借"鲜炖燕窝"的心智占位，在知名影视明星的代言和网红达人的"种草"下，"小仙炖"迅速"破圈"，年销售额从数百万元，迅速增长至数亿元……亮丽的颜色，时尚的包装，新鲜短保、每周配送的鲜炖概念，再加上"小仙炖"这个精彩的名字，让"吃燕窝"进行"中式滋补"的传统又开始复苏，而且呈现出从"大户人家"破圈到"新消费群体"的流行趋势。

"为什么以往都是大户人家在食用燕窝？又或者为什么燕窝往往用于病人、孕妇？这并不单纯是食材价格的原因。""小仙炖"创始人林小仙女士表示，"从原始的燕窝材料（干燕窝），到一碗可入口的燕窝，过程十分繁琐，现代人少有时间和精力亲自炖煮，往往需要由经过专业培训的保姆阿姨或专业厨师来操作，这不但抬升了门槛，也不符合当前时代主流消费者的生活节奏。"

不难看出，干燕窝古已有之，营销与推广也从未间断。工业化的创新使"吃燕窝"变得新鲜、便捷，符合时代的定位，迎合了主流的消费观念，让吃燕窝从奢侈又昂贵变得时尚又流行……这段"发现之旅"的背后，少不了创业者的初心与上下求索。

产品和营销孰轻孰重？"小仙炖"背后靠的是营销还是产品？事无绝对，要想回答好这个问题，就必须把视角落回到2014年的北京。

有因才有果

同为"小仙炖"创始人的苗树先生是辽宁人，良好的皮肤状态让他看起来很年轻。从2006年起，苗树就开始吃林小仙亲手炖煮的燕窝。彼时两人都在高端品牌腕表行业工作，在那个年代，这些腕表品牌是身份与品位的象征，这让两人接触了大量高净值人群，也培养了他们对高端客户需求细致入微的观察力，以及对产品和服务追求精致与档次的独到品位。

"我毕业后加入了飞亚达，当时公司宣讲说飞亚达是中国民族手表第一品牌，负责神舟飞船的计时。我心头有一腔热血，希望为民族品牌贡献力量。"苗树先生表示，"飞亚达的总部在深圳，于是我在广州常住了7年，入乡随俗，每天都喝汤进补，后来我逐步负责起了飞亚达旗下亨吉利世界名表中心的区域管理工作。在与小仙认识后，每周都喝她炖煮的燕窝，除了享受二人世界，我们开始有了创业的想法，希望有一份属于两个人的事业。当时还没有想好具体做些什么，只有大致的目标，但其中有两个关键词：滋补、民族。"

与苗树不同，林小仙的家族世代学医，爷爷以及父辈都在四川省绵阳市当地的中医院工作。林小仙就读于南方医科大学，毕业后首先在医院工作了一段时间，后来在周大福旗下代理各大知名品牌腕表的周大福钟表工作，由此与苗树结识。

2013年，苗树调任亨吉利北方大区，负责北京、天津、内蒙古等地区的29家店铺、200多人的管理工作，林小仙也跟随苗树一同来到北京。既然有了"滋补""民族"这两个关键词，二人便开始寻找创业机会。缘于"想要做得稳妥一点、想要做一个大品牌、希望改变行业"的想法，他们并不急于立刻动手，苗树继续本职工作，林小仙则开始进行中式滋补领域的观察和研究，以及了解他们并不熟悉的北方市场。

"一个很明显的现象是，人们在同仁堂买燕窝、买海参，主要是用来送礼的。同时大部分人买的是原料，但很少有人知道怎么做。以至于同仁堂在当时就已经有了代泡海参、代加工阿胶等服务。"林小仙的发现让苗树很高兴，但他们也知道，自己能力有限，不可能像同仁堂那样开很多店，做很多品类。所以在这一阶段，两人决定只做一个品类，创业目标有了进一步的聚焦。

"因为已经有了600多年的食用传统，也因为是滋补品类中最多消费者的选择，所以燕窝逐渐成了我们的目标。"线上可以最广泛地覆盖用户，苗树和林小仙就先初步尝试了干燕窝的线上售卖。刚开始的几周就卖出了30多万元，这让苗树深感意外，他意识到消费者对滋补的需求真的十分旺盛。中国燕窝消费市场规模见图2-1。

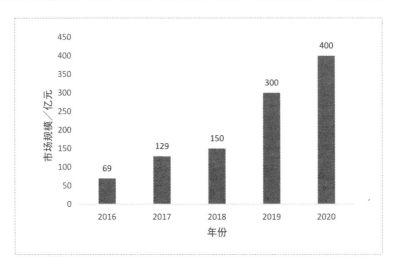

图2-1　2016—2020年中国燕窝消费市场规模

资料来源：燕之屋招股书、wind资讯、华鑫证券研究

"因为买的人要么是朋友，要么是朋友的朋友，所以我对他们都进行了回访。但很遗憾地发现，买回家快一个月了，80%以上的人都没有真正炖过燕窝。"苗树表示，"因为燕窝挑毛很麻烦，炖的时候放多少水不清楚，火候也掌握不好，炖出来要么稀稀拉拉，要么炖化掉了。"这次经历让苗树和林小仙决定，"这不是我们想做的事，虽然这样挣钱很容易，但消费者吃不到嘴里，这样的需求就难以持久和上规模。我们要推动的不是购买行为，而是真正的消费行为"。

"小仙炖"品牌诞生

彼时，市场上也有即食燕窝产品，但品尝后，苗树和林小仙发现，因为需要在漫长的渠道中铺货，同时燕窝的产品销售决策周期较长，所以产品的保质期往往较长（1~2年），不能满足消费者对于"新鲜"的需求。

"当时有一位朋友的家人生病了，朋友问我能不能帮忙炖点燕窝？于是我就在网上买了做布丁的小瓶子，用热水锅消毒，做出了7天的量，送过去方便病人每天吃一瓶，还把家里厨房的油烟机封掉，换上紫外线灯来杀菌，又买了很多量杯、试管等等来进行食材配比试验。"林小仙表示，"我除了自己炖煮，也吃过各种五星级酒店大厨炖煮的燕窝，我知道好的燕窝入口时的形态和口感应该是什么样的。这次的经历让我发现，无添加的7天炖煮燕窝是可以保障新鲜和口感的，这让我们看到了新的机会。"

2014年年底，苗树和林小仙办理了餐饮服务许可证，通过外卖平台在网上接单，为顾客做好一周用量的鲜炖燕窝，就这样开始了创业。由"小幸福"，联想到流行词"小鲜肉"，再联想到"小鲜炖"……但鲜炖是通用词，无法注册商标，很快他们又联想到了"小仙炖"，既有谐音，又有吃燕窝能让大家变得"很仙儿"的寓意，商标注册水到渠成，这个惊艳的名字也让品牌传播事半功倍。

时间来到2015年年初，经过3个月的试水，苗树和林小仙很快发现，"作坊式"的"外卖"距离他们的梦想太过遥远。而如果批量复制，开几千家店，"品控"和"规模"又难以兼得。有专家告诉夫妇俩可以采用中央厨房的模式,用工厂的思维去生产产品,就可以解决这个难题。

"那时我的思维还停留在工厂模式上,就是做保质期很长的即食燕窝,对此并没有什么感觉,专家一语惊醒梦中人。"林小仙表示,"说起来好笑,专家说:'你喝过鲜奶吧?三元、光明,他们都是凌晨加工,产品只有十几天甚至几天的保质期,和你的鲜炖燕窝不是一样吗?'"

产品打造:究竟如何"小仙炖"

工业化生产即食燕窝,似乎意味着品牌在"奢侈品"和"性价比"上选择了后者。但这两个"端点"之间有很长的线段,不同的团队、不同的经历和选择,将决定品牌和产品的最终落点。

对于林小仙而言,虽然2014年就开始了创业,但在厨房里炖煮和工业化生产,完全是两个不同的概念。好在她慢慢发现,从厨房到生产线,规模化和标准化并不等于降低品质,正相反,工业化生产带来了大量提升产品品质的新技术和新工艺。随着时间的演进,工艺流程、盛器材质等等都在不断优化,"小仙炖"这碗"鲜炖燕窝"的改进从来没有停止过。

从零开始,建一座工厂

2015年年初,在专家的启发下,苗树和林小仙决定在工厂中生产鲜炖燕窝,这涉及资金的投入、生产线的改造、设备的采购、工人的招募、供应链的管理等等。"你再想小规模地试试看已经不太可能了。"苗树说道。

在这一阶段,林小仙走访了国内许多家工厂,但这些工厂都没有办法满足"小仙炖"的生产要求。于是在拿到第一笔天使投资后,苗树和林小仙决定自主研发设备,自建生产线。面前是刚刚诞生的"小仙炖",背后是工厂里冰冷的机器和流水线，一切都从这里开始。

　　源于林小仙在医院的工作经验，食品厂的车间和生产线，都是按照医院手术室的无菌标准来进行设计与布置的。没有适合炖煮燕窝的设备，林小仙就按照实际需要进行设计，再找工厂生产模具和设备……林小仙与苗树达成了分工，林小仙"主内"，负责产品和生产，苗树"主外"，负责公司运营与品牌管理。

　　在之后的时间里，整个工厂被不断改造以适应鲜炖燕窝的生产。在满足了基本的工业化生产后，"小仙炖"开始不断改进生产工艺。在日本、德国、美国等地多次走访后，林小仙对于自动化生产，以及工厂的布置与管理，开始有了全新的认识。"小仙炖"生产线的工艺流程也越来越有自己的特色。

充满奇思的工艺改进

　　在生产工艺上，保鲜需要杀菌，杀菌需要高温，而高温则会对燕窝内的蛋白质有所破坏。林小仙进行了反复的尝试，到底什么样的温度，多长时间，才能够达到杀菌和保留营养物质的最佳均衡点。最终在不断调试下，"小仙炖"创建了自己的鲜炖燕窝生产流程，研发出了水雾炖煮工艺。

　　在这一工艺流程下，"小仙炖"的燕窝不是集中炖煮后，再分装进玻璃瓶中，而是首先就把燕窝、冰糖和水放进瓶子里，抽真空封盖之后，再连瓶子一起送到炖煮釜统一炖煮，这里涉及精准投料等自动化工艺，全程不再开盖，直至消费者食用。

　　这一炖煮过程，包装瓶不是泡在水中，而是通过达到设计温度的水雾，对包装瓶进行喷淋，包装本身还会进行360度的旋转共计180次，以还原手工炖煮过程中的搅拌。林小仙表示："我们的诉求就是用工业化、自动化的生产，来还原和追求古法炖煮的品质。"

　　炖煮之后就是迅速冷却，这样才能保持新鲜的口感。冷却时间与逐步冷却的节奏，也经过反复测试。在"小仙炖"的生产线上，在30分钟时间里鲜炖燕窝经过冷却通道，会从95摄氏度下降到4摄氏度，此后始终保持在0~4摄氏度的冷鲜环境中，直至送达用户手中。

此外，全行业普遍使用的包装盖是马口铁材质，但这种材质会在炖煮、冷却、储存的过程中生锈。"小仙炖"经过近三年的时间，与生产企业一起找材料、打磨工艺，最终将瓶盖材质改良为不锈铁，并且使用进口耐高温的食用级硅胶密封圈，兼顾了美观与实用，这也带动了相关包装材料的全行业升级。

这里还有一个让人印象非常深刻的细节，通常冷链配送是通过冰袋进行降温和保温的，但普通冰袋的塑料外皮一方面容易产生水汽，另一方面人体接触会有突然遇冷的刺激性。如图2-2所示，在听取了用户的反馈后，"小仙炖"选用了超大尺寸冰袋，并对外皮进行了植绒处理，冰袋不再产生水汽雾气，也有了更加舒适的触感。加上淡粉色的包装，整体色调更加协调，全面提升了产品入手后的档次与质感。

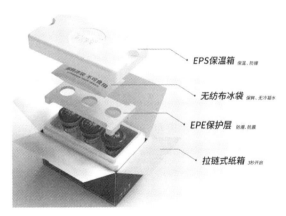

图2-2 "小仙炖"的植绒冰袋及包装细节

资料来源：根据公开资料整理

不难看出，在整个生产过程中，"小仙炖"对生产设备、工艺流程都做出了大量的发明与创新。对各式各样食品领域自动化工厂的观摩，让林小仙产生了灵感，再结合燕窝炖煮的特点，逐步形成了"小仙炖"特有的自动化生产线。

林小仙表示："从2014年成立至今，我们一直在努力提高产品品质，比如当前我们邀请到了滋补行业的知名科学家加盟，通过科研去反向推动供应链，再加上各种技术的整体助力，相比以往，'小仙炖'产品中的营养物质被更大程度地保留了下来。"

"小仙炖"产品的核心理念在于：让更多的人吃到新鲜营养又好吃的燕窝，让中国传统滋补文化更好地在当代传承发扬下去。

品牌定位与传播：三次让人难忘的尝试

"我们和很多创业家不太一样，我们原来都只是企业里的中层骨干，熟悉的是本职岗位上的事情，如何操盘一个品牌、如何管理一家企业、如何带领大规模团队，这些都要在创业的过程中一点点地学习和摸索。"苗树表示，"比如品牌的定位问题，我们就经历了非常艰辛又难忘的探索。"

品牌打造从零到一

2016年1月，当时"小仙炖"刚刚解决了工业化生产的问题，苗树和林小仙感觉到自己的品牌虽然有"小仙炖"的名字，在自己心中它有千万个优点，但怎样去描述、怎样向消费者准确地传达品牌理念，并没有十分准确的方向。

在初次品牌定位实践中，"小仙炖"将目光聚焦在了孕妇人群。在这次的定位梳理下，苗树和林小仙得出了"专注优孕滋养"的品牌定位。因为从现有客户中他们发现，孕妇是较为常见的滋补人群，在孕期这一生命中的特殊时刻，消费者更容易为滋补买单。于是"小仙炖"打出了对应的广告语。但3个月的时间过去，销量不增反降，尤为难堪的是，客服团队反馈"有客户咨询，第一句话就是'我不是孕妇，能不能吃？'"显然，这次的品牌定位出了大问题。

苗树事后反思："我们的渠道是淘宝、京东，不是医院妇产科病房，10个用户中可能只有1个是孕妇，我们打出这样的定位，反而造成了沟通的障碍。此外，只要是燕窝，对孕妇都好，很难说"小仙炖"就对孕妇更好，在这类客户群体的竞争中反而难以形成差异化优势。"

第一次尝试以失败告终，但它给苗树和林小仙留下了很多经验和启发。于是在2016年6月份，苗树和林小仙结合产品的品类特征，以及以往的客户反馈，对品牌定位进行了调整，此次专注"鲜炖"，最终提炼出"燕窝新鲜才滋养"这样的品牌核心定位。

苗树回忆表示："这样的定位是对的，但是从2016年6月到2017年年末，虽然按照这样的定位去做了宣传，但销量并没有很大的变化。现在来看，战略和品牌不是一句广告语的问题，需要产品、服务、推广、供应链等等全方位的配合。所以这次我们相当于找到了方向，后续还需要更全面的战略配称来支撑。"

这几次尝试，让苗树和林小仙慢慢有了感觉，同时他们也通过这样的"试炼"，让自己始终处在学习和求索的状态中，这种状态推动他们渐渐摸到了品牌打造的门路。

2017年，随着不断地学习、研究、探索，以及接触大量的专家、教授、机构，苗树和林小仙越来越"有状态"。"复兴中式滋补，打造民族品牌"的理念也越发成熟。同时他们也发现，"小仙炖"的品牌和产品，具有很大的发展潜力——燕窝是一个几百亿的大市场，而且重消费者决策，但中国并没有一个燕窝品牌真正占领消费者心智，"小仙炖"有机会！

以自身认知不断提升为核心，在机构较为系统的策略与方法的帮助下，"小仙炖"迎来了第三次梳理品牌、制定战略的机会。苗树和林小仙也下定决心，投入资金部署一系列相关活动，这开启了"小仙炖"此后的快速发展——从2017年到2020年，"小仙炖"实现了现象级增长。2021年"双十一"的开局，11月1日当天早上9点32分，"小仙炖"就宣布其天猫销售额突破1亿元。

品牌势能如何聚焦

"这次的战略规划，不只是一句广告语的提炼，而是一个系统工程。"苗树表示，"比如我们首先开始了大规模的市场调研，从行业和产业的角度来看待问题。通过这次调研，我、小仙、整个团队的信心有了极大的增长，因为我们在对消费者进行街头访谈时，发现如此巨大的市场，他们却说不出任何一个自己印象中的知名品牌……原本在我眼中已经是行业内较为成熟的品牌，在消费者心智中几乎不存在——这意味着消费者对于燕窝的认知，还是一片空白，等待着'小仙炖'用准确的定位，去占领，去收获。"

大规模的市场调研让企业真正接触到了消费者，真正了解了市场，由此产生的决策与"拍脑袋"决策有着天壤之别。此后，"小仙炖"都将一年一度的市场调研作为全年工作的开始和基准，这也成了"小仙炖"的传统和共识……2017年，在逐步厘清行业、企业、消费者的特点、需求、能力之后，"小仙炖"着手在产品、渠道、推广等多个领域实施变革。

在产品端，源于朴素的认知，"小仙炖"认为，多一种产品，就可能多承接一份消费者需求。所以"小仙炖"一度有黑糖、桂花、椰奶等5种口味的鲜炖燕窝，但实际95%的消费者都选择冰糖口味。战略梳理后，公司只保留了冰糖口味，整个团队的效率立刻变得很高，消费者的购买转化率也有明显提升。

在渠道端，以往"小仙炖"的渠道很多，例如淘宝、京东、线下店、母婴网站等等，还在全国50个城市招了合伙人，苗树认为，多一个渠道，就多一份销量。而做了战略梳理后，苗树发现，"小仙炖"的规模还很小，需要的是能高效传递品牌、高效转化交易的渠道。所以效率相对较高的电商渠道被保留了下来，这让渠道的管理难度大幅降低，企业整体运营效率得到提升。

在推广端，经历了三次战略定位的转变，"小仙炖"的广告语也经常变化，所以向消费者传达的利益点经常"漂移"，没有持续打动消费者的核心信息。战略梳理后，按照经典的定位理论，品牌需要植入用户认知，并通过简单重复来强化记忆，所以"小仙炖"的核心利益点是"新鲜营养又好吃"，产品特点是"不添加添加剂、保质15天、下单鲜炖、每周冷鲜配送"，这几句话相互组合，各种创意也紧扣这些利益点，随后在各个广告、详情页、媒体平台上反复露出，强化消费者的认知。

依靠这次战略梳理，"小仙炖"从产品到渠道，从推广到团队，都有了巨大的变化，销量随之迅速上升。2018年，"小仙炖"加大了广告投放力度，开始"引爆主流"。这一阶段，"小仙炖"在小红书等新媒体平台上越来越受到用户的追捧，这些用户的分享内容侧重于展示品质生活、分享生活方式。

"这与'小仙炖'的食用场景以及想要向用户传达的内容较为契合。"相关负责人表示，"好产品、用心的设计带来好体验，借由'口碑'和'榜样'，我们得以迅速打开目标市场。""小仙炖"的商业模式也借此从传统电商，向内容电商、直播电商、兴趣电商进行迭代……"小仙炖"的销售额，从2016年的1400万元，发展到了2019年超过4个亿。

组织的适应性升级

除了产品与推广，组织问题也曾是"小仙炖"面临的一大挑战。苗树认为，"小仙炖"之所以能够快速发展，有三大原因：找到了鲜炖燕窝这个好品类、战略问题解决得好、及时实现了组织的升级换挡。

2017年，随着公司业务的发展，员工逐渐跟不上企业发展的脚步，具体的表现可谓"五花八门"，公司和员工都负有责任，很多企业也都遇到过类似的问题，在此不过多表述。苗树发现问题后，赶紧去找了组织行为、战略管理类的课程学习，他很快了解到，这是因为公司缺少愿景、使命、价值观，缺少企业文化。

2017年4月，苗树带领公司主管和骨干人员，多次进行讨论，最终得出公司的愿景是"成为燕窝用户的首选品牌"，使命是"让滋补更简单，传承千年滋补文化"，价值观是"客户第一、团队协作、拥抱变化、主人翁精神、坚持学习、交付结果"。

有了这样的标准，组织盘点随即启动。除了加强老员工的沟通，在招聘环节，苗树也通过学习和实践，有了一套自己的选人逻辑，比如先看价值观是否适合公司，再看性格是否适合岗位，随后是考察沟通与逻辑能力，判断是否能够合作，最后看经验决定适合就任的职位……经过半年左右的时间，"小仙炖"的组织焕然一新，集结了更多认同"小仙炖"价值观，希望开创一番事业的人。当前回看，"小仙炖"的核心团队正是从2017年下半年开始逐步形成的。

团队的成长也需要持续不断地学习与充电，苗树不断组织大家去各种课堂进行学习，提高商业知识水平和管理技能，绝大部分人都跟上了企业成长的脚步，这才有了此后企业业绩的成倍增长。

危机与展望

在众多滋补品中，燕窝有着特殊的地位和意义。

出于各种各样的原因，除了"稀有"之外，燕窝的食材形象，与高贵、精致有着天然的关联，这几乎是其他滋补食材都不具备的独特优势。但与此同时，其声誉也容易被无序竞争拖累——一个品牌的跌落神坛往往意味着全行业的巨大损失，也意味着企业发展时刻面临着"黑天鹅"事件甚至"灰犀牛"事件的严峻考验。

例如，由于早期缺少行业监管，无统一标准及规则，不良商家"以次充好"，导致市场上出现大量假冒伪劣燕窝产品。2011年爆发"血燕事件"，燕窝市场遭到沉重打击，中国随即限制燕窝进口两年，燕窝贸易处于停滞状态。数家燕窝品牌陆续消失，行业重新洗牌。2013—2014年，随着国家相关部门建立了燕窝全产业链的溯源机制，消费者信心不断提振，行业才逐步恢复活力，这也是"小仙炖"品牌发展的时代背景。

再例如，2020年11月，知名网红在直播间售卖某品牌即食燕窝，但随后被消费者和相关机构发现产品品质低劣，所含营养物质微乎其微，基本等同于糖水。几经波折后，该事件引发全网关注，最终该网红及机构被相关部门判定违规违法，累计赔付消费者数千万元……这一事件对燕窝行业和即食燕窝品类也造成了巨大的冲击。

苗树和林小仙也意识到，对于高端滋补营养品而言，质量和信誉，是品牌与企业的生命线。"小仙炖"在这股旋涡中也受到了影响，这是其创业道路上遭遇的又一次挑战。

苗树表示："以前我们认为只要自己的产品好、服务好、营销好，早晚可以做到百亿规模，所以虽然一路很辛苦，但还真没感觉有什么'危机'。现在看来，假如行业不行了，企业再努力也会化为泡影。"

不难看出，在这些危机中，以次充好来源于竞争环境，舆论发酵来源于公众认知，而"品牌"是应对冲击的"缓冲垫"或"安全屋"。是否有效则取决于冲击的力度与角度，底层指向的是产品的核心诉求——或者主打"功能性"，或者主打"生活方式"——虽然元素有所交织，但不同品牌的打造路径和应对冲击的能力，有着明显区别。"兼而有之"并不可取，因为面临冲击时也许意味着"双倍暴击"……哪种方式更适合"小仙炖"的当下及未来？

2021年，"小仙炖"延续线上渠道的优势，电商直播等工具有利于其扩大影响力。同时，"小仙炖"也在北京顶流商场SKP旁，建设了三层楼的旗舰店，店内精心布置，还原了热带雨林、原始燕洞、现代燕屋，并对燕窝历史进行了文献展览，堪称燕窝文化展览馆与体验中心。

几年前决定聚焦线上渠道的"小仙炖"，为何再次尝试线下渠道？这又延伸出了一个具有代表性的问题——有了高转化率的电商渠道之后，企业到底需不需要开设线下门店？开什么样的线下店？如何定位？如何设计？随之带来组织管理等一系列问题……新一轮迭代与成长又将拉开大幕。

教授点评

李洋

长江商学院市场营销学副教授
高层管理教育项目学术执行主任
MBA项目学术执行主任

　　随着元气森林、喜茶、泡泡玛特等品牌的爆发，"新消费"这一话题迅速占领了商学院课堂讨论的C位。在"每个消费品类都值得重做一遍"的声浪中，新兴品牌不断涌现，国潮现象加速兴起，而与之对应的是国际大牌增长乏力，传统企业不断被新势力挑战。

　　用户对美好生活的向往、新媒体的红利、消费人群的迭代、供应链基础设施的革新，都赋予了众多消费类目创新的空间和崛起的机会。

　　新消费类企业如何抓住时代的红利？如何有效地升级产品？如何营造好品牌形象？如何高效地触达用户？如何通过运营配称实现快速且持续的增长？针对这些问题，本案例复盘了一个具有代表性的新消费品牌——"小仙炖"的塑造历程，力图为消费领域的创业者和企业家提供几个有价值的参考维度，并对新消费现象的进一步发展提出更多的展望与思考。

研究员说

王小龙

长江商学院案例中心高级研究员

创业故事何其多，但并非每一个都能让我们从中获益，经典的创业创新理论总是受到各种"只可意会"的幕后原因干扰，让人从兴趣盎然到意兴阑珊。

"小仙炖"的创业故事则与此不同，亦如其创业的初心与当前的企业表现。感谢苗树先生和林小仙女士对创业创新与价值创造的真挚与热忱，为我们还原了创业者的创业机会识别、创业资源配置、创业团队组织，以及产品打造、品牌定位、战略梳理、组织发展、领导力建设等各方面的细节。让我们通过案例收获感悟与启发，得到指引与力量。

芙丽芳丝、Whoo后、馥绿德雅：
新晋海外美妆个护品牌在中国电商市场的精细化运营

2018年的中美贸易摩擦，2020年以来的新冠肺炎疫情带来了世界经济的"逆全球化"趋势。作为全球最大出口国和第二大进口国，中国仍然坚定地拥抱经济全球化。2021年11月在上海举办的第四届中国国际进口博览会上，欧莱雅、宝洁、花王等世界知名品牌悉数亮相，持续看好中国市场。当海外美妆个护品牌想要试水中国市场时，决策者们可以考虑哪些渠道？商场专柜、美妆集合店，抑或是线上渠道？近几年，中国美妆行业线上交易规模迅速攀升，远超线下渠道。[1]以天猫、京东、小红书等为代表的电商平台，已经成为海外美妆个护品牌在中国市场的主要分销渠道。

本文从电商运营的角度聚焦三个美妆个护品牌：芙丽芳丝（freeplus）、Whoo后、馥绿德雅。三者均为近年来进入中国的海外品牌，都选择了天猫平台作为其拓展中国市场的主要渠道之一，并且取得了五年以上的持续高速增长。芙丽芳丝

---

[1] 据前瞻产业研究院《中国美妆新零售行业市场前景预测与投资战略规划分析报告》，包括护肤、彩妆、香水和个人护理在内的中国美妆市场销售总额从2015年的4110亿元增长到2020年的8620亿元，2015—2020年的复合年均增长率达到16.0%。中国美妆产品在电子商务市场的零售总额从2015年的1170亿元增长至2020年的3920亿元，2015—2020年的复合年均增长率高达27.4%，远超行业大盘增速。

来自日本，主要销售氨基酸配方洁面产品，2015年入驻天猫，2021年销售额近10亿元，品牌在天猫洁面品类的市场份额已经突破了10%。Whoo后主打面部护理套装，2014年入驻天猫，2021年店铺销售额达到25.6亿元，是淘系体量最大、增长最快的韩系美妆品牌。馥绿德雅是法国头皮护理第一品牌，2015年天猫旗舰店销售额仅300万元，随后连续六年以超100%的速度增长，2021年销售额近2个亿。

以上三个海外美妆个护品牌，虽然拥有在本土市场验证过的畅销产品，但其品牌影响力与传统意义上的"国际大牌"不可同日而语，难以助力其在中国市场快速成功。面对陌生又充满机遇的中国市场，这些海外美妆个护品牌如何完成从0到1的突破？在瞬息万变的电商市场中，它们又如何从海量数据里诊断出品牌发展短板，做出快速调整？面向未来，上述三个品牌能否在电商市场上通过精细化运营实现持续增长？

芙丽芳丝：从小品类到大品类

"小品类破大品类"是很多消费品牌最想做的事：选中市场的某一细分新赛道，在新赛道越做越强，超越大品类的发展速度并成为整个大赛道的引领者。可口可乐之于饮料市场便是如此。芙丽芳丝作为氨基酸配方洁面产品的代表性品牌，基本实现了从温和洁面"小品类"到洁面产品"大品类"的过程。这一成就得益于两个因素：一是顺应并进一步培养了温和护肤、氨基酸护肤的市场趋势。据隐马数研统计，在天猫"双十一"洁面类TOP100 SKU中，以氨基酸洁面为主要卖点的产品占比已经从2018年"双十一"的不足50%上升至2020年的将近70%。二是运营团队（包括品牌方与代运营商）深刻洞察了美妆个护电商的运营逻辑并做出了富有成效的运营动作。

芙丽芳丝品牌由日本佳丽宝[1]集团于2001年推出，2005年以"药妆"概念进入中国市场。由于国内没有药妆店业态，芙丽芳丝最初主要选择在屈臣氏等渠道拓展线下市场，销售表现长期落后于雅漾、薇姿等法国药妆品牌。2014年，芙丽芳丝网络销售额约3300万元，品牌排名处于洁面品类前十名开外，线下、线上渠道都表现平平。尽管如此，电商代运营公司丽人丽妆[2]判断芙丽芳丝具有巨大的上升空间，原因在于：一、天猫提供的用户行为数据显示，消费者搜索"氨基酸洁面"的次数正在上升，背后是"成分党"的崛起，这一用户群体不盲信"大牌"，更看重产品的真实功效；二、2014年起美妆"淘品牌"的振兴，预示着中国美妆市场将迎来爆发式增长，而美妆使用的增加会带来更温和的面部清洁需求。

基于以上判断，丽人丽妆与品牌方接洽后，于2015年成为芙丽芳丝天猫旗舰店的代运营商[3]，与品牌方共同培育氨基酸洁面市场。从品牌定位到店铺管理，精细化、数字化的电商运营将芙丽芳丝从默默无闻逐步带向了品类第一。

首先是重新定位品牌。基于对"氨基酸洁面"趋势的洞察，运营团队不再使用"药妆"概念定义芙丽芳丝，而是把"芙丽芳丝""氨基酸洁面""温和洁净洗面"这几个概念画上等号。知乎是护肤类KOL（意见领袖）活跃的平台之一，聚集了大量护肤品"成分党"和"功效党"成员。芙丽芳丝早期的核心客群就来自KOL的推荐。从知乎，到微信公众号、小红书、抖音、快手等，芙丽芳丝逐渐

---

[1] 佳丽宝化妆品株式会社（Kanebo Cosmetics INC.）曾为日本第二大化妆品集团公司，2006年被花王集团收购。

[2] 电商服务业是为促进电商各项活动顺利开展所提供各种专业服务的集合体，主要包括交易服务、支撑服务和衍生服务三大类。在我国品牌电商服务市场中，美妆品牌的电商服务是需求最大的细分市场。按GMV计算，2020年我国品牌电商服务市场中美妆品牌占据了17.8%的市场份额。成立于2007年的丽人丽妆，是较有代表性的一家电商服务企业，主要为化妆品品牌方提供线上开设、运营官方旗舰店的服务，入选"2021天猫星级服务商六星服务商"（服务商的最高等级）。

[3] 2022年，作为芙丽芳丝中国区的最大经销商，丽人丽妆主要运营芙丽芳丝天猫旗舰店，以及新兴的抖音渠道。

被赋予了"氨基酸洁面鼻祖"的品牌形象。在天猫站内，芙丽芳丝的每一个图文宣传和广告投放也都反复强调"氨基酸洁面"的概念。而在具体的营销活动中，根据电商平台提供的人群画像进行精细化投放，用好每一分营销费用，是代运营团队的日常工作内容。

其次是调整销售策略。2016年，作为芙丽芳丝"氨基酸洁面"的经典配方产品，"芙丽芳丝净润洗面霜"快速蹿升至天猫洁面品类的前三，随后又牢牢占据榜首地位。芙丽芳丝原本以销售580元/套的水乳套装为主，但套装较高的单价意味着更强的竞争对手。运营方很快调整了店铺策略，主推150元/支的100克装"芙丽芳丝净润洗面霜"，这个策略一方面强化了"氨基酸洁面"的品牌形象与产品卖点，另一方面有效降低了消费门槛，成就了"蝉联5年双十一洁面类类目NO.1"的爆品。爆品能够获得参与天猫大型营销活动的资格，相当于获得大量的免费流量，使得店铺与平台形成良性的互动。之后，代运营团队经过与品牌方协商，进一步推出了99元/支的60克装小规格"芙丽芳丝净润洗面霜"。由于小规格产品的成本较高，品牌方最初有过犹豫，但是在2021年的"618"活动中，通过买一送一的大力优惠活动，结合头部主播合作拉新，60克装小规格洗面奶累计卖出超过100万支，有效吸引了更多新用户接触芙丽芳丝。

因为精细化的运营工作，芙丽芳丝天猫旗舰店从2016年的6000多万元销售额开始，几乎连年翻倍增长，至2020年销售额达8.54亿元。2021年，芙丽芳丝天猫旗舰店销售额达9.69亿元，增长率为13.5%，仍高于美容护肤品类11%的行业整体增长水平。尤其值得注意的是，尽管很多商家对电商流量成本怨声载道，但芙丽芳丝近三年的站内营销成本[1]却下降了约10%。即便2021年做了超头[2]直播间投放，超头最低折扣率也仅是常规折扣率的90%，对产品货单价的影响较小。

最近两年，传统大牌、新锐品牌纷纷推出类似的产品争夺氨基酸洁面市场，

---

[1]　站内营销成本=站内营销推广费用/商品交易总额（GMV）。
[2]　超头即超级头部主播。

芙丽芳丝面对的是更为激烈的品牌竞争。虽然芙丽芳丝在洁面品类的市场份额已经突破了10%，达到美妆市场中单一品牌在单一品类的最高水平[1]，但是2021年的增速放缓也是一个重要信号。竞品采用同价多量、同量低价等价格战方法，而且不断推出丰富多样的产品。而芙丽芳丝的产品研发团队远在日本，受相对保守的日本商业文化影响，更信奉成熟而经典的氨基酸洁面配方，将配方升级换代的动力较弱。与其他国际品牌类似，尽管芙丽芳丝中国公司非常重视丽人丽妆团队从数据运营中获得的市场洞察，但日本研发团队可能不会对中国市场的需求做出快速响应。在这一背景下，尽管芙丽芳丝已经引领市场，但是未来几年是否会陷入品牌创新力不够的困境？未来芙丽芳丝的增长点又会在哪里？

通过分析电商大数据，我们其实能够看出芙丽芳丝品牌创新乏力的端倪。基于USP（独特销售主张）理论，天猫平台就创新（Novelty）、沟通（Engagement）、价值（Solidity）[2]三个维度提出品牌人群心智指数（NEO）。其中的创新指数包括先锋人群浓度、品牌卖点关联度两个指标，沟通指数包括亲密粉丝浓度、活跃会员浓度、品牌搜索浓度三个指标，而价值指数包括溢价率、转化率两个指标。运用品牌人群心智指数这一数据诊断工具，在观测期（2021年6月至12月）内，芙丽芳丝的品牌沟通指数在三大策略人群中均优于竞品，而创新指数中的"品牌卖点关联度"、价值指数中的"转化率"明显逊色于竞品，其他指标与竞品持平。

最初，这一数据诊断结果与代运营团队的感性认知存在着差异。客观的数据诊断帮助运营人员摒弃主观臆断，促使他们思考下一步的营销优化举措："品牌卖点关联度"过低，是不是"芙丽芳丝=氨基酸护肤"的固化认知，使得电商目标用户倾向于直接搜索"芙丽芳丝"，而不是搜索"氨基酸护肤"等跟卖点更相

---

[1] 美妆护肤市场竞争激烈，单一品牌在单一品类上的份额很难超过10%。以雅诗兰黛为例，2020年双十一期间雅诗兰黛在精华品类的市占率为9.3%，而其全品牌的整体份额则仅为4.9%。

[2] 这里的价值力并不是简单的价格和直接的价值，而是强调品牌所代表的价值的稳固性，因此在英文表达上，使用solidity表达这层意思。

关的关键词？芙丽芳丝作为氨基酸洁面的引领者，如何继续保持其在氨基酸护肤、温和洁面概念上的品牌影响力？面对众多竞品，仅靠经典配方能否持续引领温和洁面市场？

Whoo后：专注私域的高价破局

Whoo后是韩国LG生活健康集团于2003年推出的高端美妆品牌。Whoo后品牌全称为"The History of Whoo后"，意为皇后的秘诀，产品以"宫廷独特护肤配方"著称，从山参、鹿茸等名贵药材中提取养肤成分，在产品包装设计上也体现了尊贵优雅的东方风格。在韩国，Whoo后聘请明星李英爱作为品牌代言人，深受高消费人群的喜爱，也是韩国总统外事访问的伴手礼品牌。

2006年进入中国市场后，Whoo后主要依赖商场专柜渠道销售。2014年，Whoo后入驻天猫，2016年取得了1.55亿元的销售额。由于韩系品牌在中国市场较为谨慎，加之2016年以来隐性"限韩令"的限制，Whoo后在中国市场从未进行过大规模广告投放。作为高端美妆品牌，Whoo后的营销推广费用、公众知名度远低于雅诗兰黛、兰蔻等品牌，却要与之争夺高端美妆市场，难度可想而知。

一个价格昂贵、知名度低的品牌，如何做到高速增长？2016年，丽人丽妆接手运营Whoo后天猫旗舰店，确立了主要运营思路：由于Whoo后存在品牌公域传播较弱的短板，辅助品牌在未来几年做到几何级增长，首先要有深厚的消费者基础，直接与用户沟通。在具体运营中，运营团队将消费者分为"新客""老客"两个客群。一方面，运营团队使用电商平台提供的人群标签工具进行广告投放，将产品卖点推送给策略人群，由此发展"新客"。随着平台营销工具的升级，运营商能够限定多个标签找到目标人群。比如，在搜索"面部护理套装"的流量中，精准找出具备高消费力的人群。另一方面，考虑到网络营销成本越来越高的趋势，运营团队非常重视"老客"客群的维护，通过给予老客更多折扣与品牌福利，每年都可以激活15%～20%的"老客"客群。

近几年，随着私域运营[1]成为主流，平台提供了更多与消费者互动的工具。Whoo后的私域运营渠道包括：淘宝群、店铺订阅、店铺直播、逛逛等。2021年"双十一"，Whoo后各私域渠道充分联动，取得了不俗成绩：店铺直播间运用限时超头权益[2]、整点抽正装、抽送iPhone13、邀请明星与总裁进直播间等玩法，引导成交额2亿多元，引发粉丝关注量12.8万余人，新入会6.5万余人；淘宝群成交额1.48亿元，群内新增23万余人，淘宝群进店43万余人。运营团队从2020年开始对私域会员端进行更精细化运营，截至2021年12月22日的会员总量达到714万，是2019年底会员总量（50万）的14倍多。

天气丹水乳套装是Whoo后的主推产品，在2021年"双十一"活动中售出88万余套，销售额突破12亿元，占店铺"双十一"总销售额的近90%，连续3年位居美妆护肤面部护理套装类目第一。基于电商大数据，运营商早在2016年就预判到这一趋势。当时，天猫提供的用户行为数据显示，部分消费者从搜索某一美妆单品，转变为搜索护肤品套装。此行为的背后，可能反映两个需求：一是消费者不再满足于简单护肤，而是希望得到更精致更系统的护肤方法；二是消费者希望将套装作为更体面的礼物送给好友或长辈。基于上述判断，运营团队着重推广天气丹水乳套装以契合这些需求。

通过一系列的数据化精细运营，在商品折扣率保持不变的情况下，Whoo后天猫旗舰店2020年营销成本与2019年持平，2021年营销成本甚至降低了10%。与此同时，Whoo后天猫旗舰店自2016年至2021年销售额连年保持高速增长，2019年销售额8.7亿元，2020年爆发式增长至22亿元，2021年增长至25.6亿元，但销售

---

[1]　移动互联时代，商家可以通过各种通信工具直接触达消费者，形成"私域流量"，而这类与消费者的互动则是"私域运营"。
[2]　限时超头权益，一般是指在特定时间范围内，仅在超头直播间可以享受到的优惠价格或赠品等。

额增速则出现了相对下降。

根据NEO数据诊断工具，在观测期（2021年6月至12月）内，Whoo后的沟通指数在多个类目里偏低（但存在提升趋势）。与此同时，价值指数中的"转化率"在竞品中处于较低水平，且有下降趋势。较为乐观的是，Whoo后价值指数中的"溢价率"在竞品中处于较高水平，使得品牌在天猫平台的价值指数与竞品基本持平。

对这一数据诊断结果，代运营团队认为，观测期内Whoo后对私域人群加强了精细化运营，因此对沟通指数有所推动，尽管整体上与竞品相比还有差距。从沟通推广费用投入的角度看，与竞品相比，Whoo后在非平台大促（主要为"618""双十一"）期间的沟通费用低于竞品，因此沟通指数较低。但在"双十一"大促期间，Whoo后的营销费用上升，拉动沟通指数与竞品持平。转化率下降可能是倚重私域引流的结果。观测期间，Whoo后重视向品牌直播间引流，由于客群主要为类目新客，转化率自然有所下降。

接下来，Whoo后的运营团队需要着重思考：NEO诊断显示沟通指数、转化率都有较大的提升潜力，运营团队能否在营销投放偏保守的情况下做好持续增长？在关注私域运营的同时，能否平衡好品牌的高价形象（价值指数）与用户沟通（沟通指数）的关系？更重要的是，Whoo后在中国的长期持续发展是否应该聚焦私域，还是需要更多公私域联动、线上线下互补？

馥绿德雅：实现高端防脱从 0 到 1

馥绿德雅创始于1957年，其护发产品"三相精华"在法国药房连续18年位列防脱系列销量第一。从2015年进入中国市场起，馥绿德雅就将电商市场作为重要销售渠道，这出于几方面的考虑：一、其母公司皮尔法伯制药集团旗下的敏感肌品牌雅漾在中国电商市场获得了成功；二、馥绿德雅作为价格较高的功能型产品，在线下设立专柜难以大规模触达高消费防脱人群，而具备大数据工具的电商平台则是更高效的选择。

2015年起，丽人丽妆接手馥绿德雅天猫旗舰店的运营。当年销售额仅300万元，销售额随后连续六年以超100%的速度增长，从2015年的300万元做到了2021年的1.86亿元，迈入"亿元俱乐部"，实现了爆发式增长。市场排名也从50名开外到2021年的第5名，并做到了护发精油安瓶、头皮护理类目的第一。尤其值得注意的是，馥绿德雅的站内营销费用率从2019年的8.8%下降到了2021年的6.8%，而产品打折促销力度并无增加。馥绿德雅品牌是如何在鱼龙混杂的防脱市场中脱颖而出的？

一方面是产品定位。在中国洗护发产品市场，价格低廉的防脱产品层出不穷，功效也多止步于"安慰剂效应"，而馥绿德雅不同于这些产品。其一，馥绿德雅定位"高端防脱及护发"，货单价235元以上；其二，馥绿德雅拥有专业实验室出具的功效报告，在功效方面敢于"亮剑"。代运营团队建议品牌方联合第三方实验室做调查报告，并提炼出"3个月＋7490根头发"的卖点，直击消费者的需求痛点。作为承接这一卖点的主推产品，馥绿德雅"三相精华"占店铺销售额比例从2020年的15%上升至2021年的约45%，实现了电商破局必不可少的单品爆发。

另一方面是精细化的人群运营。基于对产品功效的信心，馥绿德雅选择了丁香医生、知乎做专业口碑，选择小红书做垂类口碑，通过医院渠道打造专业品牌形象。在品牌直播间，邀请众多知名"成分博主"、华山医院皮肤科医生助阵，树立专业防脱形象。在淘宝站内，精准筛选具备高消费能力的防脱人群，进行多层次多角度的营销推广，转化率从1%提升到4%。考虑到天猫防脱人群已经有5400万的体量，而馥绿德雅已触达的人群不足1000万，可以推断馥绿德雅目前仍然处于高速增长的阶段。

根据NEO数据诊断工具，在观测期（2021年6月至12月），馥绿德雅创新指数较高，沟通指数较高，但价值指数在竞品中处于较低水平，这与运营团队对于品牌溢价高的感性认知存在差异。运营团队分析，由于单品价格较高，投放9.9元、19.9元试用装是店铺常用的吸引新客的策略；由于统计口径不同，大量的试用装投放拉低了客单价，也形成了平台数据诊断中的误差。与此同时，运营团队也在思考如何在减少试用装投放的情况下持续提升流量转化率，进而拉高品牌的总体溢价，维护品牌的高价形象。

三品牌比较与讨论

芙丽芳丝以温和洁面"小品类"切入洁面产品"大品类"，成了洁面品类市场份额第一；Whoo后在营销推广费用远低于竞品的情况下，以强势的私域运营破局高端美妆市场；馥绿德雅在鱼龙混杂的防脱洗护发市场实现高价破局，而且仍处于高速增长的阶段。以上三个新晋海外美妆个护品牌的精细化电商运营，对海外美妆个护新老品牌在中国市场的发展带来了几个方面的启示。

第一，合理布局线下渠道与线上渠道。时至今日，高端商场专柜仍然是彰显品牌高端形象的方式，美妆集合店提供了美妆品牌与用户线下接触的较低成本选项，这些与数年前并无本质差异。但以天猫为代表的电商渠道则在近十年内发生了剧烈的变化。首先，电商渠道不仅有分销作用，还可以配合内容种草等形式重塑品牌形象。其次，十年前的天猫商城可能仍然充斥着低价商品，但在数家高端美妆个护品牌以官方旗舰店形式入驻天猫之后，大量用户已经养成了到天猫购买高价格段的美妆个护产品的习惯。例如，单支99元的芙丽芳丝小规格洗面奶，与传统日化品牌主打的20～30元洁面价格带形成了明确区隔；售价1000元以上的Whoo后天气丹水乳套装，货单价甚至高于雅诗兰黛等高端品牌；单支售价500元以上的馥绿德雅小规格三相精华，价格比肩法国护发奢侈品牌卡诗。对于中高端消费品品牌，当下和未来哪些渠道更符合品牌价值定位？哪些渠道具备品牌营销费用的高投入产出比？不同渠道分别发挥什么作用？这些无疑是品牌商需要通过大数据洞察探究的重要问题。

第二，中国电商市场的机遇在于数据驱动的精细化运营。中国市场复杂多变，海外品牌商常常难以应对。据艾瑞咨询调研，相对于本土品牌，海外品牌更倾向于委聘中国本土的电商运营服务商，且合作稳定性较强。这种合作可让海外品牌商专注于产品研发，而代运营商由于熟悉电商平台规则与运营逻辑，能够快速响应市场变化，提升销售业绩，推动海外品牌在中国市场的破局和持续性发展。代运营公司的核心竞争力在于高效的营销能力，这种能力也是有效降低电商平台流量成本的关键。随着电商平台获客成本逐年上升，电商"流量红利见底"的声音不绝于耳。芙丽芳丝、Whoo后、馥绿德雅在销售额高速增长的情况下，站内营销成本甚至在逐年下降。就丽人丽妆接手的60多个品牌而言，爆品打造、以小规格商品吸引新用户、运用平台工具实现精细化人群运营等方法被普遍运用在每个品牌的运营过程中。这些运营策略的背后，是从一线员工到中高层管理者日复一日对网络大数据的挖掘和对品牌策略的不断优化。

第三，围绕品牌核心价值定位不断创新，才可能做到可持续发展的高速增长。加强品牌与新老用户沟通，才可能建立足够支撑品牌的消费者心智。优化流量转化率，有效提升溢价，是维持品牌价值形象必不可少的手段。NEO指标体系为品牌提供了一个有效的电商数据诊断方法。创新指数是三大维度之首，但受制于竞品选择、数据统计口径差异等因素，如何结合用户行为与店铺策略，从数据诊断中获取创新洞见，是品牌方需要不断思考的问题。

教授点评

李洋

长江商学院市场营销学副教授
高层管理教育项目学术执行主任
MBA项目学术执行主任

　　消费升级的一大表现是人们越来越关心如何"悦己"，美妆行业实现线上爆发的同时，品牌的营销成本在持续增加，竞争环境也愈发复杂。其中既有国潮品牌的异军突起，也有国际大牌的强势回归，更有海外新品牌的不断试水。如何在四面红海的线上市场寻找新的增长机遇，是美妆品牌当下亟待解决的发展问题。

　　电商破局的秘诀离不开数据驱动的精细化运营，注重用户心智的美妆类品牌更是如此。随着国内电商体系的不断完善，品牌运营方法论以及电商数据工具也日渐成熟。从这个角度出发，本文复盘了三个海外美妆个护品牌在中国电商市场的破局历程。这当中不仅有品牌定位、销售策略的管理侧讨论，也包含了使用数据工具诊断品牌短板并快速调整的运营实践。在此基础上，我们力图为美妆品牌在中国电商市场的进一步发展提炼出有价值的建议和思考。

研究员说

闫敏

长江商学院案例中心助理研究员

　　与本书中的其他案例比，本案例相对较"小"，一是篇幅较短，二是切入角度较细。海外美妆个护品牌想要试水中国市场时，如何用好线上渠道？我们从电商运营的实践问题出发，调研了三个品牌的电商代运营团队。时值2021年12月，代运营团队刚刚打完"双十一"营销战，他们进行了细致的数据复盘，核算了每一分营销费用的投入产出比，并总结了对未来运营策略的启示。数字化转型是近些年的重要商业议题，而电商服务业自诞生起就充分沉浸在数字化运营的环境中，相信其实践会给关心数字化运营的决策者带来启发。

玲珑轮胎：从"国产替代"到"国际替代"

轮胎行业的百年风云

轮胎，一个现代的产品，无处不在，不可或缺，我们无法想象一个没有轮胎的世界。同时，轮胎也是一个古老的行业，相关技术最早可追溯至19世纪，如表2-1所示，如今人们耳熟能详的世界排名前列的知名轮胎品牌，基本都以这一行业突破性技术的发明人命名。

表2-1　轮胎技术的发展历史

年份	标志性技术发明
1839	查尔斯·固特异研发"橡胶硫化技术"，成功研制了不会在沸点以下任何温度分解的橡胶
1888	约翰·邓禄普将橡胶做成管状，包在木制车轮边缘，充入气体，这种轮胎的弹性既能充分吸收震动，也使得车体的机械性能得到很好的保护，就此诞生了世界上第一条充气轮胎，该技术最早应用于自行车
1891	安德鲁·米其林研制出可拆换的自行车充气轮胎，1893年6月米其林兄弟将充气轮胎技术应用到汽车领域

续表

年份	标志性技术发明
1903	J. F. 帕马发明了斜纹纺织品，其拥有耐磨性高的特点，因此也应用到了轮胎领域，帮助延长轮胎使用寿命，促成了斜交轮胎的问世
1930	米其林公司在轮胎内壁增加了一层厚2～3mm的橡胶密封层，研制成功了第一个无内胎轮胎
1946	米其林公司发明了子午线轮胎，当时该设计方式使得轮胎使用寿命提升了30%～50%，同时汽车油耗降低8%左右。子午线轮胎的诞生使得轮胎工业迎来了一场真正意义上的技术革命

资料来源：根据公开信息整理。

轮胎整体产品的发展历程，可简略分为：充气轮胎、可拆换充气轮胎、斜交轮胎、无内胎轮胎、子午线轮胎。从产业链来看，轮胎产业链的上游主要是天然橡胶、合成橡胶、帘子布、炭黑，下游主要是轿车、货车、矿车、飞机等。从成本结构看，橡胶在轮胎原材料成本中占比最大，天然橡胶和合成橡胶合计占比接近50%，因此橡胶价格波动对轮胎企业盈利能力有一定影响。

从渠道看，轮胎销售主要分为替换市场和配套市场，根据申万宏源《从普利司通发展历程，展望中国轮胎龙头崛起》报告，替换市场（零售）规模占比为75%～80%，配套市场（主机厂原车配套）为20%～25%。配套对替换的拉动具有滞后性，全钢胎（卡货车轮胎）在7～12个月，半钢胎（轿车轮胎）在2～4年，乘用车配套对替换的拉动比例为1：1～1：4，不同市场、不同品牌区别较大。大多数消费者在替换时会选择配套的"原厂胎"品牌及型号。

伴随着工业革命和汽车时代的来临，轮胎成为一个巨大的产业，据《轮胎商业》（Tire Business）数据，2019年，全球轮胎市场销售额约为1670亿美元。米其林、普利司通、固特异的全球市场份额分别为15.0%、14.6%、8.2%，构成世界轮胎第一梯队。2021年，国金证券一份名为《国产轮胎龙头，迎来盈利发展"黄金期"》的研究报告显示，第一梯队的市场份额占比从1998年的54.9%降至2019年的37.8%，以中国轮胎企业为代表的品牌梯队，市场份额由5.4%提升到了18.4%，同时中国轮胎企业的销售额占比逐步上升，从2015年的31.01%上升至2019年的35.48%。在2020年的新冠肺炎疫情影响下，除中国轮胎企业，其他国家轮胎企业普遍出现大幅亏损，世界轮胎市场的格局快速变化。

玲珑轮胎的四十余年成长史

伴随中国改革开放的风起云涌，无论是周身挂满轮胎以绕过海关的渔船，还是通过口岸在香港与深圳24小时往返换胎的"路虎大军"，在物资紧缺年代，轮胎是名副其实的"黑色黄金"。

伴随时代的发展，玲珑轮胎也开始了四十余年的成长历史。如图2-3所示，从1975年的招远轮胎制修厂，到2016年7月在沪市主板上市，经过多次股权变更和改制，玲珑轮胎目前已成长为国内产销量和营收遥遥领先的轮胎专业生产企业之一。根据英国权威轮胎媒体*Tyrepress*发布的2021年全球轮胎最新排名，玲珑轮胎冲入世界轮胎12强。2020年玲珑半钢胎产量、子午胎产量、海外工厂产量及利润均居中国同行业第一。

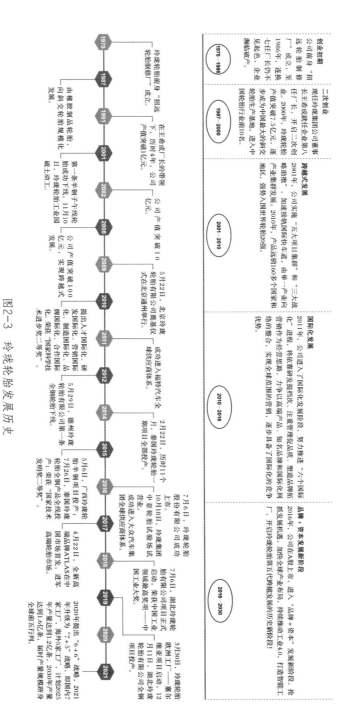

图2-3　玲珑轮胎发展历史

资料来源：根据玲珑轮胎提供的内容整理。

目前玲珑轮胎主营乘用车、商用车以及工程机械车辆轮胎的设计、开发、制造和销售，在全球拥有7个生产基地、7个研发机构，公司计划2025年产量达到1.2亿条，2030年产量达到1.6亿条，届时产量规模将跻身全球前五行列。

在品牌层面，玲珑轮胎实行多元化品牌战略，面向全球市场进行差异化销售，主要品牌有"玲珑""利奥""ATLAS""EVOLUXX"，产品销往全球173个国家。从销售规模上看，玲珑轮胎2020年销售轮胎6332.5万条，销售额为183.83亿元，同比增长7.10%。其品牌口号目前为"全球十大车企，七家选玲珑轮胎"。

2021年，为了有效应对地缘政治和贸易保护主义的宏观风险，响应国家战略，玲珑轮胎将"6＋6"战略调整为"7＋5"的战略布局，即中国7家工厂，海外5家工厂，目前，玲珑轮胎在中国拥有招远、德州、柳州、荆门、长春5个生产基地，并计划在陕西铜川建立第六个生产基地；在海外拥有泰国、塞尔维亚两个生产基地，并在全球范围内积极考察新的工厂选址，力求全面完成"7＋5"全球布局新基地建设。已有项目和未来布局，将推动玲珑轮胎进入新一轮产能释放期。（见表2-2）

表2-2 公司各基地在建及规划产能

主要产区或项目	设计产能／万套	达产产能／万套	产能利用率／%	在建产能预计完工时间
招远乘用及轻卡	3000	3000	92	
招远卡客车	585	585	86	
招远非公路	25	25	54	
德州乘用及轻卡	1000	700	93	
德州卡客车	200	220	104	
泰国乘用及轻卡	1500	1500	77	
泰国卡客车	180	220	92	
广西非公路	6	6	97	
广西乘用及轻卡	1000	1000	88	

续表

主要产区或项目	设计产能 /万套	达产产能 /万套	产能利用率 /%	在建产能预计完工时间
广西卡客车	200	200	50	
湖北乘用及轻卡	1200	600	64	二期项目于2021年四季度开始逐渐投产
湖北卡客车	240	150	76	二期项目于2021年四季度开始逐渐投产
吉林乘用及轻卡	1200	—		正在建设中
吉林卡客车	200	—		项目于2021年12月开始逐渐投产
塞尔维亚乘用及轻卡	1200	—		正在建设中
塞尔维亚卡客车	160	—		正在设备调试中
合计	11896	8206	86	

资料来源：玲珑轮胎2021年年报。

如图2-4所示，玲珑轮胎自2016年上市以来，营业收入从2015年的87.34亿元增至2020年的183.83亿元，复合年均增长率达16.05%。

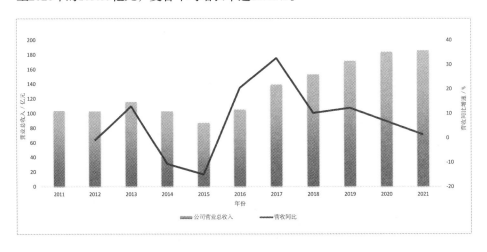

图2-4 玲珑轮胎营业收入及同比增速

资料来源：公司年报，国金证券

"国产替代"效应显现

2015年是中国乃至世界轮胎行业的关键一年。在这一年里，中国轮胎企业被美国商务部征收惩罚性关税，普遍税率为87.99%，单独税率为25.30%。据中国轮胎商务网数据，中国出口至美国的乘用车胎数量自2014年的5040万条降至2019年的280万条，降幅接近95%。

在乘用车轮胎遭受"双反"制裁后，大部分中国轮胎企业出口美国的产品以卡客车轮胎为主，2019年，美国政府相关政策继续加码，2018年中国向美国出口卡车轮胎920万条，2019年减少到320万条，下降幅度高达65%。这看似是以关税为核心的贸易战，但实际上也反映了全球轮胎行业近二十年来的格局变化。中国轮胎企业竞争力日渐加强，而国际轮胎品牌则依靠关税壁垒进行竞争。

玲珑轮胎在2010年制定了"3＋3"全球化战略，并于2012年率先在泰国建厂，带动了国内轮胎企业纷纷走出去到东南亚建厂。这为2015年开始极度恶化的竞争环境创造了较大的战略腾挪空间。时至今日，海外工厂贡献了国内轮胎企业大部分净利润，净利率远超国内工厂。2020年玲珑海外工厂净利润占比超过70%，净利率也显著高于国内企业总体水平，此外，多家拥有海外工厂的上市公司净利润增幅同样显著，体现了海外工厂的盈利能力和重要性。

关税政策叠加国内环保政策、原材料价格波动、新冠肺炎疫情等等，在一系列经营环境的剧烈变化下，2015年轮胎行业自发进行供给侧结构性改革，将落后产能持续出清，在国内备案的轮胎企业数量自2016年开始逐年减少。根据山东省工业和信息化厅网站公示的"2020年山东省斜交胎产能退出情况"，2020年山东省65家企业退出斜交胎产能1732万条。随着小企业产能不断出清，龙头企业市场集中度继续提升，竞争力进一步得到增强。

十年间，全球轮胎行业风云变幻，国外轮胎巨头净利润大幅下滑，国内企业净利率水平接近第一梯队。2020年新冠肺炎疫情加剧了海外轮胎企业的成本压力，以海外轮胎龙头企业为代表的海外轮胎行业净利润大幅度回撤，其中固特异和普利司通分别亏损81.56亿元和14.21亿元。国内龙头企业与之形成鲜明对比，玲珑轮胎在2020年净利润增长显著，毛利率超过固特异，在新冠肺炎疫情和汽车行业景气度下行的双重影响下，企业复工速度快，性价比优势被放大，进而快速抢占海外企业的市场份额，净利润稳步提升的同时还获得进入更多中高端车企配套体系的机会。在整个2020年新冠肺炎疫情背景下，国内轮胎企业逆势抢占市场，加快了全球产能布局的步伐。[1]

在国外品牌一直领先的技术方面，数十年来世界轮胎技术发展进入了瓶颈期，尽管在材料方面有些许改进，但自从1946年法国米其林公司发明子午线轮胎至今，轮胎在结构方面没有突破性进展，全球轮胎行业技术不存在质的差距。中国轮胎行业在国家政策引领下，数十年来不断加大技术投入，在轮胎结构设计方面，已经基本达到世界水平。

2016年，玲珑集团还在山东招远建立国内首个大型室外综合轮胎试验场，这是亚洲最综合最全面的轮胎试验场，标志着我国轮胎行业已经开始创建自己的轮胎产品标准。

综合以上，一个现象越来越凸显：国际品牌的轮胎产品，在性能和技术指标上与国内品牌并无明显差异，但售价高昂。同时因售价高，国际品牌拥有较高的毛利率，但最终净利率却普遍低于国产品牌。

究其原因，国际品牌与国产品牌的成本结构差异巨大，背后主要是国际品牌低效工厂的高昂生产成本和居高不下的综合费率。普利司通、米其林等海外轮胎龙头，橡胶等原材料的成本占比为20%～30%，人员成本占比超过30%，而国产轮

---

[1]　国金证券．国产轮胎龙头，迎来盈利发展"黄金期"．2021年5月27日．https://www.fxbaogao.com.

胎企业原材料成本占比超过55%，人员成本占比相对较低，约10%。[1]

在轮胎市场中，全球Top10企业的市场占有率从2004年的79%下降至2019年的66%，而以玲珑轮胎为代表的中国品牌全球市占率则从1998年的5%上升至2019年的18%。

决胜品牌

回顾全球轮胎市场，目前市场容量约为1700亿美元。其中乘用车胎市场占60%，约1000亿美元，乘用车胎单价约为65美元；卡客车胎市场占30%，约500亿美元，单胎价格约为226美元。作为中国轮胎的领军企业，玲珑轮胎不断提升产品的质量和性能，部分指标可以与一线品牌比肩，却有着比外资品牌更优惠的价格。

这种价格上的差距，主要源自国际品牌上百年的品牌溢价，而非产品品质。米其林品牌成立至今已超过120年，并获取了人类轮胎工业从无到有的品牌成长红利，而玲珑轮胎品牌成立至今仅40余年。在产品、产能、成本结构上占据优势后，留给国产品牌的"作业"就是品牌打造。

玲珑轮胎也意识到了这个问题，2020年，玲珑轮胎在全国22个城市投放电梯广告，在30多个机场、高铁站投放广告，覆盖客流约3亿人次；在CCTV-7进行广告投放，覆盖人群约3.07亿。如图2-5所示，2020年，公司直接支出的广告费用为1.74亿元，占销售费用的18.04%，其他营销推广费用支出为3500万元左右。

[1] 申万宏源. 从普利司通发展历程，展望中国轮胎龙头崛起. 2021年6月15日. https://www.fxbaogao.com.

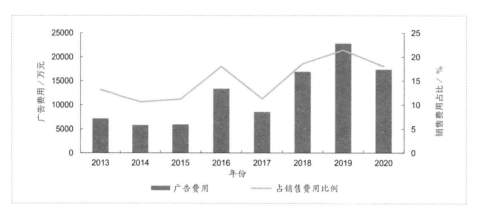

图2-5　玲珑轮胎直接广告费用及销售费用占比

资料来源：公司公告，德邦证券

　　此外，借鉴国际品牌大力赞助体育赛事的历史经验，玲珑轮胎的品牌广告近年来不断出现在足球、篮球、汽车竞速及拉力赛等国际赛场上。德甲沃尔夫斯堡足球俱乐部、意甲尤文图斯等全球顶级体育团队均有玲珑轮胎的相关品牌活动。2018年开始，玲珑轮胎还组建车队，使用自主研发的赛车轮胎参加国内外的各类比赛。在NBA赛场上，2016年玲珑轮胎成为克利夫兰骑士队的战略合作伙伴，在骑士队1∶3落后勇士，而后4∶3翻盘的历史性逆转过程中，玲珑轮胎的赛场广告不断出现在全球瞩目的赛场上。

　　围绕品牌建设，玲珑轮胎还做了很多尝试。包括连续多年在德国科隆国际轮胎展览会、美国拉斯维加斯改装车零配件展览会、博洛尼亚轮胎及汽车零部件展、迪拜国际汽车展及轮胎展等展会上亮相。此外，玲珑轮胎还与腾讯等企业合作，加大"新零售"战略的投入力度，玲珑轮胎正大力扩充品牌旗舰店，目前全国有五千多家门店悬挂玲珑轮胎的门头招牌，超过两万家渠道门店直接面对消费者，传递品牌理念，开展增值服务。

　　至2021年，"玲珑"品牌连续17年入选由世界品牌实验室发布的《中国500最具价值品牌》榜单。如图2-6所示，2021年品牌价值达到596.72亿元，位列第

113名，品牌价值连续多年保持50亿元以上的增长。同时，玲珑轮胎连续两年入选英国品牌价值咨询公司Brand Finance发布的"全球十大最具价值轮胎品牌"榜单，成为唯一上榜的中国轮胎品牌。

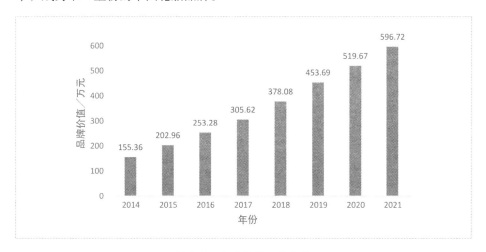

图2-6　玲珑轮胎品牌价值

资料来源：根据公开信息、德邦证券信息整理

　　如表2-3所示，当前，玲珑轮胎多品牌经营，形成了包括玲珑、ATLAS、利奥等多个面向全球差异化市场定位的品牌。针对不同的车型和应用场景，玲珑对其轮胎产品进行了市场细分：乘用车产品可以分为高性能轿车轮胎、冬季轮胎、跑气保用轮胎、四季胎、自愈合轮胎、静音轮胎、赛车轮胎、SUV和轻卡轮胎；卡客车产品可分为高速标载轮胎、工程载重轮胎、矿山车辆轮胎、轻卡微卡轮胎、客车公交轮胎、阻燃轮胎、智能轮胎、宽基轮胎。其中ATLAS品牌较多适配高端车型。

　　从2021年开始，玲珑轮胎针对中高端产品线，提出"五新一高"战略，即"新定位、新产品、新质量、新服务、新价格、高回报"，与国际一线品牌对齐，这预示着玲珑轮胎将在各方面积极形成合力，推进品牌的持续升级。

表2-3　玲珑集团旗下细分品牌及部分品牌介绍

品牌名称	品牌简介
玲珑	成立于1975年,现已发展为专业化、规模化、全球化的技术型轮胎生产企业,产品广泛应用于乘用车、商用车、工程机械车辆等,公司产品销往173个国家,进入全球10大汽车厂中7家的配套体系,车企配套累计达2亿条
ATLAS	20世纪20年代,美国标准石油公司注册ATLAS品牌,1934年被美国最大的轮胎、零配件公司收购,并逐渐发展为全美畅销品牌。2009年,玲珑轮胎以全球化的战略规划,将ATLAS品牌收入麾下。2010年ATLAS作为玲珑全新打造的高端轮胎品牌,登陆北美市场。2017年,ATLAS正式在中国上市,开启了其作为国际高端轮胎品牌的发展之路
利奥	2003年注册,是玲珑旗下主打年轻态的时尚轮胎品牌

资料来源:玲珑轮胎提供。

回顾世界轮胎产业发展历史,轮胎企业品牌崛起的过程,呈现出明显依赖汽车工业的特征,例如:韩泰以配套韩系车厂为主,日德系车厂为辅;普利司通则主要配套日系和美系车厂。

伴随中国车企和车市的迅速崛起,中国轮胎品牌整体呈现出从"市占率提升"到"穿越价格带"的发展态势。同时伴随新能源汽车的崛起,各轮胎企业又回到了同一起跑线,绕过了先发品牌与主机厂多年来形成的配套壁垒,中国轮胎的性价比优势、技术优势都凸显了出来。

10年前,中国整车厂以合资厂为主,中国轮胎企业凭借价格优势和品质进步,艰难地在配套市场中逐步争取份额。这10年,伴随着国产汽车品牌的崛起浪潮,玲珑轮胎也迎头赶上,并逐渐在全球范围内站稳脚跟——玲珑轮胎已经击穿"配套整车的价格带",从10万元左右向20万元及以上迈进,甚至延伸到数百万售价的车型。这直接导致国际轮胎巨头依赖品牌壁垒实现的回报率,在与中国企业的竞争中呈现明显下降的趋势,并以市占率滑坡的形式呈现出来,这意味着中国轮胎供应全球的趋势已经开始。

尤其需要关注的是,当前美国及欧洲TOP10车型与中国TOP10畅销车型差距巨大,体现在轮胎上,便是其尺寸和规格普遍较大,利润更高,中国轮胎企业

"穿越价格带"的势能，将与中国汽车工业快速崛起、全球产业转移、传统汽车向新能源汽车转型的多种势能合而为一。

但毫无疑问，品牌依然是中国轮胎企业面临的最大瓶颈。同时在营业额上，中国企业与国际品牌有着十倍以上的差距，穿越价格带的道路只能说才刚刚开始。

"人才、研发、营销、制造、品牌、合作，六个国际化是我们重要的战略目标。其中品牌国际化有着历史性机遇，我们想再用三年，争取达到每年品牌影响30亿人次。"玲珑轮胎董事长王锋先生表示，"但品牌建设确实是一个长期的工作，确实需要历史，需要企业文化，需要用户满意度等各方面共同发力，这是一个长期工程。未来，我们将会持续进行品牌知名度的打造，通过产品、服务、价值三个维度提升品牌美誉度，从而提升我们品牌的核心竞争力。"

通过数字化变革尝试品牌突围

品牌壁垒并非牢不可破。根据英国*tyrepress*发布的2021年全球轮胎企业34强排行榜，按照销售收入玲珑轮胎排名第12。无论是全球化制造布局、研发实力、新能源车配套、中国新零售、营销全球化还是品牌价值，玲珑轮胎除了"中国第一"之外，在与国际巨头的比较中，都显示出快速追赶的态势。

在玲珑轮胎的设想下，品牌建设是其未来发展的重点。品牌力的增强需要各个领域形成合力，虽然国际品牌以往的品牌打造方式可以借鉴，但只有创新才能超越。

玲珑轮胎本身是中国轮胎领头品牌之一，在消费者感知中具有一定地位，那么如何能够在这一优势的基础上，持续不断地激发用户的品牌好感度？

以物联网、大数据、人工智能等技术为代表的工业4.0理念和产业互联网的不断创新，让玲珑轮胎在工厂智能建设以外，发现了数字化带来的业务增长机遇。玲珑轮胎"对渠道的数字化改造"逐渐提上了日程。

2019年年底，玲珑轮胎与腾讯、华制智能三方签署了战略合作协议。2020年年初新冠肺炎疫情暴发期间，从2017年开始筹备的"新零售"模式及系统可谓"及时雨"，不但帮助经销商在无法开门营业或客流稀少的情况下，迅速恢复销售，同时，玲珑轮胎也成功抓住了这种前所未有的压力所带来的契机，新模式、新系统、新理念，在庞大的经销商体系中得以顺利地铺了下去。

据玲珑轮胎2020年年报表述："2020年3月推出新零售模式，即与腾讯、华制智能联合开发智慧营销云平台，打造线上线下相结合、仓储物流相结合、轮胎与非轮胎品类相结合、销售与服务相结合、精准营销与品牌引流相结合的玲珑新零售，全面赋能终端门店并为线下消费助力。"

2020年4月，三方顺势联合发布了全球首个轮胎行业工业互联网平台，玲珑轮胎的"数字化转型"正式进入快车道。

作为"新零售"的第一步，玲珑轮胎认为，经销商、门店、消费者、销售数据、信息、需求，应该互通且透明，在"数智化"时代，数据创造价值。

以往厂家把轮胎生产出来，销售给经销商即告结束，这种管理或者说"模式"已经不能适应消费者需求和市场变化。在国内汽车销量数年来快速增长的大背景下，"新零售"模式可以有效增强消费者对玲珑轮胎品牌的认知和黏性。

其中，数据贯穿的"新零售"系统是必需的，这并非生产企业要改变渠道，而是为了拉升零售市场销量，这相当于反哺经销商和门店——因为轮胎是要配送和安装的，所以生产企业和渠道应该结合得更为紧密，这种"数智化"的结合不是"替代""越级""跨过经销商"，而是要形成合力，做大市场，共同获益，即通过数字化赋能渠道，为消费者创造价值，为整个生态带来收益。

在这样的思路下，玲珑轮胎与腾讯等机构充分合作，围绕轮胎在各级销售渠道以及到最终消费者手中的这一流通链条，分多期打造了中国轮胎行业的首个"新零售"系统。如表2-4所示，这套系统解决了以往轮胎产品在流转过程中无数据记录的问题，出厂、经销商进出库、门店入库、门店销售等各环节都通过扫码设备实现信息录入，从而为决策与产销供应链带来了改造升级和数据智能化的空间。

表2-4 玲珑轮胎与腾讯、华制智能共建"新零售"系统

业务诉求
·建立全球化产业服务平台，为玲珑轮胎的客户、合作伙伴搭建全生态连接的智慧营销服务平台，助力玲珑轮胎优化服务体系与服务流程，打造品牌消费者零距离互动营销，助力从制造向服务迈进的产业转型升级 ·消除研产供销数据孤岛，优化经销商渠道效率，提升门店运营管理能力（客户管理、运营支持、统计分析）
期望收益
订单协同数字化： 门店—经销商—厂商的订单流程从没有信息化到实现数字化，支持门店线上订货，参与促销活动，积分换购
产品流转数字化： 通过扫码获知市场真实销售数据，基于渠道销售数据和现有库存，验证排产计划；通过异常扫码优化销售体系；通过轮胎保获取用户注册数据，积累用户基础画像
营销运营数字化： 通过对接数字营销平台和数字门店系统，为门店全面赋能，帮助门店与消费者更密切地互动，提升了运营效率和用户服务体验

资料来源：玲珑轮胎、腾讯。

"新零售"系统，成为玲珑轮胎开拓市场的有力武器。数据带来效率，效率带来效益，相比其他轮胎企业，除了授权、建店，玲珑轮胎还提供数据系统，便于经销商和门店经营管理，未来可以让经销商实现低库存或零库存，种种优势自然会吸引更多零售商户的加盟。

玲珑轮胎认为，对渠道的数字化改造只是手段，目的是对用户需求的及时洞察。由此形成的数智化数字流，可以对整条供应链和生产系统进行数字化改造，这将产生巨大效能。此外，通过各种活动增强用户黏性，也是一种创新尝试，"新零售"模式希望走出差异化的品牌塑造和销售渠道路线，在产能巨大增长的背景下，需求与市场也能同步增长。

基于上述考虑，玲珑轮胎的"新零售"项目，一期和二期实现的是经销渠道的数字化。而三期则计划以C端用户为切入点，提供大量产品与服务，让C端用户与玲珑品牌形成更密切的连接。

在国内，每年有超过1000万的车主使用玲珑轮胎，这些用户逐年累积，再逐年更换轮胎，其中蕴含着巨大的市场空间。

玲珑轮胎董事长王锋先生表示："'新零售'做得好，未来三年我们的替换销量就可以增加一倍。而到2025年，玲珑轮胎的车主用户就会达到至少5000万，中国有3亿司机，占据超过20%的市场份额是我们'新零售'的规划目标。"

在这样的战略目标下，玲珑轮胎设计了多条路径以实现与C端消费者的连接。例如与主机厂合作，在保养手册等对车主很重要的文件中加入轮胎保养卡、延保卡等；提供轮胎行业领先的超长延保服务，用户通过"玲珑养车驿站"小程序，可实现一键申领轮胎险，出现问题一键理赔，为用户提供更加贴心、安心的售后服务；在小程序上推出围绕消费者用车、养车以及出行服务的上千款商品，用全面的产品＋服务＋价值模式来促使用户养成日常登录小程序的习惯，可以在出行或维修的场景下，引导用户到全国数万个门店进行提货或顺便取货，为门店引流。结合全国中心城、分仓和前置仓的建设，玲珑轮胎的线上销售和线下触达都会更为便利。

"卖各种产品和服务是手段，最终是为了让消费者更熟悉我们的品牌，在更换轮胎时能够选择玲珑。"玲珑轮胎相关人士表示，"轮胎电商我们认为是有问题的，因为轮胎的运输、安装成本很高，难以持续经营。而轮胎生产企业在这方面的优势非常大。与C端用户建立连接，用户在玲珑轮胎APP上下单后，我们指定就近的门店，前置仓可以做到30分钟配送到店，用产品、服务、价值相结合的方式，打造我们独特的竞争优势，使经销商、门店、厂家、用户四方形成共赢。"

腾讯副总裁蔡毅表示，玲珑轮胎的"新零售"模式推动了企业由生产商向平台服务商与用户运营商的转型。

在2020年年报中，玲珑轮胎这样表述其"新零售"战略的未来规划："2021年重点推进经销商、旗舰店、品牌店、合作店铺进行新零售业务转型，在直辖市、省会城市、地级市加大店铺的开发和核心店铺的建设，力争2020—2023年在全国打造300家战略合作经销商、2000家旗舰店、5000家核心品牌店、60000家紧密合作店。结合公司中心仓建设，打造中心仓至前置仓/旗舰店的2~3小时配送圈，通过全国3000＋前置仓/旗舰店建设，打造对门店30分钟配送圈。依托新零售系统二期全面上线，全面赋能门店，服务消费者。助力玲珑轮胎为客户、产品及生态合作伙伴搭建全生态、全天候的人与人、人与物、物与物之间连接的智慧营销云平台。"

除此之外，相关负责人也表示，此后十年，玲珑轮胎将主要从"品牌＋流量"方面做起，持续为消费者提供服务。（见表2-5）

表2-5　玲珑轮胎围绕"新零售"战略的其他部分相关举措和计划

品牌知名度打造会结合新零售业务需求以及现在的媒体环境，更聚焦于司机群体。进行广告投放联动，与店铺活动、消费者需求等密切结合，用线上线下的有机结合，增加用户黏性，引流小程序，赋能店铺。	
针对卡车司机群体	进行公益关爱，在新零售小程序中设立援助申请渠道，既可以提升品牌影响力，也可以为小程序引流。
针对品牌活动	体育赛事的品牌赞助会一直做下去，并且会寻求跟更优秀团队的合作。也会尝试跟电竞领域合作，来触达更年轻的消费群体。
针对流量	会跟腾讯等平台合作，进行精准广告推送，如朋友圈广告、百度广告。同时，通过微信、微博、抖音、快手等自媒体平台，以及货车宝等合作媒体，共同打造自媒体多元宣传链。
针对高质量、高效率配送服务	结合公司中心仓建设，打造中心仓至前置仓/旗舰店的2~3小时配送圈，通过全国3000＋前置仓/旗舰店建设，打造对门店30分钟配送圈。
针对渠道建设	在全国建立60000余家稳定合作店铺，并根据店铺的服务能力分为旗舰店、工厂店、星级店和菁英店等不同等级，实现全国所有城市、所有区县的密集覆盖。
针对消费者的一站式汽车服务	打造更全面的服务体系，除运营轮胎业务，还兼具汽车保养、美容、车辆维修、机油更换等配套服务。通过更多元化、更全面的业务类型，来满足不同用户的车辆配套需求，以此来持续为用户提供服务，产生长期性影响。

资料来源：根据访谈整理。

从生产到销售，作为中国轮胎第一品牌，玲珑轮胎的战略选择能否率领中国轮胎品牌，从国产替代到国际替代，在"穿越价格带"的同时，也穿越百年轮胎品牌的壁垒，弯道超车，实现突围？

教授点评

滕斌圣

长江商学院战略学教授
高层管理教育项目副院长

相较于快消品，耐用消费品较难运用新零售的打法。原因很简单，新零售强调和消费者的持续互动，而耐用消费品因为与消费者难以保持紧密的联系，一般只能靠品牌力在购买的节点发挥作用。比如通用汽车，当年模仿航空公司的"常旅客计划"（Frequent Flyer Program），和信用卡公司推出联名卡，每次刷卡都可以为下一次购车积分，这才与消费者保持了较紧密的互动。

玲珑轮胎，在受新冠肺炎疫情影响轮胎整体销售不振的大环境下，毅然选择数字化新零售，这与当年京东在非典期间，关闭线下门店，专攻电商，同样是不得已而为之，并有异曲同工之妙。智慧营销云平台，帮助玲珑建立起厂、商、店、客户四者之间的数字化连接，而这四者之间原来是断裂的单向联系。凭借这样的数字化转型，玲珑总部清楚地知道每一条轮胎去了哪里，卖给了谁，并能和最终客户通过APP或小程序形成连接。

在整个汽车生命周期中，中国消费者平均只更换1.1次轮胎，与轮胎厂家的"强连接"是难以想象的。由此，玲珑试图打造一条完整链路：从轮胎到非轮胎，再到其他产品＋服务。这样一个围绕出行的"平台"，是很多汽车厂家，尤其是智能新能源车厂家所希望拥有的，玲珑能否在其中占据一席之地，令人很感兴趣。

研究员说

王小龙

长江商学院案例中心高级研究员

2030年，玲珑轮胎的年产量预计将达到1.6亿条，跻身世界前五的行列。与供给侧对应，如何深入挖掘需求侧的潜力，是其发力"新零售"系统的一个重要原因。

在与腾讯等机构的合作中，以前只面向经销商的轮胎生产企业，看到了新的思路，在新冠肺炎疫情的危机中又迎来了变革的机会，产量、质量，可以在相对短的时间里迎头赶上，品牌却需要长期打造，但如果依然和领先品牌一样，采取赞助体育赛事等方法，就难以实现"超速"超越，所以"新零售"也是玲珑轮胎在品牌侧的一次创新尝试。可以看出，玲珑轮胎也在摸着石头过河，耐用消费品与C端的高频互动，这一过程需要多次"调试"。这可能是本案例会引起较多讨论的地方。

我们做过很多制造业智能工厂的案例。数智化时代，第一产业和第二产业中的各种生产、流通、消费环节，因数据采集、加工、传输、处理等技术的进步，行业的"假设条件"发生了巨大的变化，"行业的运行公式"从输入到运算再到结果，都可以重新推理，"每个企业都值得重新做一遍"。玲珑轮胎的"新零售"战略，就是这种"重做一遍"在智能工厂、智能制造领域之外的一种新思路，案例本身具有很强的启发意义。

第三章

商业模式创新

淘菜菜：从蔬菜大棚到社区电商，"菜篮子工程"的25年

"菜篮子"也曾波澜壮阔

"南有袁隆平，北有赵鸿钧。一位解决了吃粮问题，一位解决了吃菜问题。一位是杂交水稻之父，一位是塑料大棚之父。"中国农科院原院长金宝善曾盛赞这两位为全人类做出杰出贡献的功臣。在《中国知识产权年鉴（2005）》中，专门有一节记叙了"赵鸿钧发明塑料大棚"的壮举。1953年赵鸿钧偶然发现地膜可使地温提高1~9℃，在很多文献中，人们将这一发现类比于牛顿被苹果砸中，甚至将其誉为"第五大发明"。

1988年，山东省寿光市三元朱村党支部书记王乐义，不顾癌症的折磨和失去女儿的痛苦，以带领村民脱贫为初心，学习和改良了相关技术，创新了"冬暖式大棚"及"日光温室蔬菜种植生产技术"。据《光明日报》2011年4月18日4版记载，"8月建棚，10月播种，1989年12月24日，三元朱村的黄瓜上市了，冬季'顶花带刺'的嫩绿黄瓜每公斤20元还供不应求，全村村民靠卖菜存款达到128万元"。随后王乐义以共产党员的觉悟，将这一技术在全国范围内进行推广。

几十年的前赴后继，旧貌换新颜。立鼎产业研究院数据显示，不包括其他各类温室，2018年末仅全国温室大棚占地面积就达1055千公顷，相当于150万个标准足球场，占地面积稳居世界第一。有些媒体以"传奇手法"将其描述为"卫星照片中密密麻麻的银白色建筑，不是军事基地，而是供应着中国人果蔬的温室大棚"。由于2018年的数据相对较早，所以此处引用2020年印发的《农业农村部关于加快推进设施种植机械化发展的意见》中的内容体现动态趋势：到2025年，以塑料大棚、日光温室和连栋温室为主的种植设施总面积稳定在200万公顷以上。

技术、制度，交替前行。1988年5月，农业部（现为农业农村部）提出《关于发展副食品生产保障城市供应的建议》，即此后广为人知的"菜篮子工程"，其核心在于因地制宜地"划片"组织生产和供给，即有效组织"供应链"。

在计划经济向市场经济过渡的时代大背景下，农产品开始商品化流通，但缺少有序的组织，导致种植不能因地制宜，供应不能靠近消费市场。如表3-1所示，"菜篮子工程"建立了中央和地方的肉、蛋、奶、水产和蔬菜生产基地及良种繁育、饲料加工等服务体系，目标是"保证居民一年四季都有新鲜蔬菜吃"。

表3-1　"菜篮子工程"历史阶段

时期	特征	问题
第一阶段	提出菜篮子市长负责制，城市的副食品问题基本得到解决。建立了2000多个集贸市场，初步形成了以蔬菜、肉、水果和蛋奶为主的大市场大流通格局。	食品数量得到保障，但质量还存在问题，主要是农药用量过多。
第二阶段	形成了区域供应链。例如山东寿光的蔬菜主要供应北京，山东临沂的蔬菜主要供应上海和南京。大力实施"设施化、多产化和规模化"三化政策。	食品安全问题日益突显。
第三阶段	提高农产品安全性的阶段。2001年4月，农业部开始实施无公害农产品行动计划，强制推广至全国，在农村建立了大规模无公害建设基地。在这10年里，农业部认为我国基本进入无公害产品时期，北京早在2005年就宣布96%的肉类、蔬菜类和果蔬类农副产品无公害。	国内菜篮子的供求形势从长期短缺转向供求基本平衡。预示着菜篮子工程进入追求"质量"的发展阶段。
第四阶段	中央1号文件着重提出体制与机制建设问题。体制就是管理，机制就是公司加农户或是合作社加农户。	最大的问题就是要求提高技术。

资料来源：2010年，中国人民大学农业与农村发展学院副院长孔祥智在接受《每日经济新闻》专访时总结。

2010年之后，国家层面并未再发布新一轮"菜篮子工程"的相关指导意见。而鉴于2017年十九大定义了我国社会当前主要矛盾是"人民日益增长的美好生活需要和不平衡不充分的发展之间的矛盾"，结合相关文献、资料，以及共同富裕的时代主题，"菜篮子工程"当前呈现的阶段特点也许可以概括如下。（见表3-2）

表3-2 新时代的"菜篮子工程"

时期	特征	问题
第五阶段	消费互联网＋产业互联网，各类创新创业企业针对"百姓菜篮子"的各类数字化创新与尝试层出不穷。生鲜电商、O2O前置仓、到店＋到家、社区团购等，都是此类尝试的代表。	百姓对以生鲜产品为代表的优质产品的需求与日俱增，而生鲜产品的供应链相对传统，多级流通和"不灵敏"的以销定产，造成生产端利润较低，消费端产品价格较高，生产者和消费者均不能获得最优解。同时流通端还面临较大的经营风险。

资料来源：根据公开信息与演绎逻辑进行整理及分析。

生鲜供应链的发展与矛盾

随着时代的变迁，广义的"菜篮子"，已经逐步被"生鲜"这个现代消费者更为熟悉的词汇所取代。欧睿（Euromonitor）数据显示，目前生鲜食品是国民生活必需的消费品，购买频次约为3次/周，高于全球平均的2.5次/周。2019年国内生鲜零售市场总额达到5万亿元，同比增长5%，2014年至2019年复合年均增长率为4.9%，呈稳步增长态势，预计2022年市场规模将达到5.4万亿元。

与此同时，如表3-3所示，我国生鲜品类繁多，种植地域、生产特征、存储条件各不相同。

表3-3　中国主要生鲜产品品类

类目	品类				
	蔬菜水果	肉类	海鲜水产	乳制品	禽肉类
储存条件	储存温度0～4℃，储存周期在20～30天左右	新鲜肉类最佳储存温度为0～3℃，储存周期为一周；冷冻肉品最佳储存温度为−18℃，储存周期为6～9个月	新鲜水产品脱水即不可存活；冷冻水产品的储存温度为−25～−18℃，储存周期为6～19个月	高蛋白食品，易腐败变质，产品保质期较短，对温度要求较高	禽蛋在2～5℃的储存温度下保质期为40天；冬季常温保质期为15天，夏季常温保存期为10天
收获周期	覆盖一年四季，不同品种之间差距较大	猪肉生产周期为6个月，禽类约为3个月	通常夏季为禁渔期，秋冬为海鲜捕捞旺季	冬季奶牛产奶量降低，夏季奶源相对增多	不存在明显周期性
产地分布	热带水果多种植于南部地区	猪肉集中在四川、湖南、河南	渔业集中分布在沿海地区及湖北等地	集中在东部沿海地区以及华东地区	河北、河南、山东等地为重点生产区域
生产特征	机械自动化程度较高	机械自动化程度高，大型肉类加工工厂较多	水产品加工自动化程度与国外相比仍旧较低，处于半自动化半人工阶段	液体奶产业已形成以伊利和蒙牛为代表的双寡头格局	机械自动化程度较高
加工情况	新鲜蔬果无须加工；部分农副产品需要加工，我国整体果蔬加工率较低	新鲜肉品仅需屠宰步骤；加工肉制品需要经历屠宰、盐腌、烟熏、干燥等一系列加工步骤	新鲜水产品无须加工；水产品加工过程包括切片、整形、入库冷藏等步骤	注重严格杀菌、保鲜	禽蛋类需经过清洗、杀菌等一系列加工步骤

资料来源：艾瑞咨询。

上游生产端特征：分散

第三次全国农业普查数据显示，2016年，全国共有204万个农业经营单位，在工商部门注册的农民合作社有179万个，20743万农业经营户，其中有398万规模农业经营户。全国共有31422万农业生产经营人员。

在上游生产端，数以亿计农业经营户"各自为政"，"分散"是核心特征。农业农村部原副部长韩俊曾言："我国基本的国情和农情，就是小农户生产长期存在。"

生鲜产品的定价机制是一个复杂的多因子问题，目前尚未有一个通行的标准计算方法。根据资料简单剖析：生鲜产品的市场需求较为稳定，定价主要受供给影响,而影响供给的因素则十分繁多。例如当年产量、周边生产户成本构成、天气、节庆、交通、技术改进等。

生产端的"分散"特征让生鲜产品的价格更加具有波动性。例如"分散"就带来了种植品种上的信息差、销售价格上的信息差、规模化种植技术无法应用导致的成本差与效率差、多级流通导致的较高贸易成本反过来压低初始销售价格等问题。言而总之,最直接的结果就是农业经营户的收入提升存在瓶颈,同时生产上距离及时应对市场需求存在一定差距。

结合农产品的先投入、长周期等特征,以及当今时代消费者"求新求变"的消费特征,"产销协同"中的差距易造成一定程度的资源配置失灵,带来浪费与收入损失,具有巨大的改善空间。这甚至可以成为农业人口增加收入,实现"共同富裕"的一大攻坚课题。

中游流通端特征:多级 + 高损耗

由于地域广袤,生产端分散,如图3-1所示,原产地的采购一般由"产地"的采购商进行,中间也许还存在不出资收购单纯做中介的"菜行""蔬菜经纪人"等角色,采购商收购完成后,在当地的批发市场出售给"产地"批发商,随后通过物流运至"销地"的一级农产品批发市场(往往跨几个省市),再进入"销地"的二级批发市场(往往专注一个省市),随后进入超市、餐厅、社区农贸市场这一类终端零售商,最终销售给消费者。

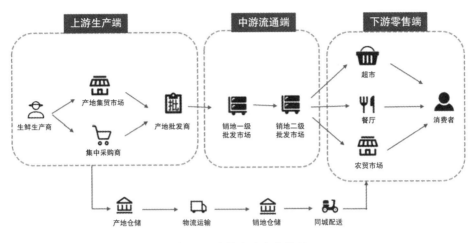

图3-1   生鲜产品流转情况

资料来源：艾瑞咨询，光大证券

粗略估算，从生产者到消费者，生鲜产品的流通至少要经过五级流通环节。这些环节中往往又存在多级角色。除零售环节外的流通环节，每次转手加价10%～20%，同时损耗约5%。零售环节则加价30%～50%，损耗约8%。

流通环节过多、冷链缺乏[1]、产销信息错配等导致较高的耗损，是当前生鲜产品流通的基本特征。当前的较高耗损只是相对而言，我们不能否认菜篮子工程带来的巨大进步，只是在当前时代的技术进步后，存在一定的提升空间，以下类似表述口径相同。

根据商务部数据，2020年全社会物流总费用与GDP的比值已经下降到14.7%（发达国家在7%左右）。相对于欧美国家，由于我国第一产业和第二产业在GDP中占比较高，因此物流总费用在GDP中的占比不具有国家间的可比性。但物流问题涉及生鲜零售的"履约成本"，其直接影响甚至决定了整个供应链的利润模型。

---

[1] 根据前瞻产业研究院2018年数据，水产品、肉类、果蔬冷藏流通率分别为40%、30%、15%，但全程冷链覆盖率分别仅为23%、15%和5%，而日本、美国生鲜品冷藏流通率分别为98%和80%～90%。

下游零售端特征：传统

结合国家统计局、艾瑞咨询等公开的数据，截至2019年年底，全国共有39397个菜市场（未在统计范围内的自发性交易市场及街边摊点数不胜数），其中成交额在亿元及以上的菜市场数量为1430个，占比3.6%。

从产权所有者来看，菜市场一般分为国有（一般为当地的农贸市场管理中心或市场服务中心）、个人或民营企业所有、集体所有。当下国有和集体所有菜市场逐渐减少，民营菜市场逐渐增多，菜市场产权所有者分散度高，连锁经营少。

2019年，以农贸市场为代表的"传统渠道"在我国生鲜零售渠道的占比为56.3%，超市和电商占比分别为37%和6.3%。（见表3-4）

表3-4 生鲜电商销售渠道分布

单位：%

年份	农贸市场等零售渠道	商超等零售渠道	电商零售渠道	其他
2013	63.00	36.00	0.50	0.50
2014	62.30	36.20	1.10	0.40
2015	61.40	36.30	1.90	0.40
2016	60.40	36.50	2.80	0.30
2017	59.30	36.70	3.70	0.30
2018	57.40	37.30	5.00	0.30
2019	56.30	37.00	6.30	0.40

资料来源：欧睿，艾瑞咨询。

其中，生鲜电商近几年异军突起，各互联网巨头均有涉足。简而言之，这一领域的创新者，通过各种方式，试图改变生鲜供应链的上中下游，通过建立产地直采体系、减少流通层级、扩大销售规模等方式，改变生鲜供应链的利润模型，最终实现供应链的优化升级，提高种植户收入，降低消费者花销。

综合而言，国内生鲜产业链的现状是上游分散，中游多级＋高损耗，下游较为传统。在缺少全链条数字化升级的情况下，生产者利润微薄甚至不赚钱，而消费者买单花费金额较高。

据国盛证券测算："以一斤在上海销售的陕西苹果为例，其流通成本1.7倍于生产端价格，且其中约68%为包含渠道利润、损耗在内的可变成本，在品牌价值较弱的情况下，最终消费者以2.7倍的价格买单——高额流通成本映射产业链痛点，并加剧痛点形成，存在严重效率问题。"（见图3-2）

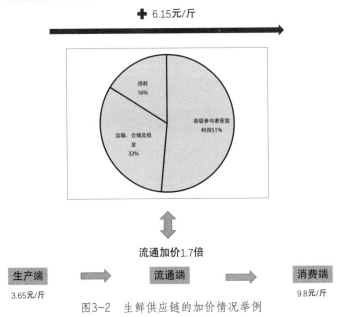

图3-2　生鲜供应链的加价情况举例

资料来源：阿里巴巴，58同城，淘宝网，艾瑞咨询，国盛证券

当下时代的数字化尝试

从9.8元到3.65元中间的部分（6.15元），就是所有创新者的空间和舞台。如何重组这6.15元，就是竞争的核心。

　　而未来，生产者一端的技术进步和规模效应，消费者一端的品牌溢价和消费升级，则是撬动想象空间的杠杆。

　　实际上，并非只有当前我们较为熟悉的"生鲜电商"或"社区团购"，发现了生鲜供应链中可以改善的空间，早年间，大型连锁超市（例如永辉超市）得以快速发展，就是因为其以生鲜为主打，在超市竞争中实施差异化战略。这类具备"强生鲜供应链"优势的规模化企业，通过"将人力、租金、损耗、物流等流通成本集约化"，来实现"6.15元的重组"。

"强生鲜供应链超市"的先例

　　据国盛证券《回归理性，如何看待社区团购发展方向》测算，对应一斤苹果，压缩多级渠道、降低冷链耗损、提高单位摊位面积的人效（农贸市场8~10平方米摊位需要1至2名个体劳动者，而超市大店的员工密度是15人/千平方米）、降低租金比（超市通过整租及转租降低单位面积租金）等环节一共节省了1.65元，虽然超市因为企业化运营增加后台费用（占营收比重约7%，对应一斤苹果是0.69元），但其大部分可以通过规模化分摊。如果考虑上游环节至少再节约流通成本1.48元，综合而言，9.8元/斤的终端价，理论上可以压缩到7.36元/斤。

　　由此不难看出，对生鲜供应链的优化，不是互联网巨头的专利。只是当前时代，探索者们在强生鲜供应链超市的基础上又提出了更多的优化设想。这主要源于"强生鲜供应链超市"在发展中存在三个难以解决的问题。

　　第一，区域型企业可以通过地采打造供应链，冲击优势企业的区域优势；

　　第二，伴随着部分消费者的消费习惯由单纯追求"便宜"向"方便""快速"转变，电商企业在特定区域有了发展契机；

　　第三，掌握消费互联网的平台企业，尝试通过产业互联网的方式，让"双网融合"，产生"化学反应"。

　　伴随生鲜电商，尤其是社区团购模式的出现，"强生鲜供应链超市"的模型逐步被后来者"优化"，其增长空间被质疑，代表性企业的股价也都因此遭遇了较大挑战。

生鲜电商的多种模式

除了"强生鲜供应链"模式，还有集中式仓储模式（京东生鲜、天天果园）、前置仓模式（每日优鲜）、前店后仓模式（到店＋到家）（盒马鲜生、7fresh）、同店不同仓模式（京东到家）、商超联动模式（多点）。其中巨头较多选择前店后仓模式，通过冷链物流建设仓储网络，其配送效率最高，仓储成本较低，线上线下流量较其他模式更容易互通，但配送范围存在一定局限。（见图3-3）

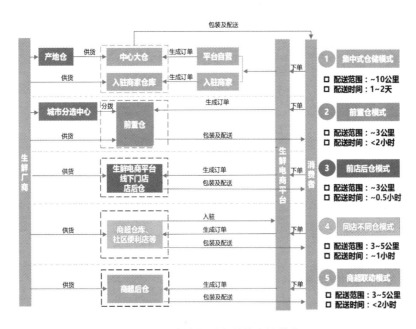

图3-3　各种新型生鲜供应链模式

资料来源：艾瑞咨询

随着技术的进步、模式的打磨，生鲜供应链的改进是近十年来创新的重要舞台。

社区团购在近年异军突起，虽然其在补贴、微信拉流量等方面"复刻"了互联网的"野蛮成长"，因此备受争议，但抛开这些，其模式本身对于生鲜供应链利润模型存在一定改进，其产生的不同供应链成本与价格对比情况如图3-4所示。

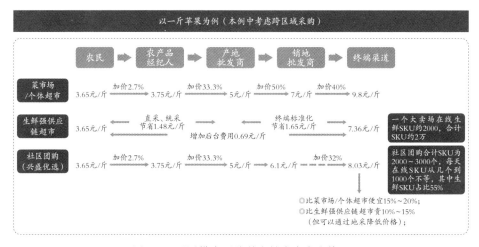

图3-4　不同模式下的供应链成本变化情况

资料来源：阿里巴巴，58同城，淘宝网，艾瑞咨询，国盛证券

有机构认为，社区团购是社区零售和生鲜电商的交集，其模式及流程如图3-5所示。

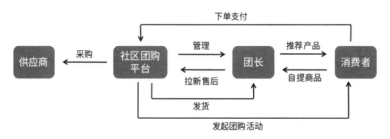

图3-5　某机构认为的社区团购模式及流程

资料来源：新经销，光大证券

如图3-6所示，相比于传统生鲜供应链网络，社区团购压缩了多级流通环节，并且带有按需供货的要素，能够大幅降低损耗。而对比生鲜电商，社区团购采用门店自提，没有了最后一公里送货上门的问题，大幅降低了履约成本。同时其仓储大量采用加盟方式，销售采用团长方式，分散了各环节的风险和压力。

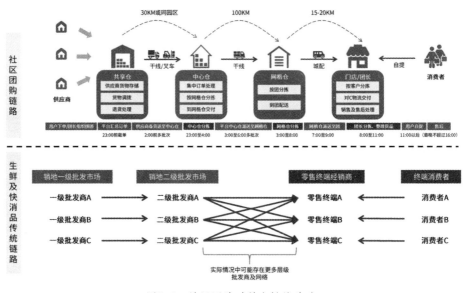

图3-6　社区团购对供应链的改造

资料来源：光大证券

但与此同时，社区团购模式在规模效应、流量获取、仓储及团长的加盟与管理等环节，存在较多不确定性，未能通过系统、代码、共识机制等，减少人为环节，降低不可控因素。互联网企业进入了自己并不存在优势的地面战场。整个体系易受到较大冲击——尤其是在激烈竞争阶段，叠加互联网模式下追求赢家通吃的竞争模式，补贴等手段不仅容易导致模型崩溃（即利润率为负且无法收敛），而且容易导致消费者的逆向选择（即最终吸引了薅羊毛者），还容易引发社会问题（即不靠供应链技术和模式革新，而是靠资本垄断）。

淘菜菜的当下逻辑

在观察和研究了以上多种模式后，阿里巴巴在2021年9月推出"淘菜菜"。"淘菜菜"可以看作是当前生鲜供应链创新的一个阶段性代表，其是建立在此前各种模式的基础上的。从区别于社区团购的角度，我们可以称淘菜菜为"社区电商"。从区别于网络电商的角度，我们可以称其为"近场电商"。

目标群体

简单而言，据亿欧、凯度、淘菜菜的相关数据，目前中国有660万家包括夫妻店在内的小店，它们贡献了整个零售渠道40%的出货量。其中约30%的夫妻店位于乡镇、农村，46%在三线城市、县级市。与之相对比，城市消费者较为熟悉的品牌连锁便利店，即便加上加油站旁的易捷、昆仑好客，也仅有13万家。因此，夫妻店才是社区零售的真正主战场。夫妻店的优劣势见表3–5。

表3–5 夫妻店的优劣势

劣势	优势
门店形象较差，用户购物体验差	核心优势在于选址，盈利能力较强
品牌意识差，无法掌控供应链、配送、产品等核心资源	贴近消费者，生活圈内用户画像精确
数字化程度低，经营主要依赖夫妻的决策，标准化程度低	人效高，身兼数职，一家生计所在，责任心强
无法接受高投入，对门店升级改造意愿不强烈	群体数量庞大，未来整合是一个巨大的体量

资料来源：亿欧。

将这些夫妻店"数字化"，成了互联网企业的目标。所以此前数年，阿里推出了"零售通"，京东推出了"新通路"，简而言之，都是提供一套数字化平台，给"夫妻店"提供进货、收银、物流、库存管理等能力。其中阿里凭借对更广泛的用户需求的了解、更多货源、更多金融解决方案以及菜鸟网络能够给予夫妻店更大帮助，获得了较大发展。访谈中笔者获知，在2021年前后，零售通已进入近150万家夫妻店，以较大优势成为这一领域的领先者。

但仔细观察以往夫妻店的主要销售品类就会发现，烟酒、饮料、零食、日杂百货是主流。在这些品类上，互联网企业没有优势，或者说没有更大的改进空间。夫妻店已经习惯于被各类供应商的"渠道小哥"围绕，一个电话就能送货上门，隔三岔五嘘寒问暖，享有可商量的较长账期。两相对比，互联网模式的"撬棍"缺少"支点"。所以阿里控股高鑫零售，苏宁收购家乐福，腾讯和京东投资永辉超市，这些都是在战略上围绕大零售体系的种种尝试。

在这些尝试中，阿里逐步获得了更多拼图。大润发（百货）、盒马鲜生（新零售）、阿里巴巴数字农业（产地直采、水果）、阿里零售通（夫妻店数字化）、1688/淘特（工厂货源），这些串联在一起，组成了"淘菜菜"的能力与品牌。

业务定位

据访谈了解，淘菜菜归属于阿里社区电商事业群，在更大的条线上属于阿里巴巴B端业务。其班底为阿里B系团队骨干（阿里巴巴的"初心"），由阿里"十八罗汉"之一，当前唯一还在主抓一线业务的戴珊挂帅。团队相关负责人谈及"淘菜菜"的主旨时表示："阿里还是要建设新的世界，而不是打乱旧的世界。"

在阿里巴巴2021年的财报中，社区电商被明确列入阿里"新零售"板块；财报显示，阿里社区电商正迅速扩大其物流和履约基础设施，并计划在未来12个月内在中国实现广泛覆盖。阿里CEO张勇也表示："我们希望最终能够成为一家将消费互联网和产业互联网结合得更好的公司……2020年开始，我们逐步在社区范围内尝试'当日下单、次日自提'的模式。作为新零售多层次、多业态的履约网络下服务价格敏感用户的重要方式之一，这一新业态有助于我们在下沉市场和农村拓展新的用户。"

供应链模式

正如上文所分析的那样，社区电商具有的最大优势是"C2M的订单确定性"与"近场电商带来的超低履约成本"。从源头到终端，哪种链路能够在效率、效益、成本这个三角形中取得最大的阴影面积，同时又能给上下游带来实惠，创造良好的社会效益，哪种链路就会成为时代的选择。

淘菜菜的逻辑路径是：通过搭建社区数字化销服网络（夫妻店）→聚合确定性的终端消费需求（订单）→精准匹配确定性的源头供应（源头直采、按需定产）→推动中小企业和农产品基地规模化（降低成本、及时响应）→建设先进的供应链基础设施（冷链保鲜物流仓配等）→促进物流、商流、信息流、资金流"四流合一"（尽可能减少四流之间的时空错位）→实现产业链、价值链、供应链、利益链"四链重构"（重新组合各链条中的角色和权重）→最终改进零售网络（通过提高效率、降低成本、减少损耗，扩大上游收入、减少终端消费、获得大流通市场）。

淘菜菜相关负责人表示："淘菜菜在陕西武功、四川蒲江等地大规模推广即食猕猴桃，建立了1个采后研发中心、1个大型产地仓和30个数字农业基地。国产即食猕猴桃形成了从统一品种、统一种植、采后加工、全程冷链到全渠道销售、品牌塑造的产业链。更长的产业链，更响亮的品牌，优质农产品卖出好价格，将给农民带来更多收入。即食猕猴桃即将在淘菜菜上架，预计农民每亩可增收2000元。"此外，淘菜菜在山东省某地开发出"晨采"模式，早上4点到9点开始在田间采摘，24小时内送到老百姓的餐桌上，在此模式下，芹菜在炎热的夏天客诉率降到了3%，损耗率从16%降至不到3%，而订单量增长了1倍。

淘菜菜相关负责人表示："相较于利润率、规模等指标，在整个供应链环节，淘菜菜更关注商品效能、商家效能、仓储坪效、生产人效、团长团效、团间点效。"（见表3-6）

表3-6 淘菜菜关注的主要指标

名称	定义	计算公式
商品效能	单个商品产出的GMV	GMV / 在架SKU数
商家效能	单个供应商产出的GMV	GMV / 供货商家数
仓储坪效	仓库每平方米支持的拣货件数	件数 / 仓库面积
生产人效	每人每天拣货件数	件数 / 工人数
团长团效	单个团长产出的GMV	GMV / 动销团长数
团间点效	单车配送的团长数量	件数 / 车辆数

资料来源：根据访谈整理。

"一个是以需求定供货，另一个是极高的周转效率。一组商品目前1.5～2天的周转天数，意味着一个月可以有20多次周转，这让我们看到了模式的价值。"淘菜菜相关负责人表示，"模型通过一段时间的积累，我们完全可以预测需求，供应商根据预测提前备货，效率会再次优化。未来目标是告诉供应商90天后的消费者需求。"

从产地到餐桌

在流量端，淘菜菜拥有淘宝APP首页首屏的"四大金刚"位（聚划算、淘宝直播、百亿补贴、淘菜菜）、淘特APP首页"淘菜菜"频道，以及微信小程序和支付宝小程序。其每日流量以数千万计。因此不同于社区团购以补贴刺激团长拉新，淘菜菜的整体运营也许会较为注重长期价值。

在供给端，正如上文所说，夫妻店长期将烟酒、饮料、日杂百货作为主销品类，缺少生鲜这一类高频消费品聚拢人气，同时600万家夫妻店也是离居民最近的商业"毛细血管"。但夫妻店的商业模式较为传统，并且处于供应链最末端，存在采购价高、商品结构单一、质量无保障、抗风险能力弱等问题。

其他社区团购平台更多将夫妻店视为自提点，因此夫妻店仍是整个链路的末端环节，在整个产业链中的地位偏低。而淘菜菜给予夫妻店的战略关注度与其他社区团购平台相比有较大区别。

与淘菜菜合作后，夫妻店将成为社区综合服务店，涵盖了零售通To B业务支持的"数字化"便利店，淘菜菜To C业务支持的"云菜场"（现场不摆货，当日下单隔日自提），以及菜鸟网络快递收发业务支持的"菜鸟驿站"。夫妻店通过多样化的组合，以生鲜引流，通过其他服务可以获得更多元化的收入。据媒体报道，接入淘菜菜的部分店铺每月收入提高了数千元。体系化的优势，让淘菜菜的生鲜供应链创新不局限于某个单一环节，可以在更大的战略视角和资源配置下优化商业模型。

在需求端，淘菜菜带来的最直接的结果就是"优质""实惠"。现代化的经营模式，对品质进行分级管理，进而才可能提供对应的品质保障。"预售＋自提＋次日达"的方式，降低了采购成本、流通成本以及最后一公里履约成本，可以给消费者带来较大实惠。同时夫妻店距离社区最近，为消费者提供了较大的购买便利。

阿里的使命是"让天下没有难做的生意"。在技术和模式的支持下，阿里将业务领域扩展到了人们每日所需的蔬菜水果领域，这是一个业务增长的机会，也是一种使命驱动的必然选择。

据媒体报道，2014年，阿里就曾启动"千县万村"计划，在推广电商的同时，开始逐步了解农村的供应链网络与市场需求特征。2019年以来，阿里设立数字农业事业部，开始在全国打造数字农业基地，在成都、西安等地建立了6个数字农业集运加工中心（区域大型数字化产地仓）。这其实就是当前淘菜菜的"产地仓"。结合数字农业事业部建立的生鲜直采基地以及用零售通"武装"的150万家数字化夫妻店，产地端的基地、产地仓，与淘菜菜的销地仓网和社区小店，由多块拼图构成的"新农业＋新零售"模式正在逐渐显现真容。农业农村部管理干部学院、阿里研究院联合发布的《农产品电商出村进城研究》显示，2020年，阿里平台农产品销售额达到3037亿元。

从道理上讲，有了数字化，继而就会有标准化，有了标准化的农产品，才谈得上品牌化。而品牌则意味着商品优质、上中游获得利润、终端消费者满意。阿里淘菜菜不单可以优化6.15元的空间，还有了撬动想象空间的支点。所以理想状态下，淘菜菜既是一次供应链的改进，也是从产地到餐桌的消费升级，还是一次"授之以渔"的产业升级。

本案例的重点不在于讲述淘菜菜取得的各种增长与成果，而是从原理上呈现供应链创新与变革的最新一幕——淘菜菜在社区团购显露颓势时登场，在供应链各个节点上进行进一步的优化调试。但目前其与夫妻店采取"销售提成"的方式进行分账，而非由夫妻店先掏钱进货后再赚取批零差价，这并非"菜贩"的经营模式。当然从其发展阶段而言，这样的方式相当于代销而非包销，更贴合夫妻店的资金流现状，也更利于业务的推进。

共同富裕与商业向善

2021年，"共同富裕"成了关键词。腾讯和阿里纷纷宣布投入1000亿元助力共同富裕。双方的布局各有侧重，但核心理念较为一致，即资金不是用于单纯的慈善，而是用于改进现有的不足，增厚发展的基础。

需要较长时间和较大金额的前期投入，但一旦建成就可以极大提升效率的事业，也许可以在两大巨头的千亿计划下得到实质性的发展。例如欠发达地区的数字化建设、中小微企业运营成本的降低、数字农业、教育等。其中，阿里巴巴助力共同富裕的主要发力方向见表3-7。

表3-7　阿里巴巴1000亿元助力共同富裕的主要发力方向

一是加大科技投入，扶持欠发达地区数字化建设。如设立科技产业基金，推动欠发达地区数字化建设以及与实体经济深度融合，设立科技人才基金和奖励计划等
二是扶持中小微企业成长。降低中小微企业日常运营成本，提供经营补贴等，推动中小微企业健康发展
三是助推农业产业化建设。如联合地方政府，建设农产品集采中心，打造一批区域公用品牌等

续表

四是支持中小企业出海。如推动"跨境贸易绿色通道"建设等
五是助力高质量就业。启动年轻人创业扶持计划，提供多样化的职业技能培训等
六是帮助提高灵活用工群体的福利保障。如提高快递员、骑手、网约车司机等群体的商业保险保障等
七是促进城乡数字生活均等化。如探索共建智慧社区、美丽乡村等
八是缩小数字鸿沟，加强弱势人群服务与保障。如推动更多特殊人群"云上就业"，优化老年人数字生活体验，建立儿童重疾救助基金等
九是支持基层医疗能力提升。专项投入建设村级医疗站，打造云上"医共体"等
十是成立200亿元共同富裕发展基金。用以助推共同富裕示范区建设，为全国实现共同富裕进行探索示范

资料来源：根据公开信息整理。

　　从这一视角出发，我们对于"淘菜菜"的布局和逻辑也许可以有更深一层理解。数字化创新在"共同富裕"的时代命题下，有了更多的内涵与外延，也将诞生更多商业新知与传奇。一个不争的事实是，当前时代，共同富裕与商业向善正在逐步成为企业发展的主旋律，所谓"得道者多助"，符合时代命题的业务和企业将获得各方助力。

教授点评

朱阳

长江商学院运营管理教授

　　本案例通过较为深入的研究，对社区团购的历史与未来进行了展现。社区团购是不是一种过渡？阿里的社区电商在哪些方面进行了改善，从而与其他模式有了彻底的区别？整个中国生鲜供应链数十年的不断创新，对于生鲜产业的利润模型，供应链的优化提升，企业的数字化转型，分别带来什么样的影响？

本案例围绕生鲜供应链的发展历史，对当下最新的发展模式——阿里"淘菜菜"进行简要分析，不仅展现了"生鲜供应链"的创新历史与当下实践以及数字化改革对产业链具体运营的影响和价值创造，也体现了在"共同富裕"的时代命题下，零售数字化变革对欠发达地区和中小微企业的深远影响。

研究员说

王小龙

长江商学院案例中心高级研究员

这次案例研究，对超市买菜、上门送菜、团购、社区团购等等基于"生鲜供应链"的商业模式进行了一次系统的梳理。阿里巴巴的"淘菜菜"，又是在这些基础上的再次向前。

通过对"淘菜菜"的业务构成、能力拼图等方面的讲述和分析，我们看到了一个领域数十年的创新历程，也对阿里社区电商的前因后果有了更彻底的了解。相信这一宏大的商业布局将传承过往，在共同富裕的时代命题下创造新的价值。

SHEIN："长期主义"与"唯快不破"

"快时尚"进化为"实时时尚"

"SHEIN几乎可以立即对顾客的偏好做出反应,这一过程被称为实时时尚(real-time fashion)。"彭博社相关分析文章中的这句话,在一定程度上,代表了外界对SHEIN这家中国跨境电商企业的好奇与崇拜。SHEIN通过"实时时尚"对"快时尚"进行了重新定义,树立起了一座产业互联网时代的里程碑。

2021年,以服装为主要产品,从事出口跨境电商的企业SHEIN,再次出现在"凯度Brand Z™中国全球化品牌50强2021"榜单中,排名高过腾讯。这一榜单大量引入了Google Survey数据洞察,在相关领域具有风向标级影响力,同时叠加中国企业国际化的话题热度,在国内掀起了又一轮关注SHEIN公司模式的热潮。

奥美集团中国品牌事业部全球业务领导人蔡珍玲女士表示:"中国的电商环境多数由大平台主导,而在全球其他市场,垂直类的电商平台崛起促进了电商环境的多样化,品牌则需要着力建设电商生态系统,从初步的接触到最后的交易,要将其间与消费者在每一个步骤的沟通及互动都纳入管理。"

这实际上也概括了SHEIN区别于传统出口跨境电商的发展历史、定位，乃至价值观。

2021年5月，SHEIN APP下载量达1400万次，且在超20个国家的购物APP下载量中排名第一，在超60个国家中排名前五，成为全球最受欢迎的线上购物APP。伴随着APP的"霸榜"，SHEIN的交易额也不断取得突破，甚至创下前所未有的行业纪录。《2020年中国跨境电商出口趋势及案例分析概览》显示，2020年SHEIN实现营收约700亿元，2015—2020年复合年均增长率高达189%。

在融资历程上，据公开报道，公司于2013年完成A轮融资，集富亚洲投资500万美元；2014年获得天泽投资、坚果资本数千万元人民币；2015年获得IDG资本、景林资本3亿元人民币B轮融资，估值15亿元人民币；2016—2018年公司获得多轮次融资，顺为资本、红杉资本等进行了投资，估值25亿美元；2019年，公司完成D轮融资，红杉资本、老虎环球基金（Tiger Global）等投资超5亿美元，估值超50亿美元；2020年，公司完成E轮融资，估值超150亿美元。

SHEIN 的商业模式：需求端的良性数字化营销

关于商业模式，学界有大量不同维度的定义，企业界也有各种不同的理解与实践。笔者将其较为简练地概括为：左侧是"各类资源"，右侧是"价值"，中间的连接与转化，就是商业模式。

基于此，SHEIN用了十年左右的时间，用几乎代表了这个时代产业互联网最高水平的数字化体系，打造了自己在供需两端的能力与成果，同时在出口跨境电商行业，展现了"企业价值观"的又一次胜利。

跨境 B2C 的黑暗森林

在理解SHEIN的模式之前，我们先简单回顾一下它的"同行"是如何做的。

与国内电商十余年的风起云涌相同，跨境电商也经历了多年的群雄逐鹿，只是过程更加狂野奔放。《跨境圈的黑暗森林》等描述跨境B2C行业的文章，列举了跨境电商各种无序竞争的惨烈手段。海量商家或盘踞在以亚马逊为主的跨境电商平台上，或通过技术手段开设成千上万个店铺、独立站，通过钻研谷歌广告关键词（Google Adwords）及各类平台SEO规则，每时每刻都在攫取全球流量，随后通过"短平快"的手法将流量转化为交易。

其中包括了发空包、收钱关站跑路、出售伪劣仿品、利用爬虫扒图、山寨爆品、利用文字认知差异故意货不对板等手段（淘宝最早期也曾遇到过收到砖头无处维权，买"二手汽车"收到车模的情况，与之类似）。跨境交易在政策、信息差、平台监管、文化认知差异等方面的缺陷被放大，而"流量如何最高效地转化为利润"，是那个年代跨境电商最关心的事情。

在一个低门槛、无序竞争的市场中，任何商家都很难独善其身。因为你的竞争对手在产品、物流、营销等各个环节，都在做着"非正常"的事情，"劣币驱逐良币，假的暴富、真的阵亡"，这样的行业案例我们已经见过不少，何解？无解，唯有等待自上而下的雷霆监管或自下而上的"白衣骑士"。跨境电商监管主体复杂，难有雷霆行动，因此"白衣骑士"便被万众所期待，只不过他的诞生必然艰辛，其成长过程也必然伴随着各项艰难的选择。

SHEIN 的战略选择

面对行业现状，综合媒体观点和SHEIN的表现可以看出，创始人许仰天和团队在"向左走，向右走"中做出了自己的选择。

2009年，多年经营流量生意的许仰天，带领团队以婚纱为品类开始了跨境电商之旅，他们模仿的正是这个时代的代表——兰亭集势。而2012年，许仰天放弃了婚纱生意，正式成立Sheinside（SHEIN的前身），全力转型做跨境女装。那时，中文互联网可查的，最早对许仰天的报道中记录了一段他的言论："做品牌，一定要找专业的人，用专业的方式经营。从市场上随便找一批便宜畅销的货，随便用什么方式卖出去，这种野蛮生长的路子越来越行不通了。"[1]

由于SHEIN并不接受任何媒体采访，也并非上市公司，因此其经营与模式，大都由各个研究机构通过外化的表现反推得出。我们综合了各方观点发现，SHEIN的底层逻辑与精神内核在于"认真做品牌"，在这之上，左手是"营销"，右手是"供应链"，"产品"作为躯干，"数字化"是其血脉。这与同时代"逐利为实，流量转化为形"的同行有着明显的区别。

从图3-7可以看到，相比大量同行从事的"二类电商"（即一切以促成交易为核心，比如无购物车、货到付款、交易链路追求极短，类似抖音早期电商品类，夸大单一卖点，促进冲动消费，靠售价、退货率和流量价格之间的差价赚钱），SHEIN格外正规，所有的操作都一板一眼。

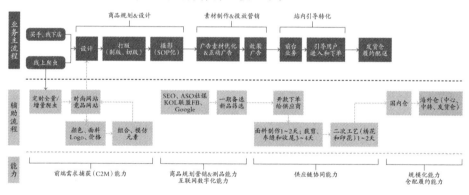

图3-7　SHEIN的经营流程

资料来源：浙江证券

有媒体回顾SHEIN区别于同行的选择时写道："Google和Facebook的流量投放机制已经很成熟了，流量红利只是暂时的，SHEIN的CPM成本可能要比竞品高出50%左右，这些投入短期看起来是被浪费掉了，但长期却有利于用户心智的打

---

[1]　王沛. 走快一点、做精一点、想远一点［J］. 进出口经理人，2013（10）：74-76.

造，很多同行虽然有着多次曝光，但并没有在消费者心中留下正面印象，这才是流量最大的浪费"。[1]

SHEIN 在需求端的良性数字化营销

不可否认，互联网是"流量生意"，经营流量本身没有任何问题，唯一的问题是流量的经营方式，以及是选择"即时流量"（短期见效，中长期无沉淀）还是"延时流量"（将流量的价值沉淀到品牌中，短期效果会打折扣，但中长期效用会放大）。

从营销看，媒体普遍认为，SHEIN把握住了海外社交媒体的红利期，进行了媒体营销的全面覆盖，在Facebook、Twitter、Instagram、YouTube等主流平台均有数以千万计的粉丝。SHEIN极善于社交媒体广告的运作，发帖规模和质量均表现出色。SHEIN的帖文中图片类占比约为90%，题材为宠物、女性形象以及风景三类，精准切入核心客群心智。此外，SHEIN极其重视运营内容本土化，对于各国市场均注册不同账号以本土语言运营，赋予品牌亲切感。在高质量高频率的营销输出下，SHEIN的有效曝光度一直维持在较高水平。[2]

如表3-8和表3-9所示，从SHEIN PC端流量构成看，2021年5月公司搜索流量为总流量的41%，其中关键词"SHEIN"在搜索流量中有机搜索（消费者通过搜索引擎内在的搜索功能找到SHEIN网站，而不是付费广告）的占比为44%，远超付费搜索的21%。同时，直接进入网站的流量占比由2020年7月的31%升至2021年5月的37%，与搜索流量的差距进一步缩小，这说明SHEIN已经形成了相当的品牌力。此外，社交流量由2020年7月的10%升至2021年5月的11%，为SHEIN第三大流量来源，是其重要发力点。

---

[1] 程春晓. SHEIN：长期主义的胜利［J］. 商界：评论，2021（6）：8.
[2] 华创证券. 跨境电商品牌SHEIN，数字化典范，势如破竹. 2021年6月6日. https://www.fxbaogao.com.

表3-8　SHEIN PC端流量构成　　　　　　　　　　　　　　单位：%

类别	2020年7月	2021年2月	2021年5月
搜索	39	38	41
直接	31	36	37
社交	10	10	11
显示	11	9	6
推介	7	5	3
邮件	2	2	2

资料来源：Similar Web，中泰证券。

表3-9　PC端搜索流量构成　　　　　　　　　　　　　　单位：%

类别	百分比
有机搜索-关键词"SHEIN"	44
有机搜索-其他	7
付费搜索-关键词"SHEIN"	21
付费搜索-其他	28

资料来源：Similar Web，中泰证券。

SHEIN通过数字化技术，获取了海外社交媒体的低成本流量，建立了庞大的UGC营销矩阵。其营销端特征如表3-10所示。

表3-10　SHEIN的营销端特征总结

特征	详细描述
SHEIN起步的时代，是一个红人流量相当充裕的时代：彼时线上营销部需要商品标签对应KOC，甚至网红宣传不需要费用	特定时代的网络红人红利。早期，海外知名社交媒体以Facebook为主，Instagram尚未成为主流。Facebook上更多是日常生活的分享，纯时装分享及穿搭分享的内容创作者较少。SHEIN果断抓住机遇，联合网红进行产品推广，利用海外商业化初期的低成本流量，成功实现了低费用宣发
SHEIN鼓励用户分享产品"买家秀"，利用用户扩大产品影响力，并拓展产品开发方向	SHEIN早期极为重视"用户分享"，鼓励消费者在Facebook的SHEIN照片墙上传产品照片，消费者通过分享可获得优惠券。SHEIN以此成了时尚内容分享的载体。同时，SHEIN根据消费者上传的搭配，可以挖掘新的时尚元素进而开发新品
SHEIN选择"裙装"产品作为突破口，降低了上新难度	SHEIN在创立初期就保持较高的上新速度（接近一周3000款），为了实现快速上新，SHEIN选择"裙装"产品作为突破口，该类产品可依靠在同一版型上进行不同印花来实现款式数量的提升
即使在高上新速度下，SHEIN依旧始终保证产品拥有高质量宣传图片	SHEIN早期其实不乏竞争者，但更多的竞争者选择在海外直接上传待售商品在1688上的图片，而SHEIN则坚持使用自聘模特及自拍图。更好看并且更有质感的产品宣传图，让SHEIN获得了更高的点击率和转化率
海外消费者可以接受SHEIN早期的周转速度	虽然SHEIN早期周转速度并未达到今天的水平，但当时海外电商基建处于行业初期，消费者可以接受10～20天的收货周期，因此SHEIN有足够长的时间完善运营

资料来源：浙商证券。

全球电商市场格局与消费者特征

从全球电商市场发展来看，近几年海外电商渗透率持续提升，市场规模也呈现快速增长态势。如美国电商渗透率从2010年的6.4%提升至2020年的21.3%。而中国品牌凭借可靠的产品质量和高性价比，成为海外消费者青睐的对象。国内出口跨境电商快速增长，2017—2020年亚马逊中国卖家占比由23%升至42%。[1]

从行业格局看，2020年，中国电商集中度CR3为84%，与国内以阿里巴巴、京东、拼多多三大平台型电商为主的市场格局不同，全球主要国家电商集中度远低于中国，根据头豹研究院相关数据，2019年，英国、美国、印度电商行业CR10分别为67.96%、63.3%和83.66%。

从我国跨境电商出口品类看，服饰为绝对主流商品。2018年，女装为跨境电商出口企业采购金额第一的品类，2020年，跨境电商B2C出口品类按采购金额从高到低分别是家具家居、服装鞋帽、数码3C、运动户外、小商品及工艺品、美妆、手工园艺、宠物用品、汽车配件。快时尚显然又是服饰行业中较为适合跨境电商出口的品类之一。

从受众群体看，快时尚服饰的主要客群为对时尚敏感度高的年轻消费者，年龄在18～35岁，与跨境电商主力消费群体重合。2020年全球跨境电商消费者中"千禧一代"和"Z世代"占比达56%，其中，有22%的"千禧一代"和17%的"Z世代"，在跨境电商的年均消费超500美元。

---

[1] 中泰证券. SHEIN的崛起，大众品牌何以鉴之. 2021年6月20日. https://www.fxbaogao.com.

SHEIN 的商业模式：供应端的数字化组织

SHEIN 的产品

媒体总结认为，快时尚的本质，是将引领流行趋势的小众时装大众化，通过快速满足消费者的新鲜感，提升消费频次。因此，快时尚具备款式多、上新快、性价比高的特点，而这正好跟国内供应链的低成本、高效快反等特点高度吻合。

同时，快时尚也正符合"Z世代""千禧一代"等年龄段消费者的消费能力。因此，谈及SHEIN的营销与受众，必然延伸至SHEIN的产品体系与价格体系。

在产品方面，SHEIN以女性服饰为切入口，在形成一定规模后涉足大纺织领域，目前已形成十八大品类。SHEIN服饰的最大特点是价格亲民，产品核心价格带在9~24美元，低于ZARA等全球快时尚品牌。

对比其他头部快时尚品牌，SHEIN在价格和上新数量上竞争优势明显。如表3-11所示，就美国市场而言，SHEIN主要女装产品的最低价均不超过10美元，各品类畅销款价格接近ZARA、H&M的最低价格。在款式数量上，SHEIN无论是对比全球快时尚头部品牌，还是线上同业竞争对手，都具备压倒性优势，上万款在售单品，可满足更多的消费者需求。

表3-11　主要快时尚公司产品价格带及在售商品数量（2021年5月）

女装品类	SHEIN			ZAFUL			ZARA			H&M		
	价格／美元		在售款式数量／款	价格／美元		在售款式数量／款	价格／美元		在售款式数量／款	价格／美元		在售款式数量／款
	最低	最高		最低	最高		最低	最高		最低	最高	
T-Shirt	2	30	14671	5	25	600	8	50	234	5	50	182
裙装	3	95	21731	6	46	1094	13	149	1133	13	349	582
牛仔裤	10	45	2256	10	39	85	20	50	371	10	70	265
外套	6	130	1990	9	72	619	36	90	753	18	299	294

资料来源：各平台官网，中泰证券。

　　根据券商研报，在价格之外，快时尚产品的重要特征在于上新速度。在产品上新周期方面，如图3-8所示，SHEIN可实现从设计开始约3周可售、约4周交至消费者手中，与全球快时尚龙头ZARA（25天）不相上下。而业内大部分规模以上服装企业仍以提前半年生产的期货模式为主，即便采用柔性供应链也较难在一个月内走完从设计、备货到终端销售的全流程。

　　此外，SHEIN全部采取小单快反的模式，先生产小批量产品进行市场测试，再通过终端数据反馈，对爆款进行快速反单，以实现销售及利润的最大化并减少库存风险。该模式对企业供应链管理能力、信息化能力，以及对全产业链的把控力均有较高要求，这些恰好是SHEIN的优势所在。

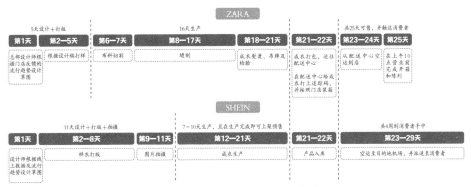

图3-8　SHEIN与ZARA的上新周期对比

资料来源：华尔街日报，草根调研，中泰证券

数字化的供应链系统

　　随着工业4.0时代的全面到来，数字经济以及最为人们所期盼的"产业互联网"，成为近年最热门的研究对象。反向定制（C2M）、柔性供应链，成为产业互联网较为明显的"外化特征"。

　　关于如何实现所谓"柔性供应链"，当前业界有两种思路。一种是重塑供应链，主张建立全新的工厂或生产线，依托人工智能、机器人、大数据、物联网等等先进技术，以及复杂多样的生产执行软件，实现数据指令的贯穿和生产工序、工艺的排列组合，从而实现"柔性生产"。

而另一种思路则是深入供应链，改造供应链。考虑到现有供应链中大量规模较小的作坊、工厂，它们不可能进行巨大投入，来建设具有"机械臂"的自动化工厂，但它们长期"以客户需求为中心"，在经历无数次挑战过后，已经将"柔性"写到了基因里，因此平台要做的，就是通过软件、硬件、组织、业务、金融等多种能力，让成千上万个经历了优胜劣汰的"强者"变得更强，进而相互协作，形成新的"生命体"，逐步登上世界的舞台，赢取全球的胜利。

媒体普遍认为，至少在快时尚领域，SHEIN将第二种思路的成果体现得淋漓尽致，其利用中国供应链的生产力优势，为全球消费者提供高性价比的服装类产品。而包括产品上新速度快、产品品类多、价格相对低廉等等优势，也都建立在供应链的有效组织之上。

我们综合了各方信息后发现：相比品牌的建立、流量的良性经营，供应链的数字化组织则更加考验企业的"长期主义"价值观。

根据报道，2014年，SHEIN开始着手供应链建设后将产能转移至广东番禺，并在佛山设立物流中心。目前，SHEIN的设计、打版、生产、入库等供应链各环节均聚集于广东，且在招募新供应商时，也优先考虑珠三角地区的工厂。这些措施大幅缩短了产品交付周期，降低了成本，提高了各部门之间的协同效率。

通常来说，原材料的备货情况是制约生产周期的重要因素之一。SHEIN为保障爆款产品在返单时不受其影响，前瞻性地自建了独家服务的线上B2B供应商平台淘料网，并优选对市场敏感度高、货品充足的工贸一体供应商，截至2020年2月，淘料网已有300多家现货供应商。

在稳定的供应链支持下，SHEIN面料年购量达16亿米以上，采购金额超过50亿元。同时，丰富的面料供应商资源也保障了产品的多样性，SHEIN每日上新数量约为3000款，周上新量约为ZARA的30倍，而ZARA非每日上新（每周上新至少2次）。

由于任何机构都没有展示过SHEIN的供应链系统界面截图，并且没有作为供应链其中一环去参与生产，所以当前无论媒体报道还是机构研报，都在反复讲述SHEIN一套神奇的MES（Manufacturing Execution System，生产管理执行系统）。而根据常识判断，SHEIN要连接设计师、面料供应商、生产工厂、仓储物流、前端用户，实现每天推出约3000款新品，没有一套强悍的数字化系统是不可能实现的。

就像媒体描述的那样，"以全程数字化为核心竞争力做数字化转型，集商品设计、仓储供应链、互联网研发、数字化建设及线上运营为一体。目前SHEIN已经开发出一套难以被复制的复杂供应链信息系统，其特点是针对不同的供应链环节建立不同的信息系统，通过持续大量的AB测试，根据数据反馈迅速调整投放策略，进而调整设计、生产、物流、库存策略"。

综合各方信息，表3-12总结了SHEIN的供应链管理特征。

表3-12　SHEIN的供应链管理特征

节点	特征	SHEIN的做法	意义&原因
面料	标准化程度较高，研发成本巨大。	基本没有涉足，主要以厂商合作为主。但自建了独家服务的线上B2B供应商平台淘料网以满足供应链需求。	快时尚的精神消费性质接近文创领域。如果一本书的内容足够精彩，似乎也不必过分在意纸张的质量，一家出版社或许没有必要自己控股一家造纸厂。
设计	较难标准化、较难实现规模效应与快速响应。设计师团队往往难以管理。	SHEIN把设计环节牢牢控制在自己手里。SHEIN为设计师提供IT系统。这套系统包括两个子系统，一是情报收集系统，二是设计辅助系统。SHEIN的情报收集系统，充分利用Google Trends Finder和网页爬虫工具，实时掌握新兴趋势和竞品的所有新上商品。而设计辅助系统，则把设计师的设计工作线上SaaS化，SHEIN的设计师，是在一个公司已经框定好的范围内在线作画，这一框定的范围，可能包括面料、辅料等，甚至可能包括图案。	SHEIN在设计环节的生产模式类似于工业流水线，从而大幅降低对设计师的要求。多数公司还处于18世纪手艺人的阶段，而SHEIN已经进入了工业时代。

续表

节点	特征	SHEIN的做法	意义&原因
生产	小作坊天然就是柔性供应链，但存在很多问题，无法形成规模。 第一，小作坊的经营十分不稳定，随时可能会倒闭，这也影响到供应链本身的稳定性； 第二，对小作坊进行规模化管理的管理成本非常高，管理本身是一件负规模效应的事； 第三，小作坊与品牌之间仍存在固定的每单交易成本（业务、采购、核价、跟单等环节人员的工资和打样、邮寄等费用），对于低客单价的快时尚服饰，每单的收入可能无法覆盖交易成本，越频繁的交易亏得越多。	为了解决小作坊经营不稳定的问题，SHEIN把账期做到行业内最短，SHEIN还会扶持自己的工厂，甚至借钱给其买设备，开厂房。这不单解决了资金问题，也改变了行业一贯的价值观。 为了解决管理效率问题，SHEIN通过上述方式获得了一批死忠供应商，对SHEIN依存度高，便于管理。此外地理位置和IT系统，决定了信息传输的效率和透明度。在地理位置上，SHEIN把自己的办公室设在了小作坊们的中心，实现了管理效率的提升。关于软件系统，SHEIN在招聘启事中是这样描述MES系统开发人员的职责："利用我司与合作制衣厂开发的MES系统作为工具，帮助我司生产部门向制衣厂输出管理流程、规则和理念。"此外，SHEIN跟单员的职责也包括"教导供应商使用供应商操作平台，深入参与我司运营管理。" 还有传闻SHEIN通过其系统直接给各个工厂的工人日结工资。甚至多工厂通过SHEIN的系统进行指纹或人脸识别的上下班打卡，计算工时与工件产出，SHEIN的IT系统的效用可见一斑。 为了解决每单收入无法覆盖交易成本的问题，一方面，SHEIN通过选址，降低了寄样、跟单、质检等一系列需要依赖物理实体的成本，另一方面，对于不需要物理实体的部分，SHEIN直接进行彻底的线上化。原本"哪个订单由哪家供应商生产"是由采购员决定，这样不仅效率低，还容易产生腐败问题。SHEIN的做法是，把分单这一过程完全Uber化，订单发布之后，平台自动派单或供应商在线抢单，一切都是由算法决定，因此这一过程的交易成本可以近乎降为0。	面对中国土生土长的小作坊，SHEIN并没有将其抛弃，另起炉灶。而是充分利用其柔性的优势，通过信息化改造的方式，克服了小作坊的缺点。同时极大程度地发挥了优势，并且容错率极高，在一定程度上打造了另一个路径的柔性供应链典范。
仓储物流	海外仓一般有两种用处，一是作为退货仓，二是作为备货仓。 服装，尤其是快时尚行业的退货率很高，可能高达20%~25%。建立退货仓之后，退回来的商品，经过二次熨烫、换包装、消毒等整备操作后，可以二次销售，从而降低货损成本。	SHEIN的海外仓主要是作为退货仓，而不是备货仓，通过万国邮联协议下的服务，一般在7~14天可以到货签收。 在美国，49美元以上的订单免运费，同时用户可以在30天内免费退货。宽松的退货条件，反过来又使得消费者愿意一次性购买更多件，提高了客单价。目前，SHEIN的平均客单价已经接近100美元，在中东等地区甚至超过150美元。 一般而言，商家会把物流成本维持在商品价格的20%左右，在高客单价的情况下，SHEIN的物流选择会更加从容，这会为整条供应链赢取更大的弹性。	由于关税和邮联"终端费"等原因，SHEIN的发货成本远低于商品价格的20%，从而可以实现亲民的价格定位。 海外仓让SHEIN敢于让消费者退货，退货条件的宽松提高了SHEIN的客单价，高客单价让SHEIN进一步降低物流成本。 各个利益点环环相扣，形成了正向激励。

资料来源：网络。

对于快消品行业，媒体认为，一般品牌的商业逻辑是"预测"后"找交集"，企业按照自己对市场的预测去做商品开发，开发的货品跟当年所有流行畅销款的交集部分，就是利润部分，交集之外就是库存和成本。而SHEIN和ZARA的逻辑，不是"找交集"，而是全体覆盖。

如图3-9所示，快时尚行业存在一个"三角模型"，低成本的大量快速上新是第一个角，极高的性价比是第二个角，高周转低库存是第三个角。大量快速上新意味着高投入，高性价比又意味着低毛利，在高投入低毛利的情况下，如果企业要赚钱，就必须有很高的效率且保持低水平的库存积压。

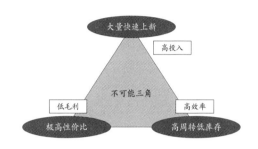

图3-9 快时尚行业三角模型

资料来源：《SHEIN及其背后的服装柔性供应链》，42章经

在中国，有很多品牌构建了前面两个角，因为"更新更美的款式＋极高的性价比"对消费者具有极强的吸引力，这被屡次证明，所以所有品牌都在追求这两个角，销量很容易起飞，但因为第三个角无法实现，品牌很快会陷入库存泥潭。SHEIN真正的成功在于其多年以来形成的供应链组织能力，构建了"第三个角"，从而具备了盈利能力。

还有什么秘密

任何商业上的成功，绝不是因为做对了所有"正确的事"。而"时势"是商业成功不可或缺的重要因素。

回望跨境电商以及SHEIN的发展历程，国家政策、宏观经济环境，乃至全球贸易政策与美国大选及政策导向，都在关键节点帮助SHEIN获得了更大的成长空间。

　　一个广为媒体报道的事实是，2016年，时任美国总统奥巴马签署法案，将美国国民海外进口物品的免税额从原来的200美元提高至800美元，该法案于2016年3月10日起正式生效，拉开了国内出口跨境电商的腾飞序幕。而2018年，随着世界上中美两大经济体之间的贸易关系不断恶化，一方面，作为对美国新一轮关税的回应，中国全面加大扶持出口型企业的政策支持力度，几乎免除了直接面向消费者的公司的出口税。另一方面，由于美国政府贸易战主要针对B2B领域，而非服装品类，因此从事B2C小额货物的SHEIN获得了较大的税收优势。据媒体报道："根据现行规定，SHEIN一件典型的纯棉T恤可免除16.5%的进口关税和7.5%的中国税收，这带来了价格上24%的天然优势。"

　　也正因如此，美国纺织业正在积极游说拜登总统降低免税进口的800美元门槛。此外，面对不同的种族与文化，以及相对敏感的地缘政治因素，SHEIN部分产品的设计、图样、采用的材料等等，在很多国家都面临一定风险。

　　不难看出，SHEIN的成功是时代的机遇，但面对同样的机遇，也唯有SHEIN等极少数企业做出了基于长期价值的战略选择，虽然其中过程并非一帆风顺。基于长期价值的战略选择既需要团队的极大专注力，也需要巨额资金的支持，以及有效识别什么是"值得长期坚持的正确的事"。虽然SHEIN当前面临外贸政策变化带来的巨大风险，但有一点我们可以肯定，SHEIN在营销与供应链两条路径上的数字化，在出口跨境电商的舞台上展现了中国企业的独特优势。SHEIN及其背后的中国产业集群，借助时代机遇与技术进步的巨大红利，进行了堪称典范的全球化扩张。这在很多知名品牌之外，为中国企业走向世界提供了又一个可以借鉴的典型样本。

教授点评

朱阳

长江商学院运营管理教授

在超过20个国家的购物类APP做到下载量第一，2015—2020年的复合年均增长率高达189%，SHEIN这个快时尚品牌在VUCA时代同时做到了"快""时尚"和"品牌力"，引起了商界和学界对其公司模式的广泛关注。

供应链如何能快？品牌如何深入人心？流量应该怎么管理？成本应该怎么控制？数字化的控制又该如何实现？SHEIN高速成长的底层逻辑到底在哪里？

通过本案例，我们讨论了几个方面的问题，一是企业在长期价值和短期利益之间的选择以及如何通过数字化实现长期价值；二是企业如何通过重视和改造供应链实现价格、产能、库存、品类和时效之间的理想平衡，同时结合学习迭代做到定位、品牌、产品、营销和供应链之间的协调；三是出口跨境电商，特别是服装类电商，所面临的政策法规类风险和机遇。

研究员说

王小龙

长江商学院案例中心高级研究员

　　SHEIN的崛起，让人们对"长期主义"产生了深刻的印象。其全面细致、品牌至上的营销策略和需要长期投入的供应链数字化建设，都要归结于创业团队有着不同于环境，但又符合底层逻辑的价值观。

　　什么是值得长期投入的事？什么又是所谓"难而正确的事"？创业者在很多时候都存在着这样的困惑，在困惑中他们不断面对挑战，很多时候置身绝境才如梦方醒……

　　本篇案例表明，也许唯有在时代的呼唤下坚持价值创造的原则以及对"势、道、术"的全面把握，融会贯通，团队才能更快破局。以此为基础，在这个风云变幻的时代，长期的坚持必然收获机会与价值。

蔚来汽车：能否创造自己的"蔚来"时代

2021年对于新能源汽车行业来讲注定是一个繁荣之年。在汽车行业总体表现平淡的大背景之下，新能源汽车行业却实现了高速增长。

根据中汽协的统计数据，2021年中国汽车总销量为2627.5万辆，同比增长3.8%。其中，新能源汽车销量为340万辆，同比增长超过150%，大大高于行业平均增速。预计这一趋势在今后几年还将继续保持。

作为造车新势力代表的蔚来汽车表现也可谓亮眼。2021年11月，蔚来交付了10878辆汽车。2021年1—11月累计交付80940辆，距离年交付10万辆的小目标已相差不远。而且，表现出色的并非仅蔚来一家。小鹏汽车在2021年第三季度的交付量达到2.52万辆，同比增长199.2%，创下公司季度新高。理想汽车季度交付量达到2.57万辆，也创下了公司季度新高。三家造车新势力的成绩都相当优秀，新能源汽车的市场竞争也变得日益激烈。

对于蔚来以及中国的新能源汽车产业来讲，不断提升的销量以及不断扩大的规模意味着一个崭新的新能源汽车时代的到来。

新能源汽车受到公众及资本市场的追捧由来已久。2018年9月12日，成立四年的蔚来在美国纽交所成功挂牌上市，成为继特斯拉之后第二家在美国挂牌上市的纯电动汽车制造商。2021年初，蔚来汽车的股价一度接近70美元，市值超过千亿美元，超越了福特、本田、法拉利等众多汽车行业传统巨头，高居全球汽车企业市值排行榜第五位。

作为汽车行业的后起之秀，蔚来汽车凭什么能够后来居上，超越大量传统汽车领域的前辈，成为造车新势力的代表？蔚来下一步的发展战略是什么，它会成为中国的特斯拉，还是创造一个真正属于自己的"蔚来"时代？

蔚来简史

创立于2014年11月的蔚来汽车是中国较早从事新能源电动汽车研发、生产及销售的造车企业之一。

蔚来进入新能源汽车行业的方式很"互联网思维"。成立之初的蔚来并没有像大多数传统车企一样首先进行产品的研发或是销售网络建设，而是在第一时间成立了FE电动汽车赛车队，积极参加国际汽联的电动方程式世界锦标赛。

蔚来TCR车队顺利拿下2014—2015赛季的车手总冠军，成为首个在国际汽联赛事中赢得车手总冠军的中国车队，在还没有一辆量产车的情况下就打响了蔚来汽车的知名度。随后，蔚来在中国成立总公司，并在全球各地设立分支机构。2016年11月，蔚来在伦敦发布了英文品牌"NIO"，同时正式推出超跑车型EP9。2017年，EP9在4个国际知名赛道创造了电动汽车最快圈速纪录，赢下了全球最快电动汽车的宝座。2017年4月，蔚来正式发布首款量产车型ES8。2018年9月，蔚来成功在纽交所挂牌上市，募集资金约10亿美元。

根据蔚来汽车发布的年度报告，截至2020年底，蔚来汽车共有正式员工7763名，在上海、北京、香港，以及美国硅谷、德国慕尼黑、英国伦敦等全球几十个城市设立了研发、设计及商务推广机构，初步形成了全球协同的业务体系。

资深的股东及管理团队

蔚来的创始人兼董事长是在国内被称为"出行教父"的李斌，他同时也是美股上市公司易车网的董事会主席。从2014年开始，李斌以易车网为核心，出资4亿美元密集投资了30余家汽车相关企业，涉及汽车媒体、汽车电商、汽车制造、汽车金融、移动出行以及汽车周边服务等众多与出行相关的领域。

蔚来的股东既包括高瓴、红杉这样的财务投资者，也包括百度、腾讯这样的战略投资者。对于战略投资者而言，投资蔚来可以获得多重收益。例如，百度投资蔚来的目的之一就是和蔚来一起发展无人驾驶技术。通过入股蔚来汽车，百度就可以在无人驾驶技术领域与蔚来汽车结盟，实现双方共赢。

蔚来的核心管理团队十分豪华。虽然蔚来是一家年轻的汽车企业，但其核心管理层却大都是汽车行业的资深人士，其中包括特斯拉、宝马、大众、通用、广汽等国内外知名汽车企业的前高管。例如蔚来汽车的现任总裁秦力洪就曾经担任奇瑞汽车销售公司的副总经理，拥有十余年中国汽车市场品牌传播及销售经验，目前主要负责的是蔚来汽车中国区市场的营销。副总裁沈峰曾经担任沃尔沃旗下Polestar品牌的全球首席技术官（CTO），负责Polestar的研发、采购、生产制造、质量、供应链管理和IT等方面的工作。沈峰还担任过沃尔沃汽车集团亚太区研发副总裁、沃尔沃汽车（中国）研发公司总裁和中瑞交通安全研究中心理事长等职务。目前沈峰在蔚来汽车主要负责蔚来汽车的产品质量管理工作。

借助众多重量级股东的影响力以及资深管理团队的专业能力，蔚来不仅建立了健康生长的生态圈，而且迅速形成了自身的核心竞争力，在短短几年时间里就实现了从设计到样车再到量产的跨越。

率先量产，领跑造车新势力

国内外汽车行业的新老玩家都对新能源汽车投入了极大的关注。但在众多的造车新势力中，蔚来率先实现了电动汽车的量产及交付。

在2018年4月底的北京车展上，造车新势力首次集体亮相。蔚来、小鹏、理想、威马、奇点、云度、汉腾、拜腾、前途、爱驰等新能源汽车厂商都展出了自己的汽车产品。据不完全统计，截至2021年底，在工信部注册的造车新势力已经达到近百家。虽然造车新势力众多，但是真正实现量产交付的汽车企业却并不多。在众多造车新势力仍处于"PPT造车"的阶段时，蔚来已经率先实现了量产交付。

在产品策略的选择上，蔚来的第一款产品超级跑车EP9于2016年11月上市，售价高达每辆148万美元。但这一款跑车并未进入公开市场销售，而是以限量款的方式向特定客户出售。其中就包括马化腾、刘强东、雷军、李斌、张磊、李想等创始股东或投资人。通过这款汽车带起的话题营销，蔚来初步打造了高端中国新能源汽车的品牌形象。随后，蔚来的首款量产车型ES8在2017年12月上市，终端售价为44.8万元到54.8万元人民币，瞄准的是中高端的大型SUV市场，取得了较好的市场反响。

蔚来通过ES8这款车证明其已具备量产汽车的能力。之后，蔚来按规划陆续推出了几款定位低于ES8的亲民车型，如中型SUVES6、轿车ET7，产品线得到了进一步丰富。

中国造车新势力第一股

2018年8月13日，蔚来向美国证券交易委员会提交IPO文件，申请在纽交所上市。计划融资18亿美元，股票代码为NIO。根据招股说明书，当时的股东主要包括李斌、腾讯、高瓴等个人或组织。8月28日，蔚来又提交了更新版的IPO招股书，募集资金下调为最高15.18亿美元。募集的资金主要用于研发、销售、营销以及建设蔚来中心等。

2018年9月12日，蔚来正式在纽交所挂牌上市，成为继阿里巴巴和爱奇艺之后，在美国融资金额第三大的中国上市公司。但蔚来上市的开盘价仅为6美元，总市值不足100亿美元。上市之后的蔚来发展道路仍然充满不确定性，许多外国投资者及媒体都对蔚来汽车的发展表示悲观。例如彭博社分析师就认为蔚来汽车风险极大，彭博社还发表了一篇标题为《可悲，中国版特斯拉NIO可能已经透支额外资金》的文章，表达了对蔚来汽车的不信任。公开市场上，蔚来的股票也几乎无人问津，其股价在2019年年中甚至跌到了每股1.19美元的低点。

但到了2020年，随着全球新能源汽车市场的启动，蔚来也开启了长牛模式。蔚来股价一路上涨，市值一度超越1000亿美元，开始成为资本市场上耀眼的明星。

蔚来生存竞争的"三板斧"

在新能源汽车的江湖中，闪亮的高光时刻与危机从始至终都纠缠在一起。从诞生的第一天开始，蔚来就面对着众多的质疑甚至否定。其发展道路也充满了各种坎坷，无数次滑落到生死存亡的边缘。然而，蔚来最终成功地生存下来，并且逐渐成为全球新能源汽车行业的重要玩家。

蔚来究竟采取了哪些措施走出了属于自己的发展之路呢？分析蔚来的成长历程，笔者发现其在生产方式、产品定位、品牌宣传、销售模式、客户服务等方面都有自己的创新。正是这一系列创新构成了蔚来的核心竞争力，为其发展带来了持久的动力。

代工生产降低成本

蔚来汽车的第一项创新体现在其产品的生产模式上。传统的汽车生产是典型的重资产运营模式，工厂建设所需要的土地、厂房、设备等都需要大量的资金及人力投入。对于像蔚来汽车这样的初创企业而言，这无疑是很难承受的。

而与此同时，中国的燃油车市场已经处于基本饱和甚至供过于求的状态，许多汽车制造企业的生产线产能闲置。看到这一有利时机，蔚来选择了轻资产的代工生产模式——由江淮汽车代工生产蔚来汽车。但区别于一般的代工生产模式，蔚来的代工生产是一种深度介入式的合作生产。这主要表现在两个方面：一方面，虽然汽车生产厂房、设备、流水线、人员都属于江淮汽车，但蔚来会提出一整套的汽车生产、品控及检验标准，从而保证蔚来汽车最终产品的质量；另一方面，对于属于新能源汽车特有的一些部件及生产工艺，蔚来与江淮汽车一起进行研发及测试，从而保证汽车生产的顺利进行。

依靠这种代工生产模式，蔚来汽车迅速提升了自身产品的产能。2021年4月7日，第10万辆量产蔚来汽车正式下线。从2018年5月27日第一辆量产车型ES8下线开始计算，蔚来生产10万辆汽车总共用了35个月，创下中国高端SUV细分市场的最快纪录。

随着蔚来汽车销量的不断提升，市场上关于蔚来是否会自建生产基地的声音越来越响，甚至蔚来汽车自己也传出了在上海自建工厂的计划。但就在2019年，蔚来宣布暂时停止自建工厂，和江淮汽车继续合作。2020年底在海南举行的一次蔚来汽车试驾活动中，蔚来汽车联合创始人秦力洪也表示蔚来汽车暂时并没有自建工厂的必要。看来至少在短期内，蔚来汽车的代工之路还是要坚定不移地走下去了。

高度"智能"提升形象

从产品研发之初，蔚来就将自己的产品定义为真正的"智能"汽车。在纯电动的基础上，蔚来主要依靠"NOMI＋自动驾驶"提升自身的科技含量，增加对用户的吸引力。

蔚来的NOMI是全球首个真正投入使用的车载智能操作系统。基于车载本地计算能力和联网的云计算平台，NOMI可以用语音或触控的方式与用户实现人车交互，通过持续记录并学习用户的操作和使用习惯，NOMI可以根据不同场景满足不同用户的个性化需求。例如，车上的用户可以使用自然语言实现打电话、控制车上的各种设备，包括导航、控制空调、开关窗户、调整座椅、操作媒体播放器等众多功能。

根据公开媒体报道，虽然NOMI系统偶尔会出现操作故障，但用户对其的总体评价较高。而且蔚来也对NOMI系统进行着持续的迭代更新，试图获取更好的用户体验，形成自己的核心竞争力。

自动驾驶被认为是下一代汽车的标配，同样也是蔚来产品研发的另一个重点。按照底层传感器硬件系统的不同，目前的自动驾驶技术大致可以分为两种路线：基于激光雷达的自动驾驶系统和基于摄像头的自动驾驶系统。两条路线的代表厂商如华为和特斯拉都坚信自己的选择代表了未来的发展方向。

从技术及成本等角度综合考虑，这两种技术路线其实各有优缺点，目前还很难断定谁会最终胜出。为了不犯关键性的技术路线错误，蔚来采取了颇为讨巧的"两面下注"策略。在底层的传感系统构成上，NIO Aquila蔚来超感系统包括11个800万像素高清摄像头、1个高精度激光雷达、5个毫米波雷达和12个超声波雷达。不论是传感器的种类还是数量，蔚来都远远超过特斯拉、小鹏等国内外竞争对手。

在车载计算平台的搭建上，蔚来同样不遗余力。ET7的计算平台NIO Adam采用4颗英伟达新一代Orin芯片，包括主控1/主控2/冗余备份/群体智能与个性训练，算力达到1016TOPS[1]，同样是大幅度领先于竞争对手。

蔚来能够采取这种策略的重要原因在于其产品的中高端定位。由于产品的价格较高，蔚来汽车负担得起更高的软硬件成本，依靠更高的成本付出换取更好的性能表现。

---

[1] Tera Operations Per Second的缩写，处理器运算能力单位。——编者注

贴身服务创造体验

中国的造车新势力十分强调自身的"互联网企业"属性，重视产品的用户体验。作为造车新势力的重要代表，蔚来也不例外。

在销售服务体系的搭建上，与传统汽车企业大多采用经销商体系不同，蔚来采取的是类似于特斯拉的"线下体验店＋线上直营"的自营直销模式。对蔚来产品感兴趣的消费者主要从蔚来官网或手机客户端等官方渠道获取相关产品的配置、服务、价格等信息。在对产品信息有了一定了解之后，消费者还可以到线下的体验店进行更深入地了解或预约试驾。决定购买之后，消费者可以自由选择车辆配置、申请相应的金融服务，在线完成整个购买流程。在传统的经销商体系中，车辆交付基本意味着生产厂商责任的终结，后续的服务则由经销商完成。但在蔚来的体系中，消费者仍然可以从蔚来获得保养、充换电、参加会员活动等一系列服务。通过"线下体验＋线上购买"的销售体系，蔚来拿掉了经销商这一中间环节，不但节约了相应的代理成本，而且更重要的是建立起了和消费者直接沟通的渠道，能够迅速地获取消费者和市场的反馈。

李斌将蔚来定位为一家"用户企业"。他不止一次在不同的场合表示："蔚来的商业模式是建立在极致的用户体验上。"蔚来在车主服务及体验的建设方面投入了极高的成本。一是蔚来投入巨资在全国各大城市的核心地带建设了大量的蔚来中心——NIO House。NIO House不仅是展示或体验蔚来产品的场所，也是面向蔚来车主举办讲座、论坛、儿童生日会等各种活动的场所。蔚来车主也可以预定NIO House里的会议室、放映厅等各种设施。截至2022年7月，蔚来中国NIO House的数量已经达到387个，基本覆盖了全国主要的一、二线城市。二是为了解除电动车主常见的充电焦虑，蔚来投入巨资建设专属的电能服务网络。截至2021

年6月，蔚来已经在全国建设了260多座换电站、180余座超充站、300多座目的地充电站。这些充换电设施大都以免费或折扣价的方式供蔚来车主使用。三是蔚来经常举办大型车主活动以提升用户对蔚来的品牌认同。2017年底，蔚来举办了第一届NIO Day活动，为此直接支出超过8000万人民币，其中包括5000名车主的差旅费用、五星级酒店住宿费用、在五棵松体育馆举办大型演出的费用等。

蔚来创造了汽车主机厂直接触达最终用户的俱乐部模式，将品牌渗透到用户生活的方方面面。蔚来不仅将自己定义为一家汽车生产商，同时也是一个生活社区、一个玩家俱乐部。必须承认，在用户体验和认同的培养上，蔚来在众多新老汽车企业中表现得极为突出。许多蔚来车主将蔚来视为"自家"的企业，主动在线上线下各个场合为蔚来做宣传，甚至还发生过蔚来车主自掏腰包帮蔚来卖车、做广告的"离奇"事件。

"蔚来"会到来吗

进入2021年，蔚来每月新车交付都超过5000辆。同时，蔚来在资本市场上也受到追捧，2021年初的市值一度超过千亿美元，相比一年之前翻了十几倍。现在的蔚来已经度过了自己的危机时刻，成为汽车行业一颗耀眼的明星。尽管如此，汽车行业内外及资本市场对蔚来等造车新势力的发展前景仍然存在巨大的分歧。

蔚来面临的内部挑战主要来自公司能否在短期内通过产量的提升和成本的压缩实现经营层面的盈利；外部挑战则来自国内外众多汽车企业带来的市场竞争压力。面对这些内外部挑战，蔚来能否形成并保持自己的品牌溢价、比较优势并逐渐向大众汽车市场开拓？

何时实现盈利

根据公开发布的财务报告，蔚来2020年总营收为162.6亿元，同比增长

107.8%。其中第四季度实现营收66.4亿元，同比增长133.2%，环比增长46.7%。

虽然蔚来的营收实现了大幅度增长，但却一直没有实现盈利。2020年，蔚来全年净亏损53.0亿元。其中第四季度净亏损为13.89亿元，与2019年同期相比收窄51.5%，但与第三季度相比则增加了32.6%。2016年到2019年间，蔚来净亏损分别为25.7亿元、50.2亿元、96.4亿元、113.0亿元。从2016年到2020年的5年时间里已经累计亏损338.3亿元。

现在的蔚来是资本市场的宠儿。通过发行可转债，获取银行贷款、政府投资及补助等方式，蔚来获得了大笔现金收入。截至2020年底，蔚来现金储备已达到424.5亿元，总资产546.4亿元，总负债227.8亿元。因此虽然蔚来的亏损很严重，但公司的现金流状况却比较健康，并没有影响公司的发展。

不论是股权投资者、银行还是地方政府，其投入的资金及其他资源都是要求回报的。虽然一定时间的亏损可以容忍，但是过长时间的等待必然是无法接受的。如何在营收增长的基础上尽快实现经营层面的盈利对于蔚来而言是一个必须尽快解决的问题。

竞争优势可持续吗

新能源汽车行业不仅存在着许多传统的汽车行业玩家，而且吸引了众多的造车新势力跨界加入竞争。虽然行业赛道前景光明，但在激烈的行业竞争之下，最终能够生存下来的必然只有少数几家最有竞争力的企业。那么，蔚来是否具备这样的核心能力，能够在这场激烈的市场竞争中最终取胜呢？

迄今为止，蔚来在市场竞争中最突出的优势是其服务体验。蔚来为客户提供的贴身管家服务极大地提升了客户的用户体验，进而提升了用户的品牌忠诚度。经常有蔚来的铁粉自发地帮蔚来宣传其服务是多么优质与快捷。然而天下没有免费的午餐，蔚来的高品质服务是建立在极高的成本投入上的。一线城市黄金地段的蔚来中心一年的租金成本高达数千万元，总体运营成本更是近亿元。与此同时，蔚来车主的数量却随着汽车销量的上升不断增加，其服务体验必然被不断稀释。重资产的服务体系不可能无休止地建设下去，保证服务质量与尽量控制成本支出已经成为蔚来的一个两难选择。铁粉资源挖掘殆尽之后蔚来是否还能维持住自己的品牌形象与口碑？

从技术角度分析，作为一家新兴的汽车企业，蔚来在汽车技术方面并没有太多的沉淀与积累。其汽车硬件生产完全外包给合作厂商，核心部件如电机、电池等也都来自外购。蔚来自身的研发主要集中在智能汽车的控制与交互系统、自动驾驶等领域。为了在这些领域取得竞争优势，蔚来投入巨资建设自己的研发团队，同时也借助对外收购来增强自己的相关实力。从结果来看，蔚来的软件系统较好地赢得了用户的认同，但从技术积累角度来看却还没有体现出突出的优势，甚至还出现过多起严重事故。在基础的汽车技术领域，蔚来汽车还需要更多努力与投入来证明自己的实力。

此外，蔚来汽车的产能及供应链管理能力也是外界关注的一个焦点。2021年10月，发展势头良好的蔚来汽车突然遭遇了一次滑铁卢。整个10月仅交付3667辆，环比9月交付量10628辆少了6961辆，下滑幅度高达65%。对于10月交付量的大幅下滑，蔚来汽车总裁秦力洪表示这是由于蔚来汽车的生产工厂进行改建升级。由于改造期间的产能受到影响，所以影响了最终的交付量。

蔚来的解释或许有一定的道理，但也从另一个方面反映了蔚来产能方面的缺陷以及供应链掌控能力的薄弱。要知道，10月可是汽车销售的传统旺季，更是新能源汽车销量快速增长的一个月。比亚迪在2021年10月的单月销售突破10万辆，小鹏、理想，甚至以前默默无名的哪吒汽车都实现了销量大增，单月销售超过了蔚来汽车。选择在这个关键的时间点进行产能升级，蔚来必然有自己的难言之隐。

代工生产的模式帮助蔚来迅速获得了低成本的产能。但随着规模的不断扩大，这种模式是否还适合企业的长远发展恐怕也是蔚来必须深刻思考的一个问题了。

制造更"亲民"的产品?

在蔚来发布的企业战略规划及产品路线图中，蔚来将BBA（奔驰、宝马、奥迪）作为自己的竞争对手。在纯电轿车ET7的发布会上，蔚来也明确表示要对标宝马7系和奔驰S级，甚至还要对标未来的苹果汽车。2021年6月1日，蔚来汽车公布了最新汽车交付成绩单：蔚来汽车2021年5月共交付整车6711辆，同比增长95.3%。截至2021年5月31日，蔚来累计完成交付109514辆。在豪华汽车市场，这已经是一个相当不错的成绩。可以说蔚来已经实现了自己的阶段性目标。

但蔚来真的会永远把自己限制在这个狭小的细分市场里吗？虽然蔚来声称不对标特斯拉，但特斯拉却是蔚来在新能源汽车市场上无论如何也绕不过去的对手。特斯拉最初进入汽车行业也是从豪车市场切入，第一款车Roadster就是一辆超级跑车，直到在豪华车市场站稳脚跟之后才推出Model 3等车型占领大众市场。蔚来迄今为止一直主攻的是豪华SUV市场，市场定位与现在的特斯拉确实有区别。但从实际运作来看，蔚来并不甘于只守住这一细分市场，其最新推出的ET7型轿车已经切入了特斯拉及其他汽车巨头的主战场。几乎可以断定，蔚来与特斯拉及其他汽车巨头之间无可避免地会有一场正面竞争。

就市场竞争格局而言，蔚来目前还不是和特斯拉同一量级的对手。2020年，特斯拉在全球共生产交付了约50万辆电动汽车，其中产量为509737台，交付量为499550台。其中，仅仅在中国市场上特斯拉就卖出了137459辆Model 3，占全球总销量的近三成，是2020年中国新能源汽车销量冠军。

而随着特斯拉中国本地化生产的推进以及销量的稳步提升，特斯拉进一步加大了旗下产品的推广力度。2021年1月1日，上海产特斯拉Model Y正式开售。其中Model Y长续航版起售价为33.99万元人民币，高性能版起售价为36.99万元人民币。国产后的售价比之前下调了十余万元，降幅达到30%。这无疑是投向市场的一颗重磅炸弹，对包括蔚来在内的本土新能源汽车生产企业形成了巨大的压力。

除了中国本土，国际市场也是蔚来的发展目标。蔚来在美国、英国、德国等国家设立了办事处，在挪威奥斯陆设立了蔚来展厅。蔚来旗下的ES8车型也已经获得欧盟整车型式认证（EWVTA），为正式进入欧洲市场做好了准备。蔚来已于2021年宣布进军欧洲市场。

欧美也是新能源汽车的重要市场，其重要性毋庸置疑。但海外市场的竞争更加激烈，而且蔚来在这些市场上没有主场优势。作为造车新势力的蔚来想要在这些市场上打下自己的江山，恐怕还要付出更多的努力。

教授点评

李伟

长江商学院经济学教授
长江商学院案例中心主任
长江商学院中国经济和可持续发展研究中心主任
亚洲与欧洲市场副院长

作为一位后来者，蔚来迅速超越了大量传统汽车领域的前辈，获得了较高水平的估值，沉淀了大批狂热的粉丝，成为造车新势力的佼佼者。新能源汽车行业还在成长期，竞争格局在不断被重塑，蔚来专注细分市场的策略也一直受到挑战。是转型成为中国的特斯拉，还是创造一个真正属于自己的"蔚来"时代？相信蔚来会交出一份令粉丝满意的答卷。

研究员说

祝运海

长江商学院案例中心高级研究员

　　对于蔚来以及中国的新能源汽车产业来讲，不断提升的销量以及不断扩大的规模都意味着一个崭新的新能源汽车时代的到来。作为汽车行业的一位后来者，蔚来汽车凭什么能够后来居上，超越大量传统汽车领域的前辈，成为造车新势力的代表？蔚来下一步的发展战略是什么，它会成为中国的特斯拉吗？蔚来能否创造一个真正属于自己的"蔚来"时代？

第四章

数字化创新

壹号食品：通过"连接"，圆养殖业"千年一梦"

"猪文化"与"猪周期"

养殖业自人类诞生伊始，就与文明的起源和延续息息相关。

"猪"在甲骨文中写作"豕"，形象类似于一只耳大嘴长、身体滚圆、小短尾巴的猪。后又有了"豚"字，《方言八》中记载"猪其子谓之豚"，即猪肚子下面还有一群小猪，日本当前还在沿用"豕"或"豚"字的写法（豚肉、豚骨拉面）。

甲骨文中，"家"字的象形拆解，显然建立在"豕"字之上，即画个圈圈"养豕之"。古人认为，有猪方为家——圈养的生猪能提供食物安全感，畜养生猪便成了定居生活的标志。

数千年延续至今，猪是我国养殖行业中的最大单品。数据显示，长期以来，我国猪肉消费量占世界猪肉消费量接近50%。

与此同时，在CPI指数中，猪肉具有举足轻重的地位。

由于国家统计局并不明确公布CPI篮子中的商品权重，各大机构通过测算，基本得出了猪肉在CPI中的占比为2.3%～2.9%，与"粮食""蔬菜"等包含大量分类的大品类相近。由于其他品类包含单品较为分散，价格加权平均后变化不大，而猪肉的价格波动呈现明显的周期特征，因此猪肉作为单品，对CPI的走势往往具有重要影响。以占比2.5%为例，猪肉价格每上涨1%，CPI环比增长0.025%，例如猪肉价格由10元/斤上涨至15元/斤，则CPI将被抬高1.25%，继而甚至引发宏观货币政策与财政政策的相应调整。反之，猪肉价格的大幅下跌，可以平抑诸多其他商品引发的CPI涨幅。因此，猪肉与生猪养殖是影响国计民生的大事。

　　然而很多年来，生猪养殖受到猪肉价格波动的巨大影响，猪肉供需关系难以预测。包括互联网巨头在内，很多"圈外企业"曾看到猪肉价格高企，纷纷加入养殖。近年来，由于非洲猪瘟和新冠肺炎疫情影响，叠加"猪周期"的价格波动，生猪养殖业不断面临挑战。

"猪周期"折射的农业"千年一梦"

　　"猪周期"是个典型问题，这种发生在身边的"市场显灵"的鲜活案例，往往被作为"经济学第一课"，用来讲述供给与需求、价格弹性等几大基础经济学概念。虽然这些讲述可以用于理解概念，但却难以解决问题。

　　"猪周期"是个世界性难题，曾经人们认为行业集中度提升、推出期货市场，结合养殖技术的飞速发展，可以有效解决周期性的价格波动的问题。华泰证券一份名为《生猪期货之美国视角：理想vs现实》的研究报告显示，2018年美国生猪养殖端5万头存栏以上的大型养殖场存栏占比超过60%，屠宰和猪肉制品两大行业业务规模前三名的公司所占的市场份额都超过了60%，市场集中度较高。同时随着人工授精、分类养殖等技术和模式大量运用，养猪成本大幅降低，效率大幅提高。政府补贴也倾向于推进产业集中化，此外美国还在20世纪60年代推出生猪期货、1996年芝加哥商品交易所（CME）推出瘦肉期货……但数据显示，美国的"猪周期"有愈演愈烈的趋势。华泰证券分析认为：美国在畜牧业规模化之后，生猪行业出现了"价格中枢上移"和"价格振幅加大"的现象，规模企业退出成本大，且在养殖成本更低的情况下对价格下行的容忍度更高。

正如上文所言，"猪周期"事关国计民生，其表面是供需关系的不平衡，背后则是因为养殖业无法像制造业那般"以销定产"。与制造业相比，养殖业在产品滞销时"无法停工"，"库存"成本极高且不断耗损贬值。由于育种、生长的固有周期，根据当年销量去做需要12个月之后才能兑现的"生产计划"，必然大大落后于因为参与方与影响因子过多而无法有效预测的市场变化，最后一定会造成"供大于求"或"供不应求"，由此陷入恶性循环。

例如，2020年7月，生猪批发价格普遍在38元/公斤左右，而2021年7月，这一价格普遍为15元/公斤左右，母猪、仔猪的价格也会相应调整。如果养殖户在2020年7月以当时的价格购入了大量母猪、仔猪，那么不但全年"白干"，还有可能面临巨大亏损。

所以总结起来，"以销定产"是养殖业的期望，可谓"千年一梦"。

数智化时代，养殖业的先行者正在尝试与摸索。

一方面，通过打造品牌，形成差异化竞争优势，将口味、健康、文化传统等"元素"加入猪肉的消费选择中。另一方面，完全掌握"育种—养殖—加工—销售"全产业链，通过数据贯通乃至"跨域"，实现品牌范围内的"以销定产"。

这与制造业希望从"以销定产"过渡到"C2M"可谓殊途同归，最终都是为了实现对市场需求的良好把握，进而实现企业经营的科学与可持续。

而养殖类企业如果可以实现这样的目标，凶悍的"猪周期"将被"驯服"，这种突破将产生巨大的竞争优势，同时由于其产品与生活紧密相关，这种改变将为农户、企业、消费者、社会等参与各方创造巨大的效益。

在上述对于美国生猪养殖的研究中，相关机构也得出了研究结论："随着猪肉价格波动加剧，全产业链企业同时把握整个产业链的生产端和渠道，具有更强的议价能力和抗风险能力。全产业链有助于企业上下游资源整合，提高资源利用率和生产能力，从而占据更为广阔的市场空间。我们认为，由于生猪商品不具备差异化特征，而肉制品具备差异化和品牌化特质，在渠道的带动下，生猪产业链利润后移的现象可能在中国也会重现。"

壹号食品与壹号土猪

作为国内出栏量最高的生猪生态养殖企业，广东壹号食品股份有限公司（以下简称"壹号食品"）成立于2004年，以现代农业的最新观点来看，壹号食品与其他养殖业品牌相比，其供应链组织能力具有典型特征，贯穿了生猪育种、养殖、连锁销售经营的整个链条，同时其产品以"三狠"为宣传口号，即"狠土""狠香""狠安全"，而其核心就是采用"土猪种"，用"土配料"喂食，采用"土方法"养殖，这在我国现代农业中，被称为"生态养殖"。

壹号食品的"土"＋"自养自销"，形成了"生态养殖"这种在我国现代农业中具有代表性的经营模式。20世纪80年代北京大学经济学院本科毕业的陈生，在2004年创办了壹号食品。小他四届的北大中文系学生陆步轩也结缘"猪肉"，但与陈生创办养猪企业不同，其在经历一些职业发展后并不顺利，在菜市场开了个猪肉档口。2003年这一事件被媒体推向风口浪尖，引起社会对"天之骄子做贩夫走卒""文曲星沦为菜场小贩"等相关话题的激烈讨论。2008年，陈生与陆步轩相识，同为北大师兄弟，又都在与猪肉打交道，于是两人决定合作，陈生负责生产和营销，陆步轩喜欢研究则更侧重办屠宰学校，几年过去，壹号食品逐渐具有了更大的影响力。"北大屠夫""北大猪肉佬""北大毕业卖猪肉"等一系列社会热点事件的落脚点便是如今的"壹号食品"与"壹号土猪"。

经过近20年的发展，壹号食品已经成为占有中国市场份额最高的生态养殖企业，产品线也由最初的土猪产品拓展至土鸡、土鸭等禽类产品和水饺等深加工产品。2021年年中，壹号食品的土猪存栏量在百万头左右，是这一领域的绝对第一。

即使与养殖普通肉猪的企业相比，其规模也可以排入TOP10。同时壹号食品的营销网络拓展至北京、深圳、上海等30多个城市，其猪肉产品零售价高出普通猪肉1倍左右，主打绿色健康与更好的口味，年销售额超过25亿元。陈生不仅变成了远近闻名的企业家，也成了家乡的著名"乡贤"，曾出资2亿元为家乡捐建258栋别墅赠予村民。陆步轩则立志要改变这个行业，成为猪肉宗师，以此来"找回曾经给学校丢的脸"。

不过，老话曾言："家财万贯，带毛的不算。"养殖业的复杂与艰辛一言不足以道。20年的时间，"北大猪肉佬"成长为创业明星，这一过程历经非典疫情、乡村土地政策变迁、产业政策淘汰落后产能、环保政策升级、地震洪水等自然灾害、养殖技术巨大变化、食品安全政策升级、世界贸易环境巨变、原材料价格大涨、行业巨头崛起、产业结构变化、非洲猪瘟、新冠肺炎疫情以及三四次明显的"猪周期"导致的价格剧烈波动。陈生在访谈中表示："都说北大毕业为什么来养猪？说实话，价格波动如此剧烈，供应链如此长，价格弹性又复杂，供求关系受多方影响……只有高学历高智商才能养好猪，做好这门产业！"

"穿越猪周期"

在具体生产上，以广东省湛江官湖村为例，目前有60多户农户在养猪，养殖场占地面积有1000多亩，正常情况下每年出栏土猪8万至10万头。壹号食品把当地农民请到养殖基地来上班，根据养殖经验、能力，确定每户的养殖数量。平均5000头猪，壹号食品会配一名技术员，日常由农户作为饲养员进行喂养，在喂养同时巡查猪的状态，如出现生病、死猪现象，需要汇报给技术员来处理，之后技术员会及时地进行现场察看及操作系统更新数据，技术员日常主要工作是巡查、上传下达、解决问题。

在合作方式上，选择加入壹号食品的农户，从种猪开始，包括饲料、疫苗、养殖设备等都由壹号食品提供。这一过程无须付费。农户提供的是劳动力和责任心。壹号食品会在养殖之前，确定兜底收购价格，确保养殖户收入。正常年景下的收购价格随行就市，高于兜底价格（兜底价格可以大致确保一个农户养500头猪，可获得10万元年收入）。如因疾病、体质等非农户责任心问题导致死猪的情况，技术人员会进行判定，壹号食品按兜底价给付。

在土地承包上，目前壹号食品在全国有40多个养殖基地，以广东省湛江官湖村为例，土地在十几年前已经外租，陈生作为本村人，有感于村里集资送自己读大学，因此作为回报，花了更多的价格把土地转租回来，改建猪舍。其他例如壹号食品在广州从化的产业园，则是由政府统一规划，招商引资。此外还有村集体合作模式、农户合作模式等，中国农村各地土地流转情况不同，各种模式较多，对此本案例不过多展开。

陈生认为："养殖业的出路是实现几个人养10万头猪，全面的信息化是现代农业的基础。未来农业想要突破就是所谓'不再有农民'，有的是高科技武装的农业专业人员。"

"大型养殖企业可以在波峰时赚很多钱，以此应对波谷，而普通的养殖户则没有这么幸运，很多时候辛苦一年，每头猪还赔1000多元。"壹号食品创始人陈生表示，"现在普遍是企业＋农户的合作养殖模式，因为周期长，涉及各方人员多，所以决定养多少、什么时候养，说到底都是一种决策。而决策的意思就是综合各方面的信息，在这个基础上去预判价格走势，如果看得到大势，那么你就可以协调生产，同时结合品牌打造，不但可以规避如此剧烈的价格周期性影响，还可以全面提升企业的经营管理水平。"

在这样的思路下，壹号食品早在十余年前就投入数千万元上马了金蝶的ERP系统，这对于本土养殖业而言可谓罕见，一些金蝶的工程师也为陈生所感召，留在了壹号食品继续"农业信息化"的事业。此后壹号食品又不断加码信息化建设，内部建立了大量系统。当前其所养殖的近100万头土猪，每头都有数字编号，通过系统不仅能够随时了解每一头猪的生长状况和疫苗接种情况，还能够了解每一头母猪的怀孕情况、临产情况。

信息化系统不断增多后，相互间数据的互通、及时地传递，成为行业至今难以攻克的难题，对于农业信息化而言也是如此。从某种意义上来说，各个"数据烟囱"或"数据孤岛"面对动态的业务发展需求，"出现得快，融合得慢"，需要一个平台将这些系统产生的数据连接在一起。

与此同时，养殖业的信息化有一大特点，其不像互联网企业或制造业企业，由"白领"或"技术员"在办公室里"稳稳"地操作去录入数据，或通过IOT等技术，扫码、识别、传感……其场景是"田间地头"，是一个个养殖场，要面对"活蹦乱跳""窜来窜去"的动物，这一过程会遇到各种各样的问题。

有记者曾采访壹号食品的一线技术员，问道："每头猪都登记了，是不是扫一下二维码，就能看到各种数据？"技术员瞪大眼睛表示："猪到处跑，你扫啥？没法扫的。这是一串数字，在猪身上挂着牌子。"不难看出，用惯性思维去"跨界"，抱着电脑去整理Excel表格，用手机切换一个个系统，再去填报数据，这不光是"不接地气"，更是完全无法执行的操作。

因此，壹号食品在2016年就开始通过企业微信，将各个系统、数以千计的养殖员和技术员以及数以百万计的土猪连接在了一起，其正在推进的是将数以万计的零售端店员、数以百万计的消费者也都连接在一起……企业微信与微信之间是互通的，基于微信使用习惯，人们很容易接受。

在具体操作中，企业微信起到了"集成"的作用，例如十余年前部署的ERP系统，没有移动版，一线技术员无法及时上传数据，企业微信通过对接API数据，可以实现通过手机进行关键数据录入。又如业务审批，过去需要在PC端审核，现在在企业微信上开通相应管理权限之后，就可以在手机上实时审批。

诸如此类的集成还有很多，企业微信提供开放接口，由企业自行根据需求进行开发，企业微信作为移动办公工具，提供数据流转。壹号食品的一线技术人员通过企业微信可以很方便地操作多个经过集成的企业系统，在这一过程中，企业微信成了"系统高速公路"，但并不掌握数据。

　　集合了各类系统后的企业微信，各种操作都有入口，各种数据看板一应俱全，这就让一线的养殖人员和技术人员，每天都可以非常便捷地录入一线养殖数据。以母猪生育为例，什么时间配种、配种几次，这些数据都通过一线人员的录入，及时地记录下来。在此基础上，根据母猪的孕产周期，系统就可以很准确地预测出今天这个养殖场有多少只母猪产崽，并提前预警，相关的养护就会跟上。每天整个壹号食品新诞生了多少只仔猪也都一清二楚。

　　陈生表示："最近几年我们国家养殖场的设备和技术突飞猛进，引进世界先进成熟的解决方案，效率提升巨大。以自动化程度最高的养鸡为例，机器全自动投喂、全自动打包鸡蛋，1个人可以管理10万只鸡。而养猪还做不到这样的程度，主要是各种系统之间需要数据的集成和传输，我们通过企业微信来做整合，也实现了较好的效果。"

　　但同时，陈生也对目前较为"前卫"的例如猪脸识别技术、人工智能技术乃至其他收费的企业协同软件并不感冒。他认为做企业，尤其是农业养殖业企业，投入产出是一定要算好的，"我提倡投入一分钱产出一分货，而不是投入三分钱获得两分货，何况很多其他选择是投入一元获得两分的回报，我们更多选择对的，而不是贵的"。

　　"我们有很多的信息系统，其中自己的产供销系统肯定是最核心的，我可以实时地了解企业当前到底有多少头母猪、仔猪，有多少头存栏……结合市场上各个方面的数据，我基本可以推算出当前的市场供应量，再加上我们的终端销售情况，以及消费者数据、替代品数据，乃至期货交易数据……养殖企业从来没有能够如此清晰地预测未来。"陈生表示，"我可以一方面在期货市场做套期保值，另一方面在一定程度上有效调节养殖规模，再加上我的品牌形成了自己的价格，所以猪周期对我没有影响，有时候还会帮我赚钱。"

　　壹号食品的高管还进一步表示："单纯的随行就市，不是企业发展的目标。

以销定产的关键一环在于，我们能不能让档口从每天卖1头猪，变成每天卖1.5头？解决销售端的问题才有根本价值，才是企业持续做大的根本。"

"这需要连接C端，所以除了之前说的成本低，免费就能实现系统集成以外，我们目前更看重连接消费者的能力，觉得当前腾讯在这方面有明显的优势，包括企业微信，也有天然的优势。"陈生认为，一线销售员工使用企业微信，可以便捷地组织各种微信群，员工离职了，企业可以自然继承这些客户资源，而不再产生以往用员工个人微信导致的一系列问题。对于壹号食品这种自有品牌、自有档口的企业而言，"私域流量"的运营能够实现销量的倍增。

陈生表示："企业微信很有意思的地方在于，它不仅是一个连接内部的沟通软件，还可以连接企业外部。"微信创始人张小龙也多次在大会上表达过这一思路，并将其作为企业微信的发展方向。

在和企业微信的合作过程中，壹号食品最初是完全自发地去开发和对接企业微信，"因为企业微信很多东西都是开放的，对接非常容易。"相关负责人表示，"后来也和企业微信团队有了联系，一起协同，及时地解决一些问题。"壹号食品获得了企业微信的先发优势，企业微信也协调了人力对其进行支持。

当前壹号食品旗下三大品牌都使用企业微信的相关能力，除了"壹号土猪"和主打零售的"肉联帮"品牌外，其涉及数百万酒店餐厅销售饮料的终端品牌"天地壹号"，也在尝试通过企业微信打造"各方的连接"。陈生认为，"连接"在当前时代有着非凡的意义，连接后各种数据才可能汇聚，人员才可能在高效、简便的基础上完成以前不可能的各种动作，所以不要小看连接的作用，连接看起来简单甚至简陋，但却能解决巨大问题，也正是因为其简单，才有可能在复杂的组织、相对原始的产业中贯彻下去。同时，数据实际上是企业的资产，而基于数据的"连接"也应成为企业的优势和竞争力。

产业互联网之下，每个行业都可以"重新做一遍"

壹号食品在近20年的发展中，不断感受到信息化、数字化带来的效率提升。比如原本企业在2011年的时候，有300多个档口，总部财务人员80名。现在发展到3000个档口，财务人员还是80多名，这都得益于信息化带来的效率提升。

比如，企业内部的及时审批原本是个很大的问题。"一只猪拉到屠宰场，如果一天内没有及时处理，从260斤就降到240斤了，屠宰率是81%，第二天是79%，第三天是77%，4个点的利润就没有了。"陈生表示，"我们通过企业微信，把OA、ERP等系统都整合到了一起，设置一定时间范围没有审批就自动通过到下一级，然后追责问责，审批的效率大幅提升，这对于互联网企业可能习以为常，但对于养殖企业而言，可以获得巨大的效率提升和利润提升。"

当然这一过程绝非一帆风顺，陈生回忆时就表示，数字化绝对是"一把手工程"。在供应链数字化的过程中，"一半人我们被动换掉，另一半人觉得太苦太累主动辞职。而且数字化后，大量经营活动变得透明，原本的利益格局势必会被打破，打个比方，配送费为什么从6.3元涨到了7元？以前可以'蒙'半年，现在一个月都'蒙'不住，这里面门道很多，矛盾很有可能激化到影响企业生死存亡的地步。"

"但竞争和时代的变化，让你必须做数字化。"陈生认为，"以前我们线下2400家商超，要用到1000多人，而现在我们的线上销售，18个人运营，却可以达到1000多人55%的产出。以前我们做各种营销，各种理念倡导，各种活动，上千人折腾一年下来卖十几万箱产品，如今一个小妹几秒钟就卖几千箱。电商直播也是一种连接，背后涉及全面的系统建设，全面的连接。我特别希望打造比如'猪肉妹妹'这样的网红，如果可能，我这样的'老腊肉'也希望成为网红，为壹号土猪带货。"

不难看出，仅仅是通过企业微信，将各个生产人员与生产系统"连接"在一起，便于录入、能及时查看，就能够帮助壹号食品"穿越猪周期"。数字化对于传统产业的改变也许正处在起步阶段带来的"效能集中释放期"。养猪如此，养鱼、养鸡、养鸭，扩展开来，集中在第一产业和第二产业中的各种生产、制造环节，原本行业中因为数据和信息无法及时传递所产生的一系列问题都有可能得以解决，行业的"假设条件"发生了巨大的变化，"行业的运行公式"从输入到运算再到结果，都可以重新推理。因此，"所有产业都值得，也必须重做一遍"。

关于数字经济的定义和范围，大量机构都曾经进行广泛的研究，得出了相应研究框架。（见图4-1）其中产业数字化的部分最为风起云涌，因为其相比以"创新能力"和"现有产业格局"为主要特征的数字产业化部分，更容易被其他企业所学习。在某种意义上，学习壹号食品等企业如何做数字化转型，比学习互联网企业是如何发展的，对大量产业企业而言更具现实意义。

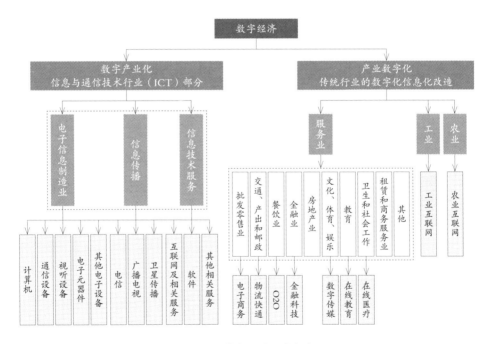

图4-1　数字经济研究框架

资料来源：中国信通院、平安证券

2021年6月，国家统计局发布了《数字经济及其核心产业统计分类（2021）》

（简称《数字经济分类》），这是我国首次明确界定数字经济及相关产业类目。除了相关定义外，《数字经济分类》也是从"数字产业化"和"产业数字化"两个方面，确定了数字经济的基本范围，将其分为数字产品制造业、数字产品服务业、数字技术应用业、数字要素驱动业、数字化效率提升业等5大类。

无论如何分类，产业数字化、数字产业化、政府对数字经济的治理态度，都一直被视为数字经济"三原色"，国家自2021年开始对相关数字经济产业的支持与管制，体现了数字经济在我国的发展已经进入了全新的阶段。

正如壹号食品的陈生所言，越来越多的精彩案例正在不断发生，也在不断演绎着数字经济在中国的创新和神奇。壹号食品除了自身的养殖生产全面信息化之外，一条简单易行的路径已经显现，连接企业内部，连接产业各个环节，连接生产与消费，连接供给与需求，巨大的效率提升与数字洞察，将带来全然不同的新产业与新经济。

教授点评

朱阳

长江商学院运营管理教授

较长的生产养殖周期，难以预测的供需关系，使养殖业无法像制造业那般"以销定产"。供需失调产生的周期性价格波动又是影响国计民生的大事，价格低时意味着广大养殖户们的巨大亏损，价格高时又会推高物价指数甚至引发货币和财政政策的调整。壹号食品一方面掌握育种—养殖—加工—销售的全产业链，另一方面通过打造基于口味、健康、传统的品牌，力图通过数字化管理实现品牌范围内的"以销定产"。

使用企业微信，连接各个信息化系统，给一线数以万计的养殖业人员提供统一入口、统一看板。这看似简单，但如果你置身在"活物"的海洋中，闻着泥土的芳香和各种混合在一起的生命的味道，也许就能切身体会到这种最接地气的"闭环"的价值。

通过本案例，我们讨论了传统企业如何从采集和连接入手，通过数智化实现降本增效。通过连接企业内部，连接产业各个环节，连接生产与消费，产生数据洞察，第一产业和第二产业在数字化时代有巨大的提升机会。

研究员说

王小龙

长江商学院案例中心高级研究员

壹号食品通过品牌＋全产业链＋信息化，在一定程度上解决了猪肉价格波动的问题，这具有代表性，但还不够普遍。不过其在养殖业中用"简单"的方法实现信息化、数智化的操作，这具有典型意义，因此成了我们案例的主角。同时其通过信息的全面捕捉与获取，不断逼近"以销定产"，这既是经营者的意识与观念的反映，也是我国"产业互联网转型"的真实写照和有益实践。

在对这个案例的仔细品读中，我们不禁产生好奇，养殖业、种植业，怎么能够像工业、制造业那样，合理有效地安排生产？除了供销平衡，是否还有其他好处？后续我们将有一些案例，展示这一领域颇多让人顿悟的新尝试与新思路。

Stitch Fix：让AI带上温度，将算法结合时尚

从最初旧金山的一间小办公室和5名员工到销售额超过21亿美元，拥有近420万活跃客户的服装零售业新锐，Stitch Fix和它的创始人卡特里娜·雷克（Katrina Lake）仅用了10年的时间便做到了这一切。而令公司突飞猛进、开拓引领的原动力，正是公司创始人改变零售业购物方式的愿景、对消费者购物体验的重视，以及最重要的：将顾客、商品及运营管理全面数字化而产生的高效管理能力。

Stitch Fix 的创立和发展

服装零售业面临的痛点：当前主流的两种经营方式各有优劣

设想一个场景：今天你打算更新一下衣橱。那么，你能有哪些选择呢？

首先，你可以选择传统的购物方式——走出家门，来到繁华的商业区，探索人潮熙熙攘攘的百货公司、商品琳琅满目的品牌专卖店，乃至大隐于市、鲜为人知却可能藏有逸品的手工制衣铺。线下购物能让你和商品进行亲密的零距离接触：看到衣服的颜色和款式，触摸到衣服的面料，可以在试衣间里试穿，如果感到满意还可以选择结账之后马上把心爱的衣服带回家。

或者你也可以选择冲一杯咖啡，然后挑一个舒服的姿势打开电脑。电商时代的便利能让你在家点点鼠标，便能挑选衣物；下单之后，只需等待数日，快递盒子就能到达你家门口。

然而，这两种方式也都有其不便之处。上街购物必须为往返留足时间预算，为了做出尽可能完备的比较，你可能需要辗转好几家商店，却仍然不一定能找到中意的那一件。而网上购物时，你也可能会在电商网站搜索引擎给出的50多个推荐页面前不可避免地产生选择困难，而手头可供决策的情报基本只有各种过度美化的卖家秀图片。几天之后，打开快递盒子的你面对家中的穿衣镜，却尴尬地发现牛仔裤其实不适合你的腰线。

时至今日，似乎这两种购物体验都难以称得上尽善尽美。那么，是否有办法综合二者的优势，做到取长补短？

卡特里娜的创业初衷和 Stitch Fix 的诞生

Stitch Fix就是一家试图解决这一痛点的线上电商公司。与一般电商公司不同的是，这家经营服饰的公司拥有数据和算法的魔力。消费者在Stitch Fix官网注册之后仅需花费10分钟填写一个关于自身身材、尺码、偏好造型的问卷，人工智能的强大算力便能在数以万计的库存列表中推算出符合他们个性化偏好的购物选项。消费者既可以选择给自己一点点惊喜——订购一个名为"Fix"、包含五件衣物的盒子，里面的内容经过算法的推荐和真人设计师的挑选，你很可能会喜欢，只不过在打开盒子之前你并不知道里面有什么；也可以像其他电商网站一样打开页面直接购买。区别在于，你看到的选项已经经过算法的过滤，使得你仿佛置身于一个专门按照你的品位进货的专属私人商店。

2021年的年报显示[1]，Stitch Fix活跃客户数量接近420万，销售额高达21亿美元，几乎覆盖所有服饰零售细分品类，能以一站式购物满足全家购衣需求，业务横跨美欧大陆。而这样一家神奇的公司从诞生到成长为服装零售业引人瞩目的开路先锋，仅仅用了10年时间。

虽然总部位于西海岸加州的旧金山，但这家公司的发展历史并不像脍炙人口的硅谷创业故事一般包含"放弃名校学位退学""在车库里写代码"等桥段。Stitch Fix的创始人、现任董事会主席卡特里娜2005年毕业于斯坦福大学经济系，与不拘一格的比尔·盖茨和史蒂夫·乔布斯等创业家相比显得中规中矩。本科毕业后，她先后工作于咨询公司巴特农集团（Parthenon Group）和风险投资机构Leader Ventures。在咨询公司工作期间，卡特里娜对零售服务业进行了大量的研究，她还详细分析了网飞（Netflix）在其崛起过程中是如何一步步打败昔日线下DVD租赁王者百视达（Blockbuster）的。这些研究奠定了她日后创业成功的基础。

2009年，卡特里娜赴哈佛商学院进修MBA学位。在专业商学教育的熏陶下，卡特里娜得以将身为女性对于购物体验（特别是买衣服的体验）的追求、大学教育赋予的数理思维以及过去工作中对零售服务业的研究和理解融合起来。

卡特里娜认为，一方面，服装的各项属性，乃至消费者的各项偏好，都可以分解为诸如颜色、材质、腰围、裤长、年龄、性别、收入水平等一系列数据，从而可以用数据科学进行有效管理。另一方面，人们之所以热衷购物，是因为在用金钱交换商品产生获得感的同时，还能享受诸如"找到了意外的宝贝""断码衣服刚好合适自己的身材""种草很久的包包恰逢减价落在了预算内"等积极的情感刺激。换言之，人们支付货币购买的不仅仅是有形的衣物，还有无形的感受和体验。

---

[1] 公司的财年开始于每年8月1日。

因此，卡特里娜认为，在市场已经长期未出现突破的今天，革新性的服装零售业应当将注意力放在为用户提供尽可能好的体验上。那么如何才能达成这个目标？她的答案是将人和机器、感性（创意、判断力）与理性（数据、逻辑）、艺术与科学相结合。

作为天生热爱购物的女性，卡特里娜认为，多数工程师和程序员是男性，而他们更愿意用手中的技术去改造德州扑克、棒球和3C产品等自己感兴趣的东西。而女性消费者不应被数字化浪潮所抛下[1]。于是，一家基于数据和算法的时尚零售业公司Stitch Fix便诞生了。

卡特里娜为Stitch Fix设定的远景是"改变世人找到自己最爱的方式（Transform the way people find what they love）"[2]。改变这个过程，需要把数据、算法与时尚设计相结合。

Stitch Fix 的发展历程

商业创意与最初的实践

在哈佛就读MBA期间，卡特里娜兼职负责管理一家名为Polyvore的公司的博客平台。这家试图把社交媒体和时尚电商进行融合的公司给予了卡特里娜最初的创业灵感。

卡特里娜还采访了在纽约做私人买手的姐姐——她的工作是为其他女性挑选采购适合她们身材、衣着品位和社会地位的服饰。通常情况下，这种昂贵的一对一服务只有米歇尔·奥巴马（Michelle Obama）或者伊万卡·特朗普（Ivanka

---

[1] 沈媛. 科技只是时尚的噱头吗？深度剖析时尚界中的技术异类Stitch Fix的成长过程. （2019-02-17）. https://mp.weixin.qq.com/s/aGLtZ8xQItLNOUwnuEtMIQ.
[2] Stitch Fix. Stitch Fix Registration Statement. （2017-6-9）. https://www.sec.gov/Archives/edgar/data/1576942/000119312517313629/d400510ds1.htm.

Trump）这样身份显赫的女性才能享用[1]。采访之后卡特里娜开始思考：如何才能将这种个性化的服务，以规模经济的形式推广给更广泛的阶层？

此外，在剑桥生活期间，卡特里娜加入了一个每周从当地农场订购新鲜蔬菜水果的线下社区团购计划。农场送来的物品取决于这一周内的收获，所以顾客在货箱到达前只知道里面是当季新鲜蔬果，而不知道具体会收到些什么。卡特里娜很喜欢这个富有惊喜的创意，因为它能驱使她去尝一尝她从未吃过的蔬果。这也让她产生了将这种模式移植到服装零售中的想法[2]。

在一次商学院课堂的大作业中，卡特里娜将以上众多创意融合成为Stitch Fix的前身Rack Habit，开始尝试将数据应用到零售业中。她将自己的闺密们发展成第一批客户，利用谷歌文档、Excel和Survey Monkey[3]等基础工具记录她们对衣着的偏好。之后，她就需要根据这些偏好去查尔斯河对岸的波士顿市中心自掏腰包进行服装采购，再驱车来到客户家中。客户从采购成果中挑选出自己看中的并付款给她，她再跑一次腿将未被选中的衣服退货。

这个过程耗费了卡特里娜大量的时间。她不仅基本赚不到钱，还需要占用自己的资金。但事实证明女士们对这种业务形式颇感兴趣。在闺密们口碑营销的推动下，卡特里娜的客户列表不断变长，很快就到了她个人信用卡额度无法支撑的地步。更重要的是，卡特里娜借这个机会成功收集了第一批数据，从而完成了对未来商业模式的验证。

---

[1] Michelle Obama，米歇尔·奥巴马，是美国第44任总统奥巴马的妻子。由于她非常注重自己的形象、举止，因此经常被媒体评为衣着最佳的公众人物。Ivanka Trump，伊万卡·特朗普，美国第45任总统唐纳德·特朗普的女儿。2007年、2008年连续被《名利场》（Vanity Fair）等时尚杂志评为最佳着装女性。

[2] Mélanie Pipino, W. Chan Kim, Renée Mauborgne. Artificial Intelligence:Stitch Fix-ABlue Ocean Retailer in the AI World. （2019-12-17）. https://publishing.insead.edu/case/artificial-intelligence-stitch-fix-a-blue-ocean-retailer-ai-world.

[3] 类似于国内"问卷星"的简单问卷调查工具。

公司成立与业务的成长

2011年2月的情人节，在充分解释了自己的商业创意，并展示了在Rack Habit营业过程中积累的数据后，卡特里娜的创业得到了斯坦福校友、知名投资家史蒂夫·安德森（Steve Anderson）和他名下的一人风投基金Baseline Ventures的青睐。安德森以准确捕捉富有突破性和成长空间的商业创意，并借此获得巨额回报著称，投资履历中包括Twitter和Instagram这类标杆级成功案例。本次投资Baseline Ventures投出75万美元（投后估值350万美元），安德森获得一个董事会席位。借助这笔初始投资，Stitch Fix正式在卡特里娜位于剑桥的公寓中开业，而它日后的成功将证明安德森的投资眼光没有出错。

卡特里娜希望Stitch Fix能够利用数据科学提供个性化造型服务，彻底改变人们找到自己心仪衣服的方式。成立伊始，卡特里娜便开始在公司业务中贯彻自己的理念。由于人手有限，所以销售只能继续通过早期的手动方式进行，且最初的业务仅限于女装，顾客也只覆盖剑桥的较小范围。有时，作为CEO的卡特里娜还要亲自出马为顾客送货。

2011年6月，在卡特里娜从哈佛毕业并将Stitch Fix搬迁到旧金山后，这种状况开始发生了改变。公司利用西海岸的人才优势开始组建自己的数据和算法团队。与其他硅谷创业公司不同，卡特里娜特别注意将女性工程师和算法科学家纳入自己的团队，因为她们可以通过自己的亲身经历（可能还包括对暴走血拼的热爱）开发出更好的算法。2012年，原来在Netflix数据科学和工程部门担任VP的Eric Colson加入Stitch Fix，担任首席算法官，这标志着整个数据科学团队初具规模。

以此为契机，Stitch Fix正式推出了其赖以成名的创造性销售方式——"Fix"。Stitch Fix将客户填写的问卷转化为数据并导入算法，根据数据中体现出的顾客偏好形成待推荐商品的目录；同时，算法指引一位造型设计师与该客户匹配，造型设计师依据自己的判断从算法推荐的目录中选出5件服饰，并附上对自己选择思路的简短说明，和客户反馈问卷一同装入盒子里，形成一个"Fix"。箱内单品价格从30美元到200美元不等。消费者在收到货物之后，可以选择留下自己喜欢的服饰结账，并在3天内通过Fix内附的预付费邮包将剩余不喜欢的部分退回。

Fix这样类似于盲盒的销售方式能够刺激消费者的好奇心和探索欲，而准确的算法加上造型设计师人性化的判断又能保证消费者在打开盒子时不会失望。新颖的算法很快为Stitch Fix带来了第一批客户。再加上公司富有技巧性地通过社交媒体拉新等策略进行营销（例如，每个通过分享链接接受邀请的新客户在第一次消费时都能为邀请她的老客户提供25美元的代金券），公司的客户总量得以迅速增长。YouTube上的Fix开箱视频和穿梭于街头快递员手中带有显眼Logo的货箱很快引起了现象级的关注，而这又进一步地加强了Stitch Fix的市场认可度。

在算法和Fix销售创意的加持下，Stitch Fix业务得到迅猛发展。2011年10月，在成立4个月之后，公司才获得第100张订单；而到了2013年2月，公司仅活跃客户就突破了一万人。随后，2013年4月，位于加州旧金山的首个集散中心开始投入使用；同年7月，公司成立了完整的远程造型设计师团队。

业务的发展也带来了资本的青睐。2014年6月，公司完成2500万美元C轮融资后估值已高达2.85亿美元，为种子轮估值350万美元的81倍。（见表4-1）

表4-1　Stitch Fix上市前融资纪录

轮次	时间	融资额／万美元	估值／万美元
种子轮	2011年2月	75	350
A轮	2013年2月	480	1300
B轮	2013年10月	1200	3800
C轮	2014年6月	2500	28500

资料来源：根据公开资料整理。

源源不断的资本投入为Stitch Fix带来了持续扩张的动力。卡特里娜也开始引进来自GAP、NIKE、Walmart和Best Buy等服装和零售行业头部企业的人才来充实自己的智囊团。随着投资轮次的深入，曾投出过Twitter、Uber和Instagram等成功案例的硅谷传奇投资人比尔·柯尔利（Bill Gurley）也坐上了Stitch Fix的董事席。

2014年，公司业务开始产生正向现金流，之后便马不停蹄地开始进军女装之外的市场：2015年3月进入小码女装和孕妇装领域，2016年3月开始出售女鞋，2016年9月启动包括大码男装在内的男装市场，2017年2月涉足大码女装，2018年2月将内衣、袜子、饰品等小件商品纳入销售目录，2018年7月推出童装业务。

与此同时，在保证单品质量和价格上下限的前提下，公司不断拓展合作品牌的数量，为消费者提供更多可能选择。公司还开始向北美之外的市场进行扩张，于2019年5月正式登陆英国。

2017年11月，在高盛和摩根大通的联席承销下，Stitch Fix在纳斯达克成功上市，上市首日的市值达到14.45亿美元。

自成立以来，Stitch Fix的各项业务数据均保持着强劲的增长态势，销售额（见图4-2）和活跃客户人数不断增加。公司股价整体呈波动上升趋势。

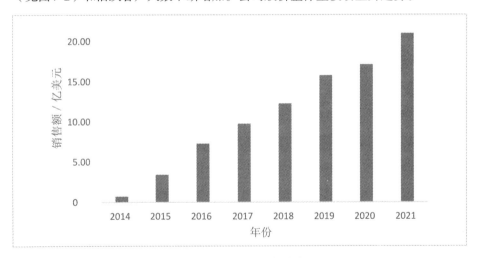

图4-2　Stitch Fix历年销售额

资料来源：公司招股书及定期报告

Stitch Fix 成功的核心要素

从公寓楼中的创业种子到市值超过35亿美元（截至2021年10月）的零售业巨擘，Stitch Fix的成功可以归功于以下四点。

高效的数据收集

自从公司成立之初，卡特里娜就将科技和数字化定位为公司的核心竞争优势，并在获取数据、开发算法这两个方面进行不懈努力。Stitch Fix相信，唯有提供最好的购物体验才能获得忠实的客户。这就要求公司对客户有充分而完整的了解，而想要真实、完整、准确地了解客户，最好的办法就是将他们的信息数字化。

创业伊始，即使在前期缺乏专业收集工具的情况下，Stitch Fix也已经开始通过第三方问卷和数据表格等方式收集客户数据。数据科学团队成形之后，Stitch Fix在消费者初次注册的过程当中加入了专业人士精心设计的问卷，从而为每个消费者建立独一无二的造型档案。

根据Stitch Fix的统计，平均而言，仅造型档案步骤就能为公司提供90～100个在统计上具有重要性的数据点，包括消费者喜欢的式样、尺码、裁剪、价格偏好，以及诸如"每周一需要穿正装上班""希望能凸显自己修长的双腿"等等个性化的细节。更重要的是，随着时间推移，Stitch Fix能通过观察消费者的复购行为、邀请消费者填写附在Fix内的问卷等形式对每个活跃消费者的数据进行迭代，而活跃客户受Stitch Fix所提供服务的吸引也乐于为此提供反馈[1]。Stitch Fix借此构筑庞大的面板数据（Panel data）。

---

[1] 根据Stitch Fix 2020年和2021年年报，在购买Fix的顾客中，愿意对购物体验进行反馈的顾客数量占到了80%。

除了能够收集大量数据但填写较为繁琐的造型档案外，Stitch Fix还参考Tinder[1]开发了能够高效收集数据的APP内置小游戏Style Shuffle。点开界面后一组服饰会依次出现在屏幕上，消费者可以对其进行点赞或点踩，一局游戏只需一到两分钟，玩起来令人沉迷。这个游戏不仅能让Stitch Fix积累更多有效的数据，还顺便增加了消费者开启APP的频率，从而增加了品牌黏性。根据公司在2020年底的统计，有75%的活跃客户参与了这个小游戏，经此积累的有效数据已经超过60亿条。

更重要的是，这些数据不仅总量庞大，而且是实实在在来源于消费者的第一手数据，而非来源于推断、数据挖掘或者第三方统计，因此具有极佳的可靠性和分析价值。对这些数据的分析结论能够正确指导公司优化购物体验，而享受过出色购物体验的顾客更愿意配合公司提供反馈，从而提供更多数据，最终形成"销售—反馈"的良性循环，构成强大的网络效应。

同时，Stitch Fix在数据化客户的同时，也数据化了自己的商品。待售的商品被按照各种标准分门别类地贴上数据标签，与客户数据一起形成包罗万象且日益增长的庞大数据库。

为了更有效地增加商品数据和消费者数据的相关性，Stitch Fix还开发了自有知识产权的图形识别程序，不仅通过产品照片将整个库存数据化，还能在获取许可的前提下从用户在社交网络上发布的照片中分析用户的穿搭喜好，从而进一步增强消费者数据和商品数据的匹配度。此外，2019年12月，Stitch Fix收购了科技公司Finery。Finery能通过邮箱中的购物小票解析出客户所购买过的衣服，并为其构建一个虚拟衣柜，消费者可以轻松管理他们买过的每一件衣服。收购完成之后，这项技术可以成为Stitch Fix新的数据入口，根据消费者已经拥有的衣服，为消费者做出更精准的推荐。

庞大且可靠的数据库为公司的商业决策提供了坚实的基础。

---

[1]　一种社交软件，类似于国内的探探。

以算法为核心驱动公司运营

Stitch Fix的数据科学团队分为工程和算法两个子团队，成员总数多达360人。数据科学团队被赋予的职责是将艺术、时尚、流行以及众口难调的消费者偏好——量化，用数据做出决策、解决问题并指导商业运营，最终实现"让每个消费者看起来都是最好的自己"这一看似难以达成的愿景。

数据科学团队的科学家不仅具有丰富的经验，还利用创始人的校友关系与斯坦福大学的统计系和社会算法实验室建立了密切合作关系。这使得Stitch Fix的数据科学团队的实力大为增强。

而在强大实力的基础上，团队还拥有远高于其他公司同行的地位。在Stitch Fix，数据科学团队由首席算法官（Chief Algorithms Officer，CAO）管理，而CAO直接向CEO汇报，并在公司的战略决策会上占有一席之地。

这种组织架构赋予了数据科学团队极高权限和开发自由度。公司允许数据开发团队向他们认为重要的方向倾斜资源，并创造相应的解决方案，而无须经过冗长的立项和预算申请流程。公司管理层认为，有效算法的诞生需要密集的测试与迭代，这是一个边做边学的过程，具有极强的不确定性。因此，自上而下的行政命令无法创造优秀的算法，而只能依赖数据科学家们的自由探索精神。

而这套管理理念被证明十分成功——自成立以来，算法科学团队开发出了各种精妙算法。

个性化推荐算法：Stitch Fix使用自然语言处理（Natural Language Processing，使计算机理解人类语言的人工智能）提取消费者的体型、穿衣风格、预算约束等内生变量，结合季节和库存产品销量等外生变量，构建一个庞大的矩阵以预测库存产品和消费者偏好之间的相关性。算法会首先去掉消费者曾经退回或标注"不感兴趣"等排除项，再将剩下库存每件商品上100～150个由颜色、长度、面料、款式等各种属性组成的数据点与消费者的偏好进行匹配并打分，再用协同过滤算法（例如，消费者A和B都喜欢棒球帽，A同时还喜欢连帽衫，那么算法推测B也可能喜欢连帽衫）加以调整后将所有商品的得分排序，从而得出供造型设计师挑选的推荐商品清单。

库存管理算法：在造型设计师敲定一个Fix中的5件商品后，系统会自动生成一个提货单。算法会自动根据消费者和集散中心之间的相对位置、每件商品的库存状况、调货所需要的时间等因素确定最合适的调货流程。除此以外，库存管理算法还会对商品的销售状况进行统计，以提醒库存团队及时补充紧俏商品或通过捐赠等方式将积压较久的产品处理掉。库存管理算法团队甚至还开发出了能够指导仓库工人在庞大的库房中用最短的路径取货的辅助程序。这些功能都极大地提高了Stitch Fix的存货周转率。

新款式设计算法：Stitch Fix从遗传学中获得灵感，模仿自然界中生物进化的优胜劣汰进行新款服装设计。首先，算法将现存的各种时尚风格解构为一系列属性（例如"中长款""波点图案""泡泡袖"），这些属性就相当于生物的各种基因。之后，将这些属性广泛组合，进行"基因杂交"，再稍加改动，推动"基因"的"突变"，产生出数量极为庞大的结果。算法对这一系列杂交和突变结果进行评分，并将分数位于前列的结果交由人类设计师进行验证，以确认"进化"是否成功。Stitch Fix据此产生了大量原创性设计，并在此基础上构建了自有设计品牌。截至2019年4月，自有设计品牌对销售额的贡献已达20%。

这些算法共同构成了Stitch Fix难以被复制的独特竞争优势。

在数据团队的影响下，整个公司都形成了用数据说话的习惯，公司高管的思维方式也从"先立论再找证据"的律师型转变成了"先做假设再用数据验证"的科学家型。这样思考问题的结果是，会议的决议和商业决策的制定不再依赖职级头衔、演讲口才或花里胡哨的PPT动画效果，而必须经得住数据检验的严酷挑战。对于数据和逻辑的追求已经深深植根于公司文化中，而这必然会对公司未来的长远发展产生深刻的积极影响。

科技的理智与人类的情感相结合

在将数据和算法引入服装零售这个时尚行业，并最大限度发挥其作用的同时，卡特里娜也没有忘记购物是个性化极强的人类行为。因此，她没有沉迷于算法得出的结论，而是坚持将数据科学与造型设计师的判断相结合，并赋予后者改变或驳回算法推荐结论的权利。

例如，有的客户写出了非常具体的需求："我需要一件能在7月参加户外婚礼的正装长裙。"在这种情况下，造型设计师无须通过算法推荐，马上就能知道什么选择能满足这个需求。此外，通过越来越准确的个性化推荐，消费者和造型设计师的关系日益密切。客户还会和造型设计师分享一些隐私：怀孕，减肥成功，找到了新工作，等等。这些都意味着消费者的人生道路跨越了一个新的里程碑。对于没有感情的机器而言，这些是难以理解的，但有血有肉的造型设计师则能第一时间了解客户人生重大变化，并基于这些为客户打造全新的外观，从而进一步加深与客户的联系。而这种联系无疑能产生无与伦比的品牌忠诚度。

造型设计师选好一盒Fix的五件衣物之后，还会送上一张便签，在致以问候的同时，向顾客解释自己在为他/她进行量身择衣时的考虑，比如根据季节、流行趋势、顾客的兴趣爱好及着装场合等给予特别的推荐，并邀请顾客给出反馈。在线上社交大行其道的时代，收到这样以纸张为载体、略显复古的信件能让消费者感到出乎意料的亲切。信中造型设计师对自己选择所做的解释，以及"我们希望能为你做得更好"的态度可以有效提高消费者的购买意愿，增加他们保留Fix中衣物的概率。此外，提供反馈的邀请则可以进一步令消费者感到自己被重视，同时又为公司提供可靠的一手数据收集渠道，可谓一举两得。

总之，造型设计师掌握着Fix销售的最后一道工序，地位相当重要。为此，公司拥有大量造型设计师。（见图4-3）

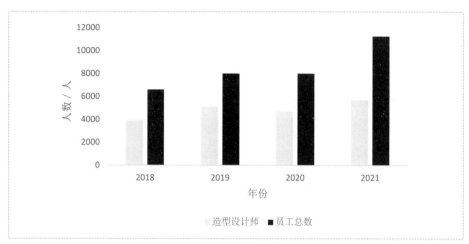

图4-3 Stitch Fix员工数

资料来源：公司年报

在数据算法团队和造型设计师团队的通力合作下，Fix在服装零售市场中一炮而红，并带动公司销售额连续数年以超过25%的速度飙升。归根结底，人类是感性而细腻的，而机器是理性而冷酷的。引入数据和算法的目的并不是在机器和人之间制造对立，证明二者之间哪一个更为优秀，而是将人和机器、感性（创意、判断力）与理性（数据、逻辑）、艺术与科学相结合，从而产生更大的能量。

借用卡特里娜在2020年公司年报里的表述："良好的算法加上良好的人类判断，胜过最优的算法，或是最优的人类判断。"毕竟，人和机器共同最终的目的是让数据和算法变得有温度，从而为消费者提供更好的体验。

富有创意的销售方式和出色的用户体验

Fix的盲盒玩法出现之后便迅速占领了市场，取得了出人意料的成功，并在很长时间内成了支撑公司扩张的主要动力。

Fix包含的商品由专属造型师针对消费者的个性挑选得出，并直接送到消费者家中。消费者可以选择留下任意数量的中意商品，并将其他商品退回，送货和退货的物流均不收取费用。

在构建Fix时，造型师的最终决策基于算法在众多商品中给出的推荐，而算法的逻辑又是基于客户自行填写的造型档案、过去的购买记录、大数据揭示出的消费者整体行为以及对所有库存商品销售情况的把控。这使得公司能真正抓住消费者的喜好为其推荐商品，从而保持较低的退货率。

在整个购物过程中，消费者会享受到种种积极的购物体验：

拆开盒子之前的憧憬和期待；

拆开盒子之后发现中意衣物时的惊喜；

在家中穿衣镜前试穿，而无须在商场试衣间前排队，也无须担心隐私问题的从容；

用Fix中的新购衣物与家中已有衣物混搭，构建独一无二、专属于自己的造型时油然而生的自信；

送货上门、退货免费带来的方便与快捷；

与造型设计师互动时萌发的友情……

人们在购物时不仅希望获得商品，还希望获得以上这些积极的人类情感。如果商家真的能为消费者实现这些情感，那么消费者也愿意为之付出一些溢价。而这正是Fix推出之后大行其道的根本原因。

不断改进、突破、自我进化

Stitch Fix的成功，代表的是服装零售行业内创新对传统的胜利。而作为创新势力本身，Stitch Fix也认识到创新是一条没有止境的道路。卡特里娜曾引述

Facebook和马克·扎克伯格的事例证明[1]，曾经最为离经叛道的颠覆者也可能会成为阻碍创新的守旧派，而要想走得更远，就必须不断改进、突破、自我进化。

造型设计师是Stitch Fix团队中重要的构成部分，因此造型设计师的团队规模和工作强度对Fix的销量有着非常直接的影响。一方面，Fix的销量持续上升，要求造型设计师团队投入更多的劳动；另一方面，Stitch Fix的产品线不断扩充，而每涉足一个新领域，都需要专门针对这个领域雇用新的造型设计师，或者选择一部分现有团队进行培训。以上两者都倒逼公司不断扩大造型设计师团队的规模，从而产生越来越高的费用。（见图4-4）

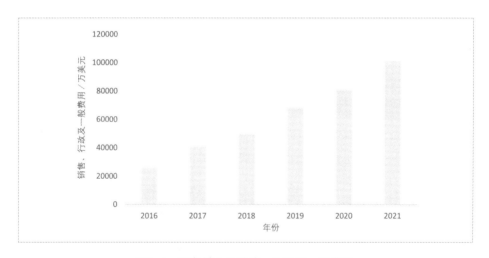

图4-4　不断增长的销售、行政及一般费用

资料来源：公司年报

如图4-5所示，受制于沉重的运营成本，公司的销售额和活跃客户数量虽然保持了极快的增长速度，但在2021年前营业利润则长期处于较为低迷的状态。

---

[1]　面对创新势力Facebook的崛起，美国在线（AOL）曾试图以收购的方式招降潜在的竞争对手，被当时坚持创新的马克·扎克伯格拒绝；但当Facebook自己成为巨头之后，扎克伯格却走上了美国在线的老路，动用资本的力量收买存在竞争关系的Instagram和WhatsApp。

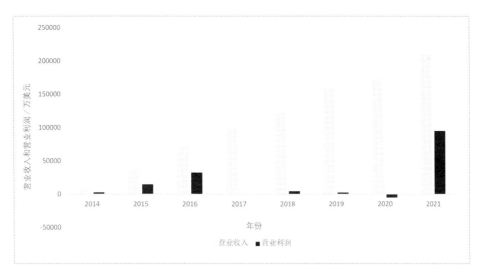

图4-5 Stitch Fix的营业收入和营业利润

资料来源：公司年报

尽管Fix的盲盒式销售一直是市场热点，造型设计师也为公司的产品推广、市场份额和品牌忠诚度做出了卓绝的贡献，但公司认为继续原有的发展途径只会导致公司团队继续膨胀。越来越沉重的人力资源成本将会吞噬公司的盈利能力，而一旦这些造型设计师离职，他们的专业能力和与消费者建立起的个人感情纽带也都会随之而去，无法作为公司的资产留下来。

Stitch Fix开始考虑做出改变。而最终使得卡特里娜和公司管理层下定决心的是巨头的入侵。

2019年7月，Amazon启动了"私人买手"项目，正式把Stitch Fix列为竞争对手。这个新项目几乎完全照抄了Stitch Fix的商业模式。Amazon的高级会员可以通过填写包含自身尺码、风格和预算的问卷来开启这项服务。问卷会被AI和真人造型师用于研究顾客的偏好，之后顾客每月就能像Stitch Fix一样收到一盒共8件根据个人偏好搭配的衣服，除购物费用外每月额外支付4.99美元。与Fix不同的是，顾客可以在商品发出前就进行预览并指出需要更换的物品。

　　尽管Stitch Fix一直以来的表现已经远超预期，但巨头兵临城下还是让整个公司感到了极大的震撼。Amazon庞大的体量使其拥有更多的合作品牌、无与伦比的上下游议价能力、能支撑正面竞争的充裕现金流，以及在全美范围内高达1亿的高级会员人数。而Stitch Fix，即使到了2021年，其活跃客户数量也还不到500万。2019年7月至10月，在"私人买手"项目上线后的3个月间，Stitch Fix的股价近乎腰斩。

　　为了应对挑战，Stitch Fix的进化已经刻不容缓。2019年12月，卡特里娜从咨询巨头Bain请来了有20多年咨询经验、曾经负责全球数字化业务的伊丽莎白·斯波尔丁（Elizabeth Spaulding）。斯波尔丁甫一上任便担任公司二把手，负责设计脱离Fix和造型设计师的直购销售形式，并直接向卡特里娜汇报。

　　开发进度在斯波尔丁的领导下迅速推进：2021年9月，Stitch Fix正式发布了新销售形式Freestyle。这种新的购物形式无须订购Fix，也不再需要造型师推荐，消费者会像其他电商APP一样在购物界面直接看到供选购的服饰。只不过，呈现在消费者眼前的所有服饰都是经过算法精心挑选的，不会出现消费者不喜欢、尺码不合适或是预算无法承受的商品。打个比方，每个消费者在使用Freestyle进行购物时，面对的都是一个专门根据其个人需求进货的商店。

　　目前，Freestyle已经可以做到将时下流行的风格和消费者个人偏好相结合，呈现一整套从头到脚的穿搭，或是根据消费者的购物记录向他推荐与之搭配的其他服饰，甚至可以为"周五晚上约会""周末出门远足"这样具体的应用场景提供个性化的穿搭建议。由此，斯波尔丁一手建立的Freestyle已经成为与起家业务Fix地位不相伯仲的第二增长曲线。Stitch Fix也完成了新发展阶段的自我突破。

　　在自我革命的基础上，公司也从善如流，从竞争对手处学习能够提高核心竞争力的办法。例如，Stitch Fix参照Amazon私人买手项目中的预览功能，为传统的Fix购物也设计了预览选项。这允许消费者在盲盒送出之前先预览其中的内容，而更加期待神秘感和惊喜的消费者也可以选择把这个功能关掉。参照另一家主要依靠真人设计师提供穿搭造型服务的竞争对手Nordstrom Trunk Club，Stitch Fix开发了名为"Live Styling"的即时通信工具，这样Stitch Fix的会员就能随时在工作时间联系到自己的设计师，并以视频形式和他们互动。

中国同行应当如何借鉴 Stitch Fix 的思路

Stitch Fix 商业模式在中国

2014年，当Stitch Fix的业务开始进入快速增长轨道后，其商业创意也迅速引起了国内创业者和资本的关注。一时间，国内迅速出现苏打罐（Soda）、垂衣（CHAMPZEE）和壹盒（Abox）等模仿者。

这些创业企业的共同点是高度参考Stitch Fix的成功经验：号称利用算法和设计师共同为消费者打造个性化的造型体验，将商品装在盲盒内销售，在小红书、豆瓣、知乎等社交网络平台上进行网络营销等等。有些品牌甚至连广告风格都极力贴近Stitch Fix。例如，苏打罐在豆瓣上的广告中写道："Soda会根据你的身形尺寸、衣着习惯和生活节奏推送只为你而搭配的苏打罐：其中包含5件搭配师亲手为你挑选的服饰。在你无暇自顾时，苏打罐会按时给你惊喜，保障你的美丽。"

鉴于Stitch Fix的成功经验，这些创业品牌在成立初期也获得了资本的认可。部分创业企业甚至吸引了红杉、真格和蚂蚁金服的关注。（见表4-2）

表4-2　部分"盒子"类服装零售创业企业融资情况

创业品牌	投资轮次	投资机构	投资金额	投资时间
垂衣	种子轮	清流资本	300万人民币	2016年3月
	天使轮	天使湾创投	不明	2017年5月
	Pre-A轮	元璟资本、天使湾创投、光合创投	2200万人民币	2017年9月
	A轮	敦鸿资产、清流资本、天使湾创投、元璟资本、道生投资、SIG海纳亚洲创投基金	1000万美元	2017年12月
	A＋轮	云九资本	1000万美元	2018年9月
	A＋＋轮	敦鸿资产、晨山资本、蚂蚁金服	1000万美元	2018年9月
苏打罐	天使轮	青锐创投	不明	2018年4月
壹盒＆小鹿森林	天使轮	真格基金、险峰华兴、Dol 1资本、初者之心、金沙江创投	500万美元	2016年1月
	Pre-A轮	真格基金、DCM中国、金沙江创投、险峰长青	100万美元	2017年8月
	A轮	XVC、DCM中国、红杉资本中国、金沙江创投、险峰长青	100万美元	2018年9月
秘盒幻想曲	天使轮	道生投资、深圳群达科技、唯品会创始股东吴彬	500万人民币	2018年7月
	A轮	群达科技、道生投资	不明	2019年4月
搭盒子	A轮	BAI贝塔斯曼亚洲投资基金、真格基金、SV Tech	500万美元	2018年6月
锦衣盒	种子轮	个人投资者	300万人民币	2018年5月
	天使轮	劲邦资本	500万人民币	2019年8月
递衣	天使轮	中科创星	500万人民币	2017年7月

资料来源：WIND。

　　但与Stitch Fix的高歌猛进相比，在获得融资之后，这些零售企业在市场上产生的影响较为有限。2019年4月，获得知名基金投资、在众多盒子类创业公司中最受瞩目、号称具有10万用户的女装平台壹盒宣布停止运营，此时距其平台上线运营仅过去了15个月。与其共享一个母公司的童装平台小鹿森林的业务也陷于停滞，微博等社交平台自2019年1月起便停止更新，主页无法打开。

　　截至2021年10月，其他盒子类创业公司的公开经营状况如表4-3所示。

表4-3 国内盒子类创业企业经营进展

垂衣	·主页正常 ·工商年报正常报送 ·微信公众号正常更新 ·2021年9月发布了招聘信息 ·公司创始人2020年9月在社交媒体上表示公司受到新冠肺炎疫情影响，但仍在经营
苏打罐	·主页正常 ·因连续两年未按时报送工商年报被杭州工商列入异常经营名录 ·2021年7月仍在发布招聘信息 ·微信公众号更新至2021年2月 ·小程序部分功能无法正常运作 ·有人在社交媒体上声称自己作为年卡会员已数月未收到送货，APP不能登录，客服也无法联系
秘盒幻想曲	·主页因未备案而瘫痪 ·自2020年起未继续报送工商年报 ·微信公众号自2019年9月停止更新 ·小程序无法运作
递衣	·主页无法打开 ·微信公众号自2018年5月停止更新 ·小程序无法运作
盒衣	·无法搜索到主页 ·微信公众号自2019年7月停止更新 ·微信网店被关闭
锦衣盒	·2020年8月发布公告停止服务，已注册会员可免费成为垂衣会员

资料来源：根据公开资料整理。

　　此外，2016年在港交所上市的服装品牌江南布衣也曾于2018年发布穿搭盒子项目"不止盒子"，同样采取类似Fix、将数件衣服装入盒子中向会员销售的方式。但与Stitch Fix不同，"不止盒子"的销售过程中没有人工智能的参与，而是完全依赖造型设计师的决策。因此，这项服务本质上更接近以庞大、专业的造型设计师团队著称的Nordstrom Trunk Club。

　　加之江南布衣通过"不止盒子"销售的产品全部为其自有品牌，因此可以认为，这只是上市公司作为补充线上销售手段而做的尝试性创新，在理念上与重视数据、强调消费体验的Stitch Fix有根本区别。

　　因此，综上所述，Stitch Fix的商业模式在中国虽然经过了尝试，但总体而言效果并不理想。

水土不服的原因分析

模式启动和跑通需要强大的人力资源

Stitch Fix成立之初就确定了数据算法和造型设计师并重的商业模式。无论是收集数据、开发算法还是了解用户、设计造型，都需要极为系统的专业能力。这对初创公司的人力资源提出了极大的挑战。Stitch Fix成立之初从波士顿搬到旧金山，正是希望能够同时吸引斯坦福、加州理工、伯克利等优质高等教育培养出的算法科学家和加州繁荣经济孕育出的时尚造型师。

在创业之初，Stitch Fix就认识到人力资源是构建核心竞争力的关键，因此在成立之初便一直维持较高的人才标准。例如，Stitch Fix的数据科学团队中总共有80多位数学、神经学、统计学和天体物理学等量化学科的博士[1]。

而与之相比，国内模仿Stitch Fix的创业公司并没有把团队的构建放在最优先的位置。例如，某公司的招聘广告显示，绝大多数算法工程师的职位只需要最多5年工作经验和本科学历，造型设计师的工作经验要求更是被压缩到了1年以内，而薪资仅有每月6000元人民币，与当地线下服装店导购的收入水平相当。

绝大多数的风投融资被用在品牌推广、构建库存和获取第一批客户上，留给团队构建的资源则寥寥无几。质量欠佳的团队无法像Stitch Fix一样为消费者提供超出传统零售业水准的服务体验，从而也产生不了用户黏性。花费大量资源拉来的客户因为服务质量不佳而离开，无法转化成有效销售，公司就会被迫面临库存和供应链等多方面问题。

---

[1] Katrina Lake. Stitch Fix's CEO on Selling Personal Style to the Mass Market. Harvard Business Review, 2018, （5）: 35-40.

创新商业模式的运营难度高

在没有自有品牌、库存依赖采购的初期，管理库存需要极为准确的商业决策。库存过小，算法和造型师可供选择的商品就少，从而无法为顾客做出最佳的造型搭配选择；库存过大，在前期客户数量有限的情况下，公司就会被巨额的采购和仓储成本压垮。

这正是Stitch Fix在初期融资时，投资人向卡特里娜提的最多的问题。卡特里娜的解决方案是：一方面引入来自Walmart和Best Buy等零售行业的高端人才，加强运营能力；另一方面制定了用算法管理库存的运营策略，通过算法对客户偏好的精确预测有效增加销售，减少无效库存，从而使库存周转加快。之后，数据科学团队又相继研发了管理采购、仓储、物流的供应链算法，进一步增加了Stitch Fix的运营能力。

国内的创业公司则缺乏有效的运营能力：相关创业者大多很年轻，缺乏零售行业运营管理的相关知识和经验；同时，他们对数据算法这个核心能力的重视程度又远不及卡特里娜，从而也无法借助人工智能的力量形成有效的管理。

国内的市场环境对订阅制销售接受程度有限

Stitch Fix最初的Fix销售模式是基于传统订阅制销售的一种改进和创新。在美国人均持有好几张信用卡的市场环境下，订阅制和会员制销售已经有多年的历史并广泛为消费者所接受。

但中国的个人信用体系尚未形成，而支付手段则从现金跳过信用卡直接进化成了二维码移动支付，再加上中国的金融体系对信用卡订阅制销售还有金额、产品类型等多种限制，因此订阅制销售在中国的接受程度远低于Stitch Fix所在的美国。

由于缺乏作为信用中介的信用卡，模仿Stitch Fix的创业公司如果选择允许消费者货到付款，则将面临消费者道德风险带来的严重不确定性，例如拒付货款、恶意使用后退货、退货时偷梁换柱等。处理这些风险的巨大成本是初创公司无法承受的。为了避免消费者违约，创业公司只能选择预付费制，要求消费者事先购买大额年卡之后才提供服务；但这种制度又会让消费者担心公司可能会像某些健身房、美容院一样利用预付费制度捞一笔跑路。双方之间的不信任大大增加了商业模式推广的难度。

综上所述，模仿Stitch Fix的国内创业企业大多只模仿到了Stitch Fix的销售模式，却忽略了核心竞争力的构建。加之零售行业固有的运营难度、初创电商企业天生较弱的履约能力和国内市场对于订阅制销售的低接受度等多种不利因素共同作用，模仿企业纷纷折戟。

对中国消费品品牌的启示

尽管直接将Stitch Fix的模式引入中国的努力暂时没能成功，但它的发展历程和成功经验仍然能给中国当前的消费零售业带来一些启示。

Stitch Fix成功的根本原因在于这个公司的确给消费者提供了超出传统电商和线下实体店水准的购物体验——等待Fix到货时对盒子里面宝贝的向往与遐想、拆开Fix后发现自己从未尝试过却又意外适合自己的新款式的惊喜、在起居室中试穿的从容与私密感、意识到在算法的帮助下自己永远不会与人撞衫之后的得意，以及收到衣盒内造型师留言便条之后类似于被默契的朋友理解的缘分感……而为了满足丰富多彩的人类情感，Stitch Fix构建了一套准确而绝对理性的算法，通过看似冰冷的机器和人工智能，使满足大规模消费者的个性化需求成为可能。

当前的中国消费市场正在走出销量为王的跑马圈地时代。在产能不再稀缺、商品趋于同质、市场从卖方向买方转换的消费升级过程中，如何让自身的品牌具有差异性并为更多消费者所接受，是每一个消费零售企业需要认真思考的问题。

让AI带上温度，将算法结合时尚。Stitch Fix的成功经验指出了一个可行的方向：看似冰冷的科技可以为消费者带来"被关怀"和"被重视"的温暖感，科技与创意相结合，可以有效地优化消费者的购物体验，能够帮助企业在完全竞争市场中创造出专属于自己的品牌溢价。在数字经济深入人们生活的今天，中国的企业也许不需要完全复制Stitch Fix的做法，而是可以取其精髓，采取"向上思维"，避免以价格战为主要竞争手段，从而开拓创造属于自己的一片天地。

教授点评

梅建平

长江商学院金融学教授
EMBA项目学术执行主任

Stitch Fix是一家很有意思的企业，它把数据、算法与时尚设计相结合，打造出形似"盲盒"，实际却是个性化服装设计，堪称独特的线上服装零售商业模式。公司创始人为哈佛MBA毕业的女性，企业从最初在美国旧金山的一间小办公室和5名员工到2021年销售额超过21亿美元的上市公司，践行了"Transform the way people find what they love"的设想。

中国也有模仿其商业模式的创业企业，但并未学到其精髓。在市场竞争越来越激烈的情况下，企业应当采取"向上思维"，考虑将数字化创新和人文关怀相结合，也许可以开拓出一片不一样的天地。

研究员说

陈剑

长江商学院案例中心助理主任

Stitch Fix的创业故事，起于创业者"让生活变得更好"的热情，兴于对AI算法等尖端技术的运用，终于对消费者体验的专注。

在这个过程中，既有看似异想天开的商业创意，也有经过精确计算的工整计划，更有在创新的基础上更进一步创新、进行自我颠覆的勇气。

每一个部分在商业中都是不可或缺的。做生意是一门艺术，它是智慧、策略、创意、胆识、管理和责任的完美结合，Stitch Fix案例给我们带来的正是这样的启示。

华住集团：如何升级"数字化底座"

酒店数字化"王牌军"遭遇新挑战

华住概况与季琦先生的数字化思维

自2005年于苏州昆山推出"汉庭"品牌首家酒店，进军国内经济型酒店市场，华住集团十余年来开启了中国酒店业创新与精进的宏大征程。

自2010年登陆美国纳斯达克后，华住集团长期深耕酒店业，先后收购星程香港，联手雅高，收购桔子，并购德意志酒店集团（Deutsche Hospitality），并于2020年9月于港交所二次上市。如表4-4所示，截至2021年9月30日，华住集团旗下在中国的在营酒店合计7466家，总计客房72.3万间，开业&签约门店覆盖全球17个国家，其中中高端酒店占比37.8%，待开业酒店为2827家，其中中高端酒店占比达50.8%。华住集团是国内第二大、全球第七大的酒店集团，市值规模在2021年中期跃居世界第三，仅次于万豪国际集团和希尔顿集团。

华住集团创始人、董事长季琦先生，被媒体誉为"创业教父"。其理工科出身，1985年进入上海交大攻读工程力学本科和机器人专业研究生。毕业后加入计算机技术服务公司工作，1992年开始作为创始人在互联网行业及酒店行业连续创业，并先后成功创办携程旅行网、如家酒店集团、华住酒店集团三家企业，三家企业均在美国纳斯达克成功上市。

季琦先生的教育背景和工作经历都与互联网密不可分。媒体认为，作为一个IT人，季琦创办华住的过程是一个将传统酒店行业解构再重构的过程。例如，在传统酒店业，由于前期投入时间长、短期回报少，因此大部分酒店投入IT建设的意愿很低，但季琦先生从创办汉庭开始，从战略到实施，从总部到门店，华住在酒店运营的基础技术建设，以及数字化上进行了持续投入。

其中，华住95%的业务系统都是自主研发的，华住不断挖掘管理和运营中的有效创新，随后通过系统进行固化，因此华住也被称为"传统行业的搅局者"。在这一过程中，季琦先生也将他的互联网基因深刻地嵌入了华住的血液中。事实证明，IT投入可以伴随规模的增长，彻底重构酒店业的商业模式。

表4-4   华住集团各类型酒店及客房数量

酒店类型		统计项目		
		在营	客房	待开业
经济酒店	汉庭酒店	2937	268347	765
	海友酒店	430	25069	107
	怡莱酒店	1040	64757	468
	宜必思酒店	214	22503	34
	Zleep Hotel	14	1661	12
中档酒店	宜必思尚品酒店	78	8299	17
	星程酒店	496	41913	280
	全季酒店	1294	158008	588
	桔子酒店	390	43146	209
	CitiGO Hotel	30	4780	5
中高档酒店	桔子水晶酒店	137	18406	67
	漫心酒店	76	7416	63
	美伦酒店	35	5247	54
	美居酒店	119	20561	52
	诺富特酒店	14	3723	16
	IntercityHotel	48	8606	24

续表

酒店类型		统计项目		
		在营	客房	待开业
高档酒店	Jaz in the city	3	587	1
	禧玥酒店	9	1760	0
	花间堂	32	1579	35
	美爵酒店	7	1485	6
	施柏阁	50	12013	14
	美轮美奂酒店	6	959	6
其他	其他酒店	7	2158	4

资料来源：公司公告。

在组织与管理层面，季琦先生多年前就提出了"群龙无首"概念，即总部机构都是服务部门。在这一理念下，华住集团整个体系逐步实现了"后台一体化，业务数字化"的柔性架构，并在此之上产生了具有华住特色的经营模式。

在战略层面，华住表现出清晰的IT战略，从2012年的"胖线上，快线下"，到2017年的"胖线上，快线下，强中台"，再到2019年的"人机合一，让天下没有难管的店"，总体呈现出从日常业务线上化，到强化中台集约化管理，再到融入AI技术，通过平台进行服务与赋能的战略路线。

在具体实施层面，经过多年持续不断的IT建设，对于总部，华住的IT团队建设了包括收益管理系统、中央渠道分销系统、客户体验管理系统、中央采购系统等大型系统和华住会APP。对于门店，则建设了包括酒店管理系统、易系列对客服务系统、八爪鱼成本管理系统等在内的一系列运营与作业系统。在酒店经营的各个领域，华住集团通过数字化系统建设，实现降本增效，同时令位于全球各个城市的门店，在自营、管理加盟、特许经营等多种模式下，都能够共享华住集团的整体经营能力。

例如当前华住已经推出二十余款"易系列"软件。"易发票"解决用户开发票耗时长，操作繁杂的问题。"易掌柜""易客房"等工具大幅提高员工作业能力……从客户下单至退房、从工作人员接待到清扫与维修，通过软件系统与信息化，华住酒店整套业务程序的速度和效率得以大幅提升。

这些各式各样的系统，都以"华通"这个统一的数字化协同办公平台呈现出来。在"华通"的助力下，公司员工与客房比例维持在0.17左右的水平，明显低于同行同业。华住的IT建设有一个宗旨："让每个员工都成为钢铁侠"。"钢铁侠"不是超能力者，而是普通人依靠现代化的技术与工具，成就非凡表现。

华住集团数字化的新挑战

通过多年数字化建设，华住集团搭建起了公司与1.78亿会员的沟通桥梁，支撑起了400余个城市中7000余家酒店的日常运营及13万员工的管理与协同。

如表4-5所示，随着数字化与业务的深度融合发展，华住的数字化也逐步从业务数字化深入到组织数字化，并遇到了新的挑战。

一是当IM（Instant Messaging，即时通信）的需求与日俱增并成为数字化协同的重要载体后，投入大量资源自建这一类数字化协同办公平台，其用户体验始终远远落后于市场主流产品，这一问题如何解决？

二是在办理入住、退房、客房管理、财务税务等等结构化数据实现信息化后，服务、协同、交流，这些非结构化数据如何实现"实数融合"？

三是在时代背景下，组织数字化成为驱动创新的关键，为了应对未来更大规模的数字化建设，如何建设新一代"数字化底座"？

表4-5　华住IT建设面临的新挑战

需求领域	现状	挑战	目标
数字化的进一步升级	"华通"作为统一的移动化入口，整合了所有内部开发的应用程序	结构化数据和相关系统建设已进入平稳期，但基于人际沟通的新颖的、先进的协作方式依赖于IM——虽然有"华通"这个统一平台，但在其之上自建IM非常困难	让"华通"拥有先进的IM功能，并由此扩展出员工、供应商、生态伙伴的协作能力。这是流程和系统信息化后，更大体系进行数字化的前提
实数融合	各种酒店业务流程已实现数字化	13万员工产生大量IM沟通的数据，这些非结构化数据无法处理。尤其困难的是，微信等通用IM软件的体验和功能，对企业内部自建IM带来巨大挑战	非结构化数据在"华通"内全面流转。"数字孪生"进一步扩大到组织行为与协作沟通领域
数字化底座	"华通"是统一的界面平台，在新的生态级别协作思维下，"数字化底座"需要升级	在数字化时代，面对全球对全球、生态对生态的连接需求，系统架构的升级迫在眉睫，自研的方式无法满足这一领域的发展需求	建设适应未来发展的底层能力与平台。同时也牵引整个集团协作理念及数字化理念的升级

资料来源：根据访谈整理。

　　与此同时，在酒店集团，IT人员不可能像专业公司那样不断增加，并且华住的IT人员专长于对酒店业务的理解及信息化，对于通用型平台、IM等领域的建设，并不在其能力范围之内。

　　除此之外，华住集团IT系统的"用户"，呈现出非常鲜明的特点。其13万员工中，只有2%是"面对电脑"工作的人员，大量客房清洁、维修、厨师等等人员的数字化设备操作能力非常欠缺，他们年龄大、学历低，大部分来自经济欠发达地区，甚至是偏远山区。相对而言，无论是从年龄还是知识结构而言，他们都是整个信息化世界的边缘用户群体。

　　"以数字化协同平台内的IM为例，我们经历过'自建'，但当人们已经习惯于微信等主流IM的体验、功能后，我们有限的资源，不可能去追赶这些功能，这就会面临来自内部用户的挑战。"华住集团科技中心副总裁宋洪方先生表示，"例如每个版本都需要对几百个机型进行适配，大量新功能背后又充满了对系统架构的挑战，一段时间里，我们疲于奔命，我们很快发现，以'自建'的方式开发IM及'数字化协同办公平台'，并不是一个好的选择。"

选择的背后思考

大量企业都面临一个选择

实际上，任何一个中大型企业或集团，内部都存在大量应用系统。近几年，企业"数字化转型"的浪潮开始袭来，大量企业在决定"转型"时，往往以上线一个新的大型系统为标志。但系统之间的互通是一个重大的IT难题。CIO们一边要组织开发新系统，一边要解决如何贯通此前数年，在各种背景下由多个团队带领多个供应商搭建起来的各种系统。这种贯通"业务数据"的"平台"，甚至"中台"，就是很多企业的"数字化转型"。

此后，当系统和数据的互联互通随着数字化浪潮得到解决后，"平台""中台"开始演进为"数字化底座"。在早期，"平台""中台"，结合"云计算"，成为"数字化底座"，可以承载和串联企业在业务领域存在的各种不同形式的数据，同时提供基础组件，让各种系统在以后的建设中，可以被灵活调用，不必"重复发明轮子"。

从业务扩展到组织，当前的"数字化底座"则强调在业务之外，各种任务的调度和处理、员工的协作、合作伙伴的协同，也都需要数字化贯通。除了系统互通和数据互通，"数字化底座"需要引入交流与协同，因为是人与人的交互，所以需要更为灵活的IT形式，更加丰富的功能组件，服务于更为多样化的可能性。这显然将组织的数字化纳入了整个"数字化底座"的版图，体现了更为先进的架构，以及架构背后的数字化理念与组织进化观。

当用户体验不断升级，当增长需要从量变到质变，基于业务的"底座"已无法支撑，企业需要更换基于组织的"底座"，或者形成能够将组织和业务打通的"底座"，才能继续向上生长。

因此，华住集团IT团队面临的情况具有相当的代表性，以企业微信、钉钉、飞书、Teams为代表的协同办公平台，在即时通信、音视频会议、协作文档的基础上，已经成长为任务协作和数据流动的生态型平台，虽然在功能和逻辑上各有侧重，但在以协同与组织创新为主要特征的时代，这类平台具有成为"数字化底座"的潜力——大量通用组件可以解决企业组织管理中的共性问题，而开放架构支持与业务系统（以前的"中台"或"数字化底座"）对接，让组织行为和业务行为所产生的数据可以互通，比起"之前"单一的业务数据互通，这就是升级后的"数字化底座"。

同时这些平台开发团队投入人员数以千计，投入资金以数十亿计，它们拥有海量用户，深入各行各业，不断萃取最佳实践，又不断提升用户体验。任何一家行业企业都无法追赶它们的建设速度。

宋洪方先生表示："很多行业企业如果自建'数字化协同办公平台'，会发现无论投入多大精力，都不可能追得上主流产品的功能和体验。业务体系也许会不断提出'你看微信有了一个功能''飞书上可以这样''别人公司用钉钉就能搞定''希望我们也增加这个功能'……主流平台的资源投入，这是任何一家行业企业都难以企及的。"

所以当前，几乎所有行业企业，都面临选择哪家平台来升级基于组织的"数字化底座"的问题。华住相关负责人表示："看似是产品的问题，但背后却是整个数字化升级的问题。同时，各个系统与员工发送的工作通知，也可以看作是一种机器与人、任务与执行之间的'即时交流'。所以随着'数字化协同办公产品'功能的不断丰富，这种平台在企业信息化与数字化的进程中，会越来越呈现出枢纽与底座的价值。"

华住选择飞书

经过团队内充分的讨论，华住集团总裁刘欣欣女士拍板，不再自行开发，而是选择市面上的数字化协同办公平台，将其即时通信、音视频会议、协作文档等等功能及各类基础组件进行整合，封装成新一代的华通，各类已有业务系统都集合到这个平台上，组织与业务，两条数字化的线进行结网，组成华住的"数字化底座"——这样既能充分实现数字化协同办公的功能，又能延续华通的发展与用户习惯。市面上的IM类应用或者说更大范围的数字化协同应用，都开始进入了华住的视野。

经过数月的寻找与交流，华住IT团队对市面上的主要产品都进行了详细的研究。飞书开始一步步成为决策的焦点。

"在华住，我们有一个说法，希望'生活在微信，工作在华通'。"宋洪方先生表示，"13万员工，可以在华通上联系到我们任何一个高管。同时发生在华通上的交流，因为是工作场景，我们都会及时查看。发布在华通上的任务，因为是工作需要，自然也都会第一时间处理。我们不会要求大家发公司的什么活动到自己的微信朋友圈。"

基于这样的基本思考，飞书在"工作协同"上的很多功能以及背后的理念，开始越来越吸引华住团队。首先是基本的协同办公功能，飞书拥有主流的体验，同时飞书的技术架构较为开放，能够很好地连接华通上各个业务模块，这些业务系统所产生的任务或信息，通过飞书的通知功能，可以流畅地在人员与系统之间流转。所以飞书可以实现人与人的沟通，人与系统、系统与系统之间"通信"的功能诉求，同时基于开放的架构和设计思路，原本各个系统单独开发的消息及推送功能，变为了各系统之间调试功能接口，这大幅降低了工作量。

此外，大型组织伴随人员岗位的变化，大量系统权限与文档权限频繁变动。飞书中的程序可以自动化地完成这些设置。即使需要手动去设置一个文档的可编辑权限，通过飞书也只需要几次点击而已。

除了多个层次上的数字化协同功能之外，随着对飞书的深入了解，越来越多的结合点被挖掘，华住IT团队也有了越来越多的惊喜发现。

例如日历功能，对于十余万人的组织而言就颇为实用。工作、日程、会议，都可以变成简单易懂的"任务"，自动更新、推送、提醒，这些功能放在以前，结合华住的人员特点，还真的难以简便和低成本地实现。

再例如，如何衡量"企业文化"工作？"浓度"如何？在飞书的功能下，一篇主题文章，可以看到有多少人阅读和有多少人点赞，这就是非结构化数据结构化的一种体现。负责人表示："相比一个备选的软件，对一篇文章显示'谁未读'，飞书则显示'谁已读'，给人完全不同的感觉。"

同时，所有的文章、音视频等内容，都可以分类存储、编辑和标记，每个人拥有、传输、查看、修订的文档都形成了历史记录。每个任务所需的文档都根据任务流及里程碑事件相应地集结与流转……企业的知识管理在传统IT架构下，可谓一个大工程，而飞书在基于组织、基于交流的新架构下实现了轻松应对。

相关负责人表示："以前我们开线上会也不太容易，我们曾有200个视频会议的账号，按部门人数去分配，一般交给部门秘书或部门负责人，但随着账号被越来越多的人知道，真到使用的时候，就会出现被占用、到处找人借账号等状况，效率无法保障。通过飞书则随时可以拉起会议，会前还可以发文档到群里，大家阅读后有针对性地去讨论，具体谁阅读过了也能看到标记。会中还有在线翻译、语音转文字的速记。会后自动生成纪要，to do list还能生成任务，@对应的人，然后跟踪进度……对比以前，我们的会议效率大幅提升，十余万人的组织，每天有大量的会议，会议后又产生行动，这方面的效率提升无疑可以给企业带来巨大的价值。"

"在功能上，飞书满足了我们的需求，而且很多时候用上手，还会带来惊喜。"宋洪方先生表示，"同时飞书系统架构体现的开放、协作的价值观，以及能够帮助华住与客户、员工、供应商等通过连接建立生态格局的潜力，让人非常期待。'context, not control'[1]，这种感受非常接近于华住的价值观，也区别于主要的备选产品。"

整合飞书功能，"华通"开始新征程

2020年下半年，经过历时近半年的调研、对比、沟通，华住IT团队最终认可并选择了飞书。2020年11月18日，华住集团总裁刘欣欣女士与飞书CEO谢欣先生在协商后进行了签约，华住与飞书快速组建了联合团队，展开了紧张的实施工作。

在两个多月的时间里，世界级酒店集团的核心应用和各个功能模块，都陆续与飞书进行了不同层次的对接，飞书作为协同能力的底层容器赋能输出，对外整体呈现依然是华通，但融合了飞书的华通具有更流畅的即时通信、音视频会议、协作文档等能力，丰富的组件、最主流的体验、更有扩展性的生态连接潜能……2021年2月1日，"华通3.0"正式上线，成为华住集团融合组织业务的"数字化底座"。

"华通3.0"上线时，即保障实时对接所有业务系统数据，华住集团还通过龙虎榜、PK赛等方式推动全员使用，2021年2月28日，13万员工实现98%的激活与使用。400余个城市的7000余家酒店从人员到系统，都与"华通3.0"实现了功能的对接，并完成了应用习惯的切换。

相关负责人表示："飞书可不是个沟通协作工具，实际上'信息流'不只是聊天，不只是交流时发的语音图片文字，点对点、点与组织、组织与组织之间的各种任务、信息，都是'信息流'，飞书这一类'数字化协同办公平台'，已经

---

[1] Context是指决策所需要的信息集合，包括原理是什么，市场环境如何，整个行业格局如何，优先级是什么，需要做到什么程度，以及业务数据和财务数据，等等。Control则包括了委员会、指令、分解和汇总、流程、审批等等。可简单理解为分布式决策与集权式决策的区别。这是字节跳动创始人张一鸣先生对组织管理的理解。https://www.chinaventure.com.cn/cmsmodel/news/detail/312280.html。

将这些都融合在了一起。"

"华通3.0"上线后，员工每天打开APP，都会通过开屏页、工作台等渠道，了解公司在推进什么、在鼓励什么，这解决了组织与员工的沟通问题。

而在业务层面，例如客人办理入住时，酒店自助机缺少门禁卡，通知消息就会自动发送给对应的人员，一段时间未读还会再对应其他处理方案；又比如客人入住时，如果系统通过各项数据判断他有潜力成为金卡会员，"华通3.0"会推送信息给酒店对应岗位的员工；如果会员入住时恰逢生日，系统又会在合适的时机发送信息给服务人员，为会员送上一份果盘……以往每一个业务系统都要开发一个通知功能，即使进行各种调试与测试，也难免有BUG，而现在所有的通知全部由飞书进行了整合，这就是"底座"的价值。在未来规划中，结合物联网的识别与传感技术、大数据和人工智能，华通将可以设置提前预测的阈值，整个流程效率和各环节的用户体验都可以更上一层楼。

除了这些环节，就连日常OA审批，也有了全新的体验。例如管理者没能及时处理审批时，员工可以直接将待审批的任务通过IM对话窗口，以消息卡片的方式发给管理者，管理者可以直接在对话窗口查看和审批。这相比以往通过IM提醒，管理者再登录系统或查看邮箱去翻找审批任务，效率和体验都有了很直接的改善。

"因为我们不用再去操心底层的基础体验，比如信息是否已读，有几个人读，以前要把这个功能做起来，耗时至少三个月。而同时，飞书又足够'薄'，没有牵扯到太多具体的业务流程和管理流程，我们可以很容易地整合。"宋洪方先生表示，"用飞书来串联后的'华通3.0'，让我们的IT团队可以聚焦于酒店业务本身。"

"华通3.0"折射的企业数字化思考

"自建数字化协同办公平台"，也许只是一个缩影，如今的企业数字化，有大量基础设施，以"数字化协同办公平台"为主要功能，以"组织创新"的形式呈现出来。

实际上，所谓"数字化转型"的一大共识，就是数字化转型首先是组织的转型与组织的数字化，不然即使有数字化战略、数字化工具和涉及生产、营销、供应链等各个环节的数字化系统，数字化转型也难以有效地实施下去。

宋洪方先生也认为，技术创新、业务创新、组织创新，可以称为"三种创新"。对于华住而言，从季琦先生提出"群龙无首"开始，即对组织创新提出了要求，而目前看，"三种创新"中的组织创新，相比较而言可以更好地应对这个VUCA时代中的各种不确定性挑战。

比如团队合作，如何看出合作是否紧密？与之相关的应该是团队有很多会议，有很多达成共识的文档，有很多交流。新员工入职后融入度如何？后来表现得比较好的员工，在入职阶段的行为呈现什么特征？也许这方面的优秀者，通常会在入职一周内就阅读了创始人手记……虽非因果，但数据可以了解这些事情的相关性，融合了飞书各种IM、会议、文章分享等功能的"华通3.0"，通过用户对各种功能的使用，对非结构化数据进行了结构化认知，从而驱动组织实现"人机合一"。这些数据的整理与分析，可以推动组织的变革和进化。

这也关联了华住组织创新中的一个具体要求：以IT技术为例，没有行政命令的时候，别人还会不会用你提供的工具？宋洪方先生对此的答案是："我们一定要提供明显好于以往产品的解决方案，要么成本相近，但功能强10倍；要么功能相似，但使用成本是原来方案的十分之一。所谓'10倍价值'，这也是行业里流行的一句话。目前因为飞书的助力，'华通3.0'基本实现了目标。"

此外，飞书的整个产品体系非常开放，注重连接，这带给华住集团非常好的感受。与"context, not control"（信息，并非控制）对应，产品层面体现为"connect, not control"（连接，并非控制），这让整个"华通3.0"系统在集团内推进时较为顺利。华住方面认为，飞书希望的是给予企业一套基于即时通信、音视频会议、协作文档等的协同能力，然后企业去建立和增强自己的生态，这种生态又成为整个飞书生态的一部分，即支持企业成为独立软件开发商（Independent Software Vendors）。飞书则可以用这个越来越大的生态体系，再去吸引更多的用户使用。

例如华住可以自行决定其他企业是否可以通过飞书轻松地对接华住70万间客房的资源。这样的好处是，华住使用飞书，会慢慢将上下游的企业也带进来，还能拓展新的客户。其他行业的核心企业，也有可能因为紧密的合作关系而陆续融入这个生态。这是典型的供应链围绕核心企业做"1+N"的模式。

这种思路区别于另一款备选产品，其通过客户企业产生的数据和应用，不断建立自己的能力和生态，然后产生并强化各个垂直行业的应用。因为大量中小企业本身缺少或没有必要自己进行大量信息化投入，因此这些企业根据所属行业，使用其提供的能力即可。总而言之，不同的企业选择适合自己的就好。

未尽之美

飞书与华住的融合还在持续。正如很多华住人所推荐的一本写华住15年成长史的书名"未尽之美"，一切都还在持续发生，这一过程也许存在心意难平的煎熬，但也会有不期而遇的惊喜。

例如OKR，这个飞书最具特色的功能，目前就还没有在华住集团全面推行，其如何与过往的平衡计分卡、KPI等工具和体系有效融合，如何在职能机构与线下门店之间协同匹配，尚在设计与权衡之中。此外，"华通3.0"上线只有一年多的时间，飞书方面还有团队驻扎在华住，继续识别业务需求和场景特征，不断完善"华通3.0"的功能与体验。

"我们以往的很多业务系统，包括'易系列'软件，在'华通3.0'之上，都产生了更多的可能性，我们以往的不少'超前'的设想，借助新的'底座'，都有可能成为现实。"宋洪方先生表示，"华住作为酒店行业的头部企业，一直在建立一个生态，不光是上下游的供应商与合作伙伴，我们1.78亿会员用户更是我们的核心资产，我们一切的努力都是为用户服务。在新的'数字化底座'支持下，内外打通与升级，数字的流动与决策，最终将凝结为更好的服务，为所有用户带来更好的体验。"

正如前文所述，伴随着近年企业数字化转型浪潮，数字化在我国众多领先企业或行业头部企业的IT建设中，已经进入了全新的发展阶段。从某种角度来看，整个企业数字化的进程先是"建立"，即在各个业务或管理上，分别建立一套系统；随后是"连接"，即把这些系统产生的数据进行贯通；再然后业界原本认为是决策智能化，即通过数据分析或决策引擎，让数据产生更多价值。

但就在此时，很多企业却发现以往的IT架构或系统设计思路，因为时代的发展，需要升级。这主要源于VUCA时代带来的复杂挑战，需要以数字化重构组织，由此激发创新与升级管理，进而企业的发展空间才能再次被打开……于是兼顾组织与业务的"数字化底座"成为新的IT建设方向之一。

在这一角度的演进逻辑下，企业微信、钉钉、飞书，这三大数字化协同平台，成为当前打造"数字化组织"的重要工具。不同类型的企业纷纷做出自己的选择，三款产品也在市场的洗礼下，或主动或被动地形成了各自鲜明的差异化特色，对应了需求重点不尽相同、组织形态有所差异、发展阶段有先有后的不同客户群体。

华住作为中国酒店行业的代表，本身就以相对传统酒店企业而言的新形态组织，驱动了遍及全球的酒店服务网络。在当前时代，其选择了飞书，升级了"华通3.0"，为其未来的持续发展埋下了伏笔。

季琦先生曾言："我们不是把一群毕业于名校的高才生聚集在一起，而是团结和组织了最普通、最广大的劳动者，我们靠的是精益管理和脚踏实地，去挣最难挣的钱。"如今华住集团的高管出差都还选择在18:00下班后、选择夕发朝至的火车、选择途中参加多个会议、选择当天往返……华住体现了中国企业崛起的秘诀，即挖掘市场机遇、脚踏实地、艰苦奋斗、决策超前、主动求变。在当前这个伟大时代，数字化带来弯道超车的机遇，中国企业挺立潮头，正在谱写一段段的"未尽之美"，也正在让一幕幕的"未尽之美"蕴含更多惊喜与可能。

教授点评

滕斌圣

长江商学院战略学教授
高层管理教育项目副院长

在智能商业时代，企业管理工具的数字化是一个基本要求，大部分企业都会去做，无外乎内部研发，或是外部引进。在选择时，首先需明确自身的数字化诉求，是汇聚数据优先，还是提升管理为重？如果主要目的是将企业内部运营的各环节整合到统一的IT平台上，不少企业是有能力自主开发适合自己行业与企业特点的数字化平台的。

但如果要将这些数据真正汇聚起来，形成动态的连接，挖掘深度的交互，辅助智能的决策，几家互联网大厂所开发的智能办公平台，就显示出得天独厚的优势了。再进一步，如果想利用数字化平台去推动组织变革，在IT底座上开出管理创新的花朵，那就更要在几大平台之间做出慎重选择。

本案例所描述的，正是中国第二大酒店集团华住，如何从自主开发，转向引入平台，最后选择飞书作为自己的数字化底座的全过程。在这个过程中，华住做到了"群龙无首"，即"后台一体化，业务数字化"，不需总部发号施令。而且，飞书所沉淀的各类数据，让管理层实时而智能地应对各类场景，比如从内部会议数据去判断跨部门协助的程度等，当组织行为与业务行为被打通后，"context, not control"就有了可能。最终的选择，不应被照搬，但过程中的思考和得失，很有借鉴意义。

研究员说

王小龙

长江商学院案例中心高级研究员

对于市面上的三大"协同办公平台"，我们都进行了一定的研究，并通过访谈，开发了不同企业如何选择、如何应用的案例。通过这些企业的实践，一些现象也许可以归纳为：三大平台各有鲜明的特色，从用户操作界面到功能、应用、生态，以及背后的价值观，均呈现差异化特征，企业可以对号入座，甚至在不同的发展阶段切换选择。

其中一个平台适合拥有广泛C端用户的企业，其"连接"的能力无出其右；另一个平台适合"1＋N"中的"1"，即拥有上下游的"核心企业"，其能够让企业自己的能力不断加强，并与上下游企业贯通，最终成就生态；还有一个平台适合"1＋N"中的"N"，即广泛的中小企业，其能够运用标准化后的能力对中小企业进行赋能，弥补中小企业管理工具的缺失，从而提高这些中小企业的协同能力与运营效率。

当然，以上这些只是案例企业的认知和反馈，但综合来看，智能化、协同化的平台，正在从"组织"的角度切入，成为整个数字化转型过程中的重要组成部分。

第五章

组织与战略创新

视源股份：隐形冠军的成长路径

2020年，突如其来的新冠肺炎疫情打乱了许多企业的经营节奏，广州视源电子科技股份有限公司（以下简称"视源股份"）同样受到了极大的影响与冲击。2020年上半年，视源股份总营收为62.45亿元，同比2019年上半年下滑了13.32%。

自视源股份上市以来，这样的经营业绩倒退还是首次出现。然而，面对新冠肺炎疫情及外部环境带来的巨大不确定性，视源股份却能够迅速从逆境中恢复。2020年下半年，视源股份业绩迅速反弹。整个2020财年的营收达到171.29亿元，比2019财年甚至增长了0.45%。净利润更是达到了创纪录的19.12亿元，同比增长了18.58%。

作为一家白手起家的民营企业，视源股份凭什么迅速成长为所在行业的领军企业？在面对外部经营环境变化导致的巨大挑战时，视源股份又为什么能够迅速反弹，维持业绩增长？视源股份的经营管理之道究竟有哪些值得学习与借鉴之处？

细分行业的隐形冠军

对于行业外的人来说，视源股份这个名字似乎并不响亮，它的产品也并不为普通消费者所熟知。但视源股份却是智能显示硬件领域名副其实的隐形冠军，其产品广泛应用于日常生活中的各个场景。

视源股份最初的主营业务是液晶显示控制板卡的研发生产，其下游客户包括液晶电视及其他各类显示设备整机厂商。视源股份液晶显示控制板卡的全球市场份额在2013年就达到12.94%，2019年则进一步提升到32.41%。几乎每三台电视机或液晶显示屏中就有一台使用视源的产品，市场占有率稳居全球第一位。

基于自身在液晶显示驱动软硬件方面的积累，视源股份从2008年起逐步开始业务多元化拓展，进入教育信息化及远程会议市场。在这些细分领域，视源股份同样迅速成为市场领导者。根据年度报告披露的信息，2019年视源股份的教育信息化产品——"希沃"系列的国内销售额市占率达到46.18%，在中国远程智能教育设备市场中居于首位。视源股份的远程会议系统——"MAXHUB"2017年至2019年连续三年在中国远程交互会议市场排名首位，2019年在国内市场的销售额市占率已经达到32.87%。视源股份的财务表现见表5-1。

表5-1　视源股份财务表现

年份	营业收入/亿元	营业收入同比增长率/%	净利润/亿元	净利润同比增长率/%
2016	82.38	37.39	7.42	109.25
2017	108.68	31.92	6.91	−7.03
2018	169.84	56.28	10.61	53.79
2019	170.53	0.41	16.12	51.95
2020	171.29	0.45	19.12	18.58

资料来源：视源股份年报。

一家看上去并不怎么亮眼的民营科技企业为什么能够屡战屡胜,在多个细分领域迅速成长为行业标杆,其业绩快速增长的背后隐藏着哪些不为人知的秘密?

隐形冠军的成长秘诀,战胜危机的秘诀

分权共治的治理机制

视源股份的股权结构与大部分企业不同,其实际控制人都来自公司最初的创业团队,共有六位自然人。这六位自然人各持有视源股份4%~12%的股份,不存在占据绝对控股或相对控股地位的单一大股东。

按照传统的公司治理理论,这种股权结构并不利于公司的发展。对内,分散的股权结构容易导致对于公司控制权的斗争;对外,过于分散的股权结构很容易引来别有用心的"野蛮人"。

但这些情况在视源股份并未发生,为了保证企业的长期可持续发展,避免在大多数企业常见的创始人一言堂现象,视源股份的六大实际控制人已经退出了公司的日常运营管理。"我们都说好了,六个实际控制人,谁都不当总经理也不当董事长。"视源股份最大的自然人股东黄正聪在接受长江商学院专访时表示。视源股份的六大自然人股东签订了一致行动人协议,在面临企业重大决策的时候采取民主协商的机制进行决策,从根本上保证企业重大事项决策机制的有效运转。他们通常的行为模式是针对讨论事宜进行充分的沟通和协商,直至达成一致再做出最终决策。在这一过程中,大股东必须充分听取公司其他高管的专业意见。例如在对外投资事项的决策上,财务总监、董秘、首席风控官、法务总监4人拥有一票否决权,因为他们才是相应领域的专家。

在企业日常运营管理上,视源股份目前采取的是高管轮岗制,包括董事长和总经理在内的企业高管都由内部培养或外部引进的职业经理人担任。"视源股份的董事长、CEO都是有任期的,一般是3~5年一个任期。"黄正聪表示,别的公

司是做得好继续留任，而视源股份的做法则是如果做得好可以提前从岗位退下来，如果做得不好就需要做满5年。因为在视源股份看来，总经理和董事长是来解决问题而不是享受待遇的，他们必须承担更大的责任。

正是由于视源股份采取了相对更加科学民主的决策机制，所以在面对突发的危机事件时，视源股份才能够做出比较冷静客观的判断与战略决策。2020年初，面对新冠肺炎疫情的突然袭击，视源股份经过充分研究讨论后认为新冠肺炎疫情虽然不可避免地会对公司业务造成冲击，但客户对公司产品的基本需求不会消失，甚至有可能伴随远程办公的趋势实现上涨。因此，视源股份并没有像许多公司一样采取裁员、降低库存等收缩措施，而是基本维持了企业的生产经营规模。事实证明这些判断与决策总体上是正确的，视源股份的业绩在2020年下半年实现了迅速反弹。

平等、包容的企业文化

2005年，视源股份最初的几位创始人在创业之初就组织文化展开了畅想和憧憬，"创新"与"平等"的观念就是从那时起写入了视源股份的企业文化中。"当时初始团队的创始人在一起工作，每每在一起聊天，总是激动地畅想未来有机会创业时办什么样的企业，总结起来，企业文化一定是平等、公平、透明、自由的。"

视源股份内部推行扁平式的组织架构，各部门及各层级之间强调的是业务责权划分、淡化内部等级差别。在视源股份内部进行业务研讨时，"汇报""领导"等词汇是不允许出现的。公司员工有创新思路及意见时，不需要层层汇报就可以和公司任何高层管理人员直接进行讨论。

"在新员工入职的会议上我们都会把手机号码公布给大家，如果大家有任何新的想法可以直接联系到我。"黄正聪说道。快速直接的反馈机制保证了公司内部信息的快速高效传递，确保了员工工作积极性与创造性的有效发挥。

除了平等协作的工作环境之外，视源股份也尽量为员工提供包容关怀的生活环境。员工在日常生活中会遇到包括教育、医疗等各方面的问题。解决这些问题原本不是企业应当承担的责任，但视源股份对于这些问题却十分重视，为员工建立了全方位、高水平的生活服务设施。

为了解决优质医院挂号难的问题，视源股份在创业之初就投资数千万元建立了专业的体检中心。体检中心配备了最好的教学研究级医学设备，引进了专业的医护人员和管理团队，免费为员工（每年两次）和父母（每年一次）提供体检服务，目的就是满足公司员工的高端医疗体检及健康管理需求。"当时的想法是体检项目无论公司赚不赚钱都要干。"如今体检项目不仅已经发展成为一个优质创业项目，更是联络公司与员工感情的重要平台。

视源股份还建设了自己的幼儿园，获得了国家认可的幼师培训认证资格。幼儿园同样以最严格的软硬件标准进行建设，不仅配置了优秀的教学设备，还高薪聘请国内外的幼教师资，为员工子女提供优质的中英文双语教学服务。视源幼儿园已经成为广州本地的明星幼儿园，企业创始人以及员工的子女有很大比例在企业自己的幼儿园就读。

视源股份还按照五星级酒店标准建设了员工餐厅，为员工提供健康安全的早午晚餐、咖啡茶点、酒水等。此外，视源股份还为员工免费提供健身房、琴房、按摩室等多种福利设施。员工的服装、生活用品、宿舍等公司也都会予以补助。视源股份的员工在达到一定的工作年限和业绩条件之后就可以获得公司配车，配车的等级与职位无关，只与贡献度有关。

通过全方位的工作环境及生活设施建设，视源股份努力在公司内部营造出一种家庭式的工作生活环境。视源股份认为这样一种家庭式的情感建设可以创造一个宽松、高福利的工作生活环境，使员工更加热爱企业、发自内心地为企业创造价值。

应当说视源股份的努力取得了相当的成效，也获得了大多数员工的认可。视源股份的员工流失率在同行业中一直处于较低的水平。即使在2020年新冠肺炎疫情的特殊危机局面中，视源股份仍然较好地维持了公司的凝聚力，保证了公司业务的顺利开展。

鼓励创新的内部创业机制

视源股份对于内部员工的创新创业一直抱着开放鼓励的态度，并且将员工的创新创业作为公司业务的重要增长点。

在视源股份，员工内部创业主要有两条路径。

第一条路径是在原有业务领域的创业创新。液晶显示模块、教育信息化系统等都是视源股份传统的主营业务领域，员工在这些领域的贡献主要包括产品的升级优化、新客户的开发、项目效率的提升等等。对于在这些领域做出重要贡献的人，视源股份除了在工资福利等方面做出奖励之外，还有一个很重要的手段就是股权激励。

"天下总有能力比自己强的人，让能力和贡献超越自己的人在股份比例上超越自己，为公司创造更大价值。只有把股权真正让给创始团队，才会让他们感觉到是自己的事业，不要做反人性的事情，要切实为大家考虑。"黄正聪说道。正是基于这样的理念，视源股份才能不断吸引有能力的优秀人才加入。

视源股份在招股书中明确表明，人才是公司发展的核心因素，公司非常注重员工收益与贡献的匹配，公司股东会根据员工的贡献协商是否引入新股东或对所持股权比例进行调整。直到今天，视源股份仍然不断以股权激励的方式对表现突出的员工进行奖励，超过半数的员工同时也是视源股份的股东。

第二条路径就是新业务的开拓。视源股份业务领域的扩展主要采取的是内生孵化的机制。采取这种方式一方面是因为风险及难度较低，另一方面也是为了给公司员工创造更多的机会。黄正聪在接受采访时表示："公司新业务的发展和品类拓展主要源于企业内部孵化。到目前为止，公司内部的创业项目所创造的营业额已经超过了公司总体业绩的十分之一。"

视源股份旗下目前已经拥有的十余家创业子公司，大都源自内部发起的创业项目。视源股份内部创业孵化机制的具体运作方式为内部员工发起创业项目，编写商业计划书、提出包含至少3个人的创业团队人员计划，经过公司内部业务研讨通过后就可以组建创业项目团队。项目设立初期会以视源股份全资子公司的形式保障项目前期的低风险运行，通过公司的投资孵化管理部进行统一的管控、调配资源和考核，承担项目的运行成本。随着子公司业务的不断发展，待子公司实现经营正现金流后，视源股份就会向创始团队员工进行分红，同时鼓励员工进行股权回购，实现子公司股权向创始团队成员的逐步转移，最终实现创始团队成员控制子公司大部分股权的目标。

视源股份旗下子公司广州华蒙星体育发展有限公司（以下简称"华蒙星"）就是公司内部孵化的从事幼儿体育教育的公司。华蒙星创始于2016年，创始人温大治最初是视源股份教育体系的体育项目负责人，在幼儿篮球领域已经拥有十余年的从业经验。有了内部创业的想法之后，温大治找到视源股份的股东们谈了自己的创业计划。

视源股份的几位大股东认为项目可行，经过公司创业流程审批之后很快就决定投入300万元支持温大治进行内部创业。但温大治最终选择只拿100万元创业基金，开始了华蒙星的内部创业之路。今天的华蒙星已经涵盖了器材销售、师资培训、幼儿培训及赛事运营四大业务。华蒙星主办的全国幼儿篮球联赛覆盖全国20个省50个赛区。举办总决赛时姚明也来到了现场。华蒙星可谓是中国幼儿启蒙篮球运动的引领者。

华蒙星股权结构的演变充分体现了视源股份支持内部创业的态度。创立之初，视源股份作为母公司100%控股华蒙星。如今，视源股份占有华蒙星的股权比例已经下降为不到30%。而华蒙星创始人团队占有的公司股权则超过40%，成功地实现了公司控制权转移。

除了华蒙星之外，"视源幼儿园""视源健康"和"希科医疗"也都是视源内部的创业项目，如今都已经成功地走出视源股份，开始为广大外部消费者提供幼教及健康管理服务。这些业务都有望成为视源股份未来的增长点。

　　篮球、幼教、医疗和视源股份的主营业务都相去甚远，按照传统公司战略理论及管理模式，视源股份基本不可能进入这些行业，即使进入了，成功的可能性也很小。但在视源股份内生孵化式的创业环境下，公司员工的主观能动性得到充分的尊重与发挥，成功地在完全陌生的领域开拓出新的业务空间。

新冠肺炎疫情下视源股份的挑战

业务拓展

　　在主营业务领域——液晶显示板块、教育信息化、远程会议系统，视源股份都取得了很大的成功。视源股份的液晶显示板卡已经占据了全球超过三分之一的市场份额，教育信息化、远程会议系统也都占据了国内市场份额的首位。

　　但对于隐形冠军企业来讲，跨行业的拓展是一个共同的难题。视源股份的传统业务虽然发展良好，但未来的潜力有限。视源股份已经开始将业务范围向白电、厨卫、小家电、智能锁等领域拓展，同时还培育了华蒙星等一批内部创业企业。但到目前为止，这些新业务产生的业绩还比较有限。未来能否承担起企业增长的重任，还有待时间的检验。

公司治理

　　视源股份的股权结构十分分散，最大的股东黄正聪持股比例也仅有11.62%。这种股权结构决定了它没有单一的实际控制人。通过签署一致行动协议，几位自然人股东以友好协商的方式决定公司重大事项并保持对公司的最终控制权。

　　迄今为止，这一体制运转得相当顺畅高效。但这些自然人股东将来是否能够一直融洽合作、共同推进企业的发展？同时，高度分散的股权结构是否会引来对视源股份的优质资产虎视眈眈的野蛮人争夺对视源股份的控制权？这并不是危言耸听，类似的事情已经在万科、格力等企业身上发生过，对于视源股份来讲，这同样是需要提前考虑、谨慎安排的问题。

黄正聪坦言视源股份也面临着许多内外部压力。例如重要原材料价格上涨且不能及时交货，海外新冠肺炎疫情严重导致复工复产缓慢，行业整体需求下滑，物流压力，等等。为了应对不确定的未来环境，视源股份的策略是继续加大研发投入，大力鼓励内部创业创新，全面提升技术创新能力和产品开发能力。在战略性创业项目的支持下，视源股份将努力提升现有产品技术水平并提前进行未来新方向的深入研究，维持企业的良性可持续发展。

教授点评

李伟

长江商学院经济学教授
长江商学院案例中心主任
长江商学院中国经济和可持续发展研究中心主任
亚洲与欧洲市场副院长

在行业内，视源股份的成就不仅在于高速增长的经营业绩，更在于组织创新上的大胆尝试。令人羡慕的员工日常福利，塑造了强大的员工凝聚力和工作积极性，帮助企业在新冠肺炎疫情中迅速摆脱困境。此外，内生孵化机制将企业转化成创投平台，在多个细分领域扩张的同时，又反哺扩充了自身的福利项目，不断通过自我造血发展壮大。

研究员说

祝运海

长江商学院案例中心高级研究员

　　面对新冠肺炎疫情及外部环境带来的巨大不确定性，视源股份能够迅速克服逆境、恢复成长。作为一家白手起家的民营企业，视源股份凭什么迅速成长为所在行业的领军企业？在面对外部经营环境变化导致的巨大挑战时，视源股份又为什么能够迅速反弹，维持业绩增长？视源股份的经营管理之道究竟有哪些值得学习与借鉴之处？

OATLY：燕麦奶在中国的入圈与出圈

2017 年的张春与他眼中的 OATLY

张春（David Zhang）是OATLY的亚洲区总裁。作为OATLY"亚洲区的1号员工"，他从零开始，建立团队、制定战略、经历挫折、应对调整，短短3年，令OATLY在中国呈现出一番繁荣景象。

由于OATLY的迅速走红，各类豆奶、杏仁奶、核桃饮、椰奶等，都被冠以"植物基"的概念，再次焕发活力，这直接开辟了"植物蛋白"的品类热潮。3年时间，张春不但实现了他多年来"尝试一次FMCG（Fast Moving Consumer Goods，快速消费品）"的愿望，也在中国成功打造了一个潮牌，更建立了一个品类。这在新品层出不穷的当下，是一个让人印象深刻的商业创举。

带着"做一次FMCG"的愿望，张春在GE、西门子等世界五百强企业历练了20多年后，于2017年选择了当时尚未进入中国的植物基品牌OATLY。之所以有这样的一个愿望，是因为张春在此前从事战略规划相关工作的过程中意识到，消费品是最具挑战的业务，同时也是最容易成就企业家精神与梦想的竞技场。成消费品者成天下。

面对如此大的"跨界"，张春是这样提及当时的心路历程："我从来没有碰过消费品，之前20多年的经验都在To B领域，主要做大型能源设备销售、工业项目投资、工程承包等业务。To B领域只要说服了CEO和决策者，就可以成功。但消费品截然不同，'门槛低'，每一个消费者都是决策者。同时在GE工作的时候大家有一个认识，能适应多个不同领域并带领团队取得成功的人，才有资格成为业务集团的真正领导。To C市场对资源背景的要求相对弱化，核心在于战略选择、市场洞察、团队搭建和能力打造。"同时，张春认为，尽管生意在终端和渠道上各有不同，但底层逻辑是一样的。这是吸引他加入OATLY这家公司以及消费品市场的最大动因。

OATLY是瑞典品牌，2017年前主要市场在欧美，还未进军中国市场。在选择加入OATLY，负责亚洲区业务的时候，张春也做了自己的判断："在中国，食品饮料领域，近年来新入市场的100个进口品牌中大概有5个能最终存活下来，其中又只有一两个能称得上成功。所以做成这件事的概率很小。"

不同于豆浆、核桃露等产品以研磨为主要工艺，OATLY的燕麦奶是通过特有的酶解技术，将燕麦"液体化"，有着独特的风味和背后的一系列理念。但这些太复杂了，如何让消费者了解、接受并推崇？而且最大的问题在于，西方人饮食习惯以肉制品为主，这些年因为环保和健康因素，植物基慢慢兴起。而中国有上千年的素食文化，植物基已经有多年的历史，尤其是豆制品。比如说，我们很多人都是喝豆浆长大的，对于品牌而言，这种"标新"的冲击力就减弱了很多。

带着这些疑惑、忧虑，虽然不乏犹豫，但张春还是决定接下任务，正式成为OATLY在亚洲开拓业务的领头人。2018年初，他带领4人去瑞典取经，回来后开始慢慢"找感觉"。他首先将产品送给几位不同职业背景的好友，请他们提意见。一位医生朋友尝过后，让他"赶紧拿回去，喝不惯"。一位商学院的同学则说："这不就是洋豆浆吗？中国豆浆卖3块，那你最多卖5块。"

"最初我们尝试的是在Ole'精品超市上架，在配了促销员的情况下还是每天只卖2~3盒。"张春回忆表示，"那时候真的是两眼一抹黑。而且最难的问题开始出现，超市里不知道怎么上架OATLY，因为没有这个品类！和可乐放在一起，算饮料？显然不是。和盒装牛奶放在一起？奶制品？也不是。和豆奶放在一起？很多大众消费品就卖几块钱，但这对我们来说连运费都不够。"

团队此时只有十几个人。其中为了铺零售渠道，销售部门招聘了四五位熟悉零售渠道的员工。但因为零售渠道的销售不顺，他们很快就陆续离职。公司整体是一个贸易公司，从总部订货，然后想办法在中国销售出去，在这种定位下，招聘优秀人才并不容易。连张春自己也"感觉很不好"。

"我想尝试做FMCG，没想到遇到这样一个'四不像'，上架都不知摆在哪里！"张春表示，"其实想硬推也简单，走传统打法，上千家大型超市放一放，各种关联的保健品柜台放一放，就算每家店每天卖2盒，也能完成任务，但这显然不是OATLY应该做的。"

OATLY 燕麦奶的过往历史与品牌革新

如果你是张春，面对此情此景，此时该作何选择？

为了提供更多决策背景，我们有必要将OATLY公司的历史进行一番梳理，把张春当时面对的决策环境更清晰地呈现在眼前。

OATLY 公司沿革

1963年，瑞典隆德大学教授阿恩·奎斯特发现人体存在"乳糖不耐现象"，由此展开动物乳替代食品的相关研究，这便是OATLY公司的源起——为了寻找一种无须通过牛或动物的身体生产，但同样营养健康的替代性乳品素材。

1993年，奎斯特教授的学生里卡德在此前的研究基础上，研究成功了特有的

"酶解技术"，能将谷物分解成液体，并保留其中主要的营养成分，提供了一种可供乳糖不耐受群体饮用，有乳制品口味的植物饮品。在具体选择哪种谷物的问题上，通过大量的试验及配方调试，最终在几十种谷物中选择了有营养优势、口味低调，同时也在瑞典被广泛种植的燕麦，进而在1995年推出了首款"燕麦奶"[1]。燕麦的英文为Oat，于是决定只做燕麦的里卡德，把品牌命名为OATLY，并于2001年创办了OATLY公司。

OATLY公司创办后，管理层以学者居多，以"乳糖不耐受人群"为主要消费群体。相关资料显示，各地区人口中乳糖不耐受的人群比例，如北欧为2%～15%，中欧为9%～23%，美国白种人为6%～22%，印度北方为20%～30%。而在亚洲，乳糖不耐受可达70%～80%。乳糖不耐受的主要症状为进食乳制品后会出现腹胀、腹痛、腹泻等情况，但症状因人而异，很多人症状并不明显或并未对其造成严重困扰。

早期OATLY公司以此为产品的针对性卖点，同时在品牌和包装上以传统工业风为主。2012年，公司收入达到2900万美元，但距离一家卓越的企业还有较大差距。此时OATLY的规模和定位就是一家瑞典本地"镇级"普通食品企业。

新的管理与新的品牌

2012年，经过慎重考虑，董事会任命托尼·彼得森为公司的新任CEO。这位瑞典人在以创意著称的瑞典也是一位公认的"创意人"，其创业经历涵盖了咖啡、食品、啤酒和葡萄酒分销、电子零售服务、房地产在内的众多领域。一家具有学者背景的企业聘请其作为CEO，可见OATLY从内心深处希望有所改变。

彼得森上任后，招募了约翰·斯顾·卡拉夫特担任首席创意官，并大刀阔斧地启动了组织变革，意在融入创意基因。例如将传统的营销部变为心智管理部

---

[1]　燕麦奶为谷物饮料，OATLY也在很多场合称自己为"燕麦饮"等，但目前市场较多采用"燕麦奶"这种叫法，有利于目前阶段的消费者认知。

（Department of Mind Control），并对公司战略、品牌进行了重新定位——以可持续发展（Sustainability）为核心战略，以不墨守成规的幽默感将这一战略进行品牌落地。

如表5-2所示，其产品包装直接体现了这些变化。对于快消品而言，包装是核心的营销阵地。OATLY的包装风格可以总结为：充满创意、差异化、注重内容营销。

表5-2　OATLY产品外包装特点

分类	特点
商标	采用纯色风格、卡通字体、连字号与感叹号，暗示品牌新潮、有趣，易引起消费者关注
色彩	与市场五颜六色的包装形成反差，OATLY采用黑白灰蓝为主的纯色调，突出质感与生态回归
内容	注重内容营销且强调内容有趣或对话式，例如"WOW！NO COW！（哇！没有奶牛！）""We promise to be a good company（我们承诺成为一家好公司）"等，这种对话式幽默的包装，更亲切，引发消费者尝试的兴趣
创意	自2018年开始在部分地区的包装上展示二氧化碳排放量，进一步强化其"可持续"的品牌形象。高大憨厚原生态的拟人化卡通形象，进一步体现瑞典燕麦光照时间充足、有一人多高等特点

资料来源：根据访谈整理。

包装和品牌的升级，让一个品牌通过风趣幽默的对话与读者产生连接，而包装简约大方的色调，生态灰的质感也圈粉无数，OATLY给这些粉丝取了一个很潮流的名字"Post Milk Generation"（后牛奶世代）。类似于人们常说的"Z世代"。

此外，通过塑造"牛奶挑战者"的形象，OATLY引发消费者好奇，形成品牌差异定位。如其著名的两个广告语——"It's like milk but made for humans"、"Wow！No cow！"，宣传上直接对标牛奶。公司以新一代蛋白饮品缔造者形象不断向牛奶行业发起挑战，以较低成本收获大量关注、传播与讨论。

2015年瑞典乳制品企业曾起诉OATLY诋毁乳制品形象，OATLY选择坚持自己的定位——"好公司"和"无所畏惧"，应对挑战，新闻媒体对该事件广泛的报道反而促进了OATLY的传播。

愿景表达，与"可持续发展"相连接

OATLY公司内部的使命、愿景和价值观，始终把握两个核心诉求：一是消费者自身在营养和心态上需要平衡；二是地球需要"平衡"。这里的"平衡"指向了一种在健康、绿色、碳中和、环保等"道"之下的消费理念和生活方式。

具体来说，OATLY在瑞典的生产基地持续由100%可再生能源供电，而且剩余的生产原料会进行二次资源化利用，OALTY在欧洲开始用电动卡车运货，把可持续行动融入公司的年度规划中，在各方面中和公司的碳排放。

而在产品和品牌端，在近几年全球各个领域均不断掀起的相关消费热潮中，OATLY也开展了各种具有特色的品牌活动。例如公布碳排放数据，不断尝试降低生产链中的碳排放和环境影响。2020年OATLY进一步优化了燕麦的来源（不同产地的种植方式、土壤、产量不同），燕麦的气候影响降低17%。例如呼吁食品包装在重要位置公布碳排放数据，例如"无牛奶音乐节"，例如赞助超级碗后顺势推出"我讨厌OATLY广告"字样的T恤，该T恤很快被抢购一空……这些创意十足且颠覆常规的营销活动，显示出OATLY特立独行的风格。

第一次关键选择：零售渠道遇阻，中国市场该如何打开

OATLY在中国究竟如何起步？与很多媒体或研报描述的不同，中国市场选择"咖啡馆渠道"，并非直接借鉴了欧美市场的成功经验。

在欧美市场，OATLY都是通过零售渠道取得成功，即使是与咖啡馆合作，咖啡馆大都也只起到意见领袖的作用，欧美消费者普遍在家中制作和品尝咖啡，所以通过意见领袖带动，零售商超依然是消费者最终购买OATLY的最大渠道。但张春面临的困境在于：最初OATLY在中国的零售渠道基本走不通。

张春表示："我没做过消费品，团队成员大都是跨界的，实际也有很多好处。因为如果是行内的人，超市不好卖，肯定开始考虑更大范围地铺零售渠道、

打折、加大投放做品牌宣传，但这些只会让品牌更快跌入传统的大众消费品市场，失去构建高端潮牌的机会。"

用精品咖啡渠道和"三个一"战略敲开中国市场大门

"2018年3月，我们团队首先坐下来，开始讨论，我看了OATLY的产品清单，卖得比较好的是Barista（直译为咖啡师）这款产品，团队经过品尝也认可其产品力。公司在上海，我们就想到上海有很多精品咖啡馆（此时我们还没有与连锁咖啡馆去谈的实力），上海的精品咖啡文化和成规模的精品咖啡馆是全国独有的，精品咖啡馆的消费人群也和我们产品的调性相符。"张春表示，"我们选择了'剑走偏锋'策略，不去和水饮、乳企市场的传统大品牌争夺零售渠道，而是转向精品咖啡馆渠道。我们一个个去和这些精品咖啡馆谈，把OATLY放进去，并且我们坚持品牌露出。"

在这样的思路下，团队制定了一个城市、一个市场、一个产品的"三个一"战略，十几个人的公司，分出一半人员去和一家家咖啡馆洽谈，品牌总监也亲自上阵……这一过程起初并不顺利，但OATLY燕麦奶和咖啡结合，确实有着出众的口感，其制作的拿铁口味醇厚，制作拉花也较为容易。专业的咖啡师们发现，Barista在咖啡调制过程中表现出非常好的属性：起泡性好，热稳定性较高，人工添加剂少，味道低调，能衬托咖啡的香味。

在不同的植物奶选择中，豆奶由于豆味浓郁，会提升咖啡本身的苦味，而杏仁奶比较甜且稀薄，冲制奶咖会让咖啡味道偏甜，质感亦未及醇厚。燕麦的味道及口感俱佳，在大众的印象中也比较深刻，容易被接受。燕麦奶对于咖啡来说，可能是"所有牛奶以外的新选择中最合适的"。

与此同时，张春结合自己20多年的销售经验，认为"价格差异容易让人们产生好奇，愿意去了解其为什么价格更高"，于是在和精品咖啡馆的合作中，OATLY请店家在柜台打出标识，将传统拿铁替换为燕麦拿铁，会有略微加价。消费者就会去问"Why",店员很自然地就可以介绍OATLY的环保主张、替代牛奶的可持续发展理念、燕麦的营养优势等等。

实际情况是,OATLY的品牌和特质,与消费群体非常契合。精品咖啡有足够的溢价与利润,消费者很容易接受略微加价。同时,OATLY为精品咖啡馆带来了额外收入,还强化了咖啡馆的品牌调性,OATLY进入精品咖啡渠道的难度相应降低。短短几个月时间,这样的渠道战略带来了意想不到的效果,数百家精品咖啡馆都成了OATLY的合作伙伴,不但相互推荐,甚至到了"争先恐后"的地步。没有OATLY燕麦奶的精品咖啡馆,在对比中"不能保持竞争力"。

倡导可持续、健康均衡的OATLY的品牌露出,成为精品咖啡馆的"身份标识","蜂拥而至"的客户将OATLY亚洲区的存货一扫而光,甚至不断加价,在一些消费量大的节日,1升OATLY燕麦奶的市场调货价一度高达上百元。

2018年4月,OATLY合作的咖啡馆数量仅有几家,到当年年末已经快速扩张至上千家。OATLY CEO彼得森也来到上海,看到销量节节攀升,尤其是如此多高端、有调性的咖啡馆都在明显位置展陈和推介OATLY,彼得森非常满意,开始给中国增加产能供应。

在欧美,OATLY作为"牛奶挑战者"和牛奶行业对立。而在中国,基于中国文化,张春把OATLY定位为"新奶""草之奶",一方面承认了"奶"而非抨击"奶",另一方面顺应了消费者的认知,并借用这一认知丰富了自己的品牌。张春表示:"消费者是决策者,我们想给消费者提供一个有丰富选择且灿烂多彩的世界,而不是一个非黑即白的单色世界。"

入驻天猫,植物蛋白成新品类

在咖啡渠道实现突破后,OATLY成功远离了"洋豆浆",成为一个新的消费品。虽然它被几乎所有人称为"燕麦奶",但还缺少"上一级"的归属。饮料?奶?乳品?食品?此时显然没有一个公认的标准答案,依然难以在消费者的追问下进行清晰地描述和定义。这让OATLY依然困惑于货架上的明确位置，在想要上架天猫时也遇到同样的问题，长长的类目列表中却没有一个合适的可选项。

在线下，要想获得宝贵的门店品牌背书资源，也要解决"你是谁"的问题，要让客户完全把OATLY和豆奶之类的传统植物基区别开来。种种压力下，张春决定打破常规思维："我们要另立赛道——打造植物基的概念。"

天猫上没有对应品类，这提供了一个机会。OATLY中国团队向天猫建议新开一个品类，天猫方面也研究了市场，将对应的产品进行了大致的匹配。经过多轮多次沟通后，天猫率先开通了"植物蛋白"品类，在2018年"双十一"中，天猫还打造了"植物蛋白"这一全新品类的专场。在这次"双十一"中，OATLY保持了高端定价，11分钟卖完了5000箱存货。

很多媒体以OATLY在天猫销量的变化，来体现OATLY在中国的崛起。同时凸显线上渠道对OATLY亚洲区的重要性及与其他地区市场的差异性。但事实是，OATLY亚洲区长期处在缺货状态，线上渠道只是"有货就尝试一下"，此时的压力完全来到了瑞典总部，其供应链产能已无法满足中国市场的需求。

"同事打来电话说，David，我们的仓库卖空了！我感觉如释重负。"张春表示："从2月份的迷茫无措，到11月份的全面开花，2018年我们成功实现了'冷启动'，并且在保持调性的情况下，成功地打出了一个潮牌。团队也在实战中获得了锻炼。前后我们只花了很少的营销费用，一些操盘过大型营销项目的员工甚至不满我们的预算而提出离职，这说明战略和产品对了，并不需要花太多钱就能把市场做起来。"

此时面临的另一个情况是，OATLY的工厂都在海外，从瑞典及其他工厂发货，漂洋过海到中国往往要2~3个月，加上亚洲区每月只有两个集装箱的货品配额，OATLY此时并不是一个"大公司"。

"实现了和精品咖啡馆的合作，但这还远远不够，我们只是缓了一口气。"张春表示，"因为产能有限、亚洲区尚不能和较为成熟的欧美市场相比，供货量有限——这么点货，你就很难成为主流，此时模仿者纷至沓来，精品咖啡馆并非独家合作，如果短期内不能再上台阶，我们又将面临巨大挑战。"

第二次关键选择：行业头部品牌的突破

在咖啡馆行业，除了所谓精品咖啡馆，"连锁咖啡馆"才是销量和受众最大的经营体。2019年2月，OATLY在精品咖啡馆的成功，引起了行业知名咖啡连锁品牌的关注，其开始采购OATLY产品进行研究。于是张春和团队根据这些信息找到了这些咖啡品牌，开始洽谈合作。

咖啡连锁品牌受众广泛，具有很高知名度。整个OATLY团队经过集体讨论和思考，都认为和"行业头部品牌合作"在品牌打造和销量提升上有着无可替代的价值，是自身发展最重要的战略。但要达成最优结果，必将经历一系列谈判、思考、辗转和权衡。事实上，当时OATLY脆弱的供应链也无法支持亚洲突然爆发的巨大需求。

与连锁咖啡品牌的谈判过程异常艰辛，出于商业信息保密，不作为本案例的重点，但其过程充满了商业故事与启发，可以分享的是，最后的成功并非媒体一笔带过的"达成了合作"那样轻松，也并非依靠股东背景或其他某些不可学习的"神秘力量"而最终促成。

张春表示，谈判带给他的"折磨"甚至超过了冷启动时的煎熬。因为在谈判过程中，一方面要权衡谈判内容，满足大品牌在选择供应商时的严苛考核和要求。另一方面又要提前数月向总部备货，同时总部的部分高管并不看好……这段时间的辗转协调，张春既要向总部反复讲述这样的合作对于品牌的价值、对于打开市场的价值；又要通过各种方式，来保障稳定到货、品牌露出以及"非排他"这样三个看起来几乎不可能完成的任务。

此时的OATLY还是一个"小公司"，亚洲区是一个不过二十多人的"贸易公司", 而谈判对手则是在中国有着数千家门店的顶尖咖啡连锁品牌。

考验并不止于此, 因为"选择"有很多。就在谈判难言顺利时, 其他多家连锁咖啡品牌也找到OATLY寻求合作。不得不说, 这对刚有起色的OATLY中国团队来说很难拒绝。但经过分析, 张春认为做品牌要"守身如玉", OATLY的管理团队坚持"第一弹"一定要和"行业头部品牌"合作, 因此放弃了大量订单机会。

之后大半年的反复沟通和谈判过程非常折磨, 经历巨大考验, 也面临艰难选择。

比如说, 满足连锁咖啡品牌的供应, 就需要砍掉欧洲的相当一部分供应量来满足亚洲市场, 然而欧洲市场的计划早在半年前就已做好, 如果要求欧洲改变计划但合作没谈下来, 欧洲市场会遭受损失, 可能得不偿失; 但如果合作达成却无法足量供货, 又将面临巨额赔偿……类似的问题在谈判的过程中屡屡出现, 谈判陷入了僵局。

在这个过程中, 张春的职业经历与战略素养, 让他将目标投向了该咖啡品牌的香港市场, 那里的管理团队基于不同的市场环境, 有着不尽相同的运营理念。

通过与咖啡师的密切沟通、与高层的洽谈和OATLY在精品咖啡馆已经形成的口碑与发展势能, 张春与该咖啡品牌香港管理团队的谈判较为顺利, 不但顺利达成合作, 而且该咖啡品牌的香港管理团队还在店面为OATLY提供了5个品牌展示位置。张春表示: "在达成合作的当天, 正好是董事会的工作会议, 我放弃了此前准备的几十张PPT, 只说了几分钟, 就是放了照片, 展示了该品牌门店的5个位置有OATLY的品牌露出。"短暂的沉默后, 爆发了热烈的掌声, 因为参会的高管们很快意识到, 这意味着OATLY在亚洲市场的彻底崛起, 开始成为全球性的流行品牌。

销售成绩的不断提高, 让该咖啡品牌看到了与OATLY合作的潜力。在2021年OATLY公布的上市预披露文件中, 亚洲区营收同比增幅超过4倍, 达到4745.2万美元。

至此，从精品咖啡店到头部连锁咖啡品牌，从便利店到大型超市等零售渠道，乃至许多餐饮领域的大型连锁品牌，都成为OATLY的合作伙伴。在星巴克、肯德基、麦当劳、必胜客、太平洋咖啡、奈雪的茶、凑凑、满记甜品等等餐饮领域的大型连锁品牌，都可见到OATLY的产品和品牌。在收银台或点餐区，OATLY燕麦奶的包装盒及燕麦拿铁标签都出现在最醒目的位置——从精品咖啡馆到连锁咖啡店，OATLY在中国彻底"出圈"。源于中国市场的巨大发展，新加坡工厂、马鞍山工厂、千岛湖工厂已进入规划或投产阶段。

投资植物基类产品已经成为全球的热潮，包括比尔·盖茨、李嘉诚等全球顶级企业家都纷纷投资了相关概念的企业。OATLY的股东中包括多位好莱坞超级明星，他们都在表达对地球环境的关注以及他们的环保理念和主张。张春表示："做品牌、做企业，你要有一个和人类命运息息相关的使命与主题，并且真的去践行，去努力实现，这样你会感觉所有的力量都会慢慢开始帮助你。"

第三次关键选择：模仿者层出不穷，市场迅速爆发

伴随OATLY的崛起，近年来，大量植物基或主打"燕麦饮"的品牌迅速发展，健康饮食逐渐成为新兴潮流，瑞银集团预计，作为农业技术革命的一部分，全球植物蛋白市场将在未来十年迅速增长。预计到2030年，其规模将从现在的46亿美元飙升至850亿美元，而更广泛的农业科技市场的规模预计将扩大5倍以上。

品牌活动促成品牌"出圈"

凭借燕麦奶建立起先发优势后，OATLY也尝试向多渠道的客户卖出更多产品。从燕麦奶特调饮品到燕麦雪糕再到烘焙、西饼，乃至多种形式的周边产品，OATLY以更多形式出现在人们不同的消费场景中。其中，"只供一客，因为我们只有一个地球"的雪糕在小红书等社交媒体成为网红单品，引发线下几百人排长

队购买。

同时，借助大量的活动，OATLY开始"破圈"。例如从2020年开始，OATLY为听障青年提供专业的咖啡师培训，帮助他们获得世界专业咖啡机构SCA颁发的证书，开启职业生涯，截至2021年9月，OATLY已培训了80位"无声咖啡师"，这背后体现的"商业向善"理念和高业务关联度的公益创意影响了更多企业和机构。此外，OATLY的"盒瓶"可持续回收计划、宠物友好等活动，引导年轻消费者用可持续消费，为明天的生活投票，与环境和谐共处。

植物基"联盟"期望行业有序发展

2020年7月，FBIF食品饮料创新论坛在杭州国际博览中心开幕，700多家食品行业企业参会。2020年7月8日，OATLY与天猫、植物蛋行业代表皆食得（Just Egg）以及植物肉行业代表别样肉客（Beyond Meat）围绕主题"可持续新食代——食品行业的植物基变革在发生"，探讨植物基和它带来的饮食与生活习惯的改变。由OATLY倡议，天猫发起的"植物蛋白饮联盟"成立，天猫新品创新中心发布了白皮书，揭示植物蛋白饮料市场800%超高速的发展趋势。

同年12月，由OATLY发起，阿里巴巴牵头举办的"天猫植物蛋白联盟峰会"在上海举行，就"植物基食品未来的更多可能性"展开探讨。与会专家认为，植物基"肉""蛋""奶"三驾马车并驾齐驱，将大幅度促进植物蛋白在国内的蓬勃发展，共推植物蛋白饮食升级，植物蛋白未来可期。

活动中，天猫新品创新中心发布了《2020植物蛋白饮料创新趋势》报告，其中提到，消费群体中75%为女性，18～34岁，"精致妈妈"和"新锐白领"为高频关键词。植物蛋白产品价格中位数在17～60元，燕麦基产品在40～55元，豆基产品在29～43元。一、二线城市的消费者在接受更高价格带的同时，也更偏好燕麦基产品和坚果基产品，三线及以下的城市价格接受度较低，消费者偏好的基本还是较传统的豆基饮品。

环视此时的市场，在燕麦基领域，一方面，进口的Califia、Minor Figures等近百家国际植物基大牌蜂拥入场，另一方面，国际消费品巨头，如可口可乐、达能、百事、雀巢、联合利华的燕麦奶产品也进入市场，同时，小麦欧耶、谷物星球、OATOAT、每日盒子、植物标签、欧扎克等国内新锐品牌不断出现，背后都有知名资本的身影。而杏仁露、椰汁、豆奶、核桃露等领域的传统知名品牌也在"植物基"的概念下焕发新的活力。达能、三元、伊利、农夫山泉，这些"巨无霸"也纷纷以各种形式推出植物基新品。

盛景中的机遇与挑战

回到OATLY本身，近30年专注于燕麦这一件事情的产品力与连锁餐饮渠道的成功，让OATLY在中国成功"出圈"。零售渠道不但有了可以上架的"品类"，还成为热门抢手货。2021年5月，OATLY登陆纳斯达克，背后股东阵容强大……一切都向着好的方向发展，但张春则认为真正的考验已经到来。OATLY现在依然不是一个"大公司"，面对全球化的竞争，整体的运营能力有待夯实。同时过早上市虽然提升了品牌，但也成了其他竞品公司追逐竞争的"标靶"。

虽然众多品牌的涌现可以做大市场，但产品很容易陷入价格战。意外的竞争因素会拉低整个燕麦奶的门槛，最后在多元的冲击下将整个市场迅速拖入低毛利区间。市场以几十倍的速度在增长，这对于产能相对有限的OATLY而言，存在从高端到流行，再到小众，最终被边缘化的可能性。

面对行业未来，张春坦言："一个品类长期走下去有三个条件：第一个是有领先的科技，因为科技赋予这一品类不断地成长，包括产品的迭代、消费习惯和消费理念的迭代；第二个是有领先的品牌，好的品牌能抓住消费者的心智；第三个是市场秩序，如果没有市场秩序，那么品类的窗口期不会太长。"

很多品牌都想抓住燕麦奶这个风口，但如何推动一个好的品类长久良性地发展？张春认为这或许是当前众多行业入局者都应该好好思考的问题。

但无论如何，对标全球超过1万亿规模的奶制品市场，OATLY的成长空间十分广阔。公司也在咖啡大师品类之外，推出了丰富的产品线，进入了更多场景与渠道，进行了大量的品牌活动，以体现品牌调性与主义。

总结起来，OATLY在中国，不但树立了品牌，也开创了一个品类，并且操盘思路清晰易懂，充满力量且可借鉴学习，这在诸多案例中难能可贵。其背后主要体现了战略的制定与选择、战略定力的坚持与坚守。结合中国社会大力推进的碳中和目标、消费升级趋势，以及"商业向善"的未来发展主题，OATLY的前两次关键选择，深入演绎了"品牌造物"的神奇，而第三次关键选择，将决定这份神奇能否延续。

教授点评

滕斌圣

长江商学院战略学教授
高层管理教育项目副院长

我们身处品牌大爆发的时代，国潮风起云涌，国际品牌亦然。时至今日，国际品牌已经不能再居高临下地进入中国市场，而是要让消费者切实感受到产品的内涵及价值主张。其中，新零售的重要打法，即塑造核心群体的意见影响力，至关重要。这方面，OATLY提供了一个绝佳的案例。

未必携风靡全球之势，OATLY却能在中国市场，将略显晦涩的"乳糖不耐"和"减少碳排放"理念，巧妙地从"咖啡大师"的角度导入，贯穿"三个一"策略，使之成为上海精品咖啡店的宠儿，进而"潮化"高端女性咖啡人群，最终实现全市场多品类的覆盖。一套"游身连环八卦掌"，可圈可点。本来，燕麦奶会自然而然被归入豆奶类饮品，那就难以翻身。但OATLY

通过战略选择，通过与咖啡的结合，跳出三界外，不在五行中。境界不同，才能引领潮流。

研究员说

王小龙

长江商学院案例中心高级研究员

在访谈OATLY中国团队时，我深切感受到了价值观对于企业经营的重要作用。战略思考的背后是价值观，在很多次面临选择时，OATLY没有选择"容易的"超市铺货，没有选择"容易的"放弃各种条款一味迎合连锁咖啡大品牌。在谈判困难时没有选择"容易的"和其他咖啡连锁品牌合作，反而都在这些重要时刻选择了明显更难的"另一面"。

取势、明道、优术，商业向善，长江所倡导的精神反映了商业世界的朴素真理，萃取于优秀校友的身体力行，也将为更多校友的卓越实践点亮前程。

第六章

社会创新

领航井冈：社会创新的"吉安模式"

引子：领航井冈起宏图

> 云海如仙溪似梦，风吹雾散见楼亭。
>
> 孩童嬉戏颜欢喜，叟媪谈天笑忘情。
>
> 留守田园多新趣，务工乡外少叮咛。
>
> 德行或可量薄厚，善举无须论重轻。

2019年3月14日，长江商学院出资捐建的江西省吉安市遂川县盆珠村"关爱老人儿童活动中心"建成启用之时，长江商学院副院长阎爱民教授赋诗一首以贺。

"巍巍城郭阔，庐陵半苏州"，北宋大学士苏东坡面对江西吉安（旧时称庐陵）的繁荣景象曾这样感慨。近千年来，奔涌不息的赣江，目睹了吉安人杰地灵的赓续。

吉安，是赣文化三大支柱之一和重要的红色革命圣地。过去10余年来，江西省的地区生产总值从2011年的不足9000亿元增长至2020年的逾2.5万亿元，排名从全国第20位上升到第15位，处于稳步提升之中。

在此期间，吉安迎来经济转型升级、创新发展和脱贫致富的关键节点，迫切需要高端企业家人才的强力支撑。这也恰恰为长江商学院将长久以来的研学经验回馈给社会提供了很好的切入点。于是，2017年，时值井冈山革命根据地建立90周年之际，长江商学院配合吉安市政府，打造当地企业家资源整合、人才发展的"领航井冈"平台，摸索出一条"政府＋产业＋当地企业＋长江商学院＋校友生态体系"多位一体的社会创新路径。

共同富裕是社会主义的本质要求。在全球大变局的时代，科技的颠覆、世界经济发展模式的不平衡以及新冠肺炎疫情带来的新挑战，加剧了本已日趋严重的收入财富不均与阶层固化问题。面向未来，仅仅依靠过去的市场经济的"无形之手"以及政府再分配的"有形之手"这"两手组合拳"或将无法实现共同富裕，可能还需"第三只手"——社会创新，来积极配合。长江商学院院长项兵教授提出了"社会创新"的新思路，即通过加强政府、企业、NGO以及国际组织之间的协同合作，弘扬社会创新来系统地应对经济发展的问题与挑战。

"领航井冈"项目就是长江商学院履行社会创新模式的一次实践。阎爱民教授在谈到"领航井冈"的具体实施时介绍道："当地每年筛选出30位企业家，长江来定制适合当地企业家需求的课程，相当于一个EMBA或者MBA的课程。当地企业规模都比较小，企业家不一定拿得出学费到长江来念书，于是我们送学上门，打造了一个立体式的联盟——吉安市政府、长江商学院、当地的企业家、长江江西校友会一起打造'领航井冈'企业家培训课程。这对于长江而言是一个公益行为。"

该项目迄今已连续开展5年，累计150余位吉安本土企业家受益，其中部分企业已经发展成为上市公司，对吉安地区的经济和社会发展做出了重要贡献。伴随企业家的成长及相关产业的发展，吉安已形成电子信息产业、大健康产业"双千亿"发展格局。在前进的路上，一批优秀的吉安企业和产业集群，发挥着"领航"的作用，将社会创新由理念转化为切实可行的"新模式"和"新实践"。市委、市政府的长远眼光，长江商学院的研学经验与校友生态，以及各企业、各组织和其他各方力量的共识，推动吉安沿着独特的社会创新道路实现稳步发展。

国光连锁：赣南零售第一股

总部设立在吉安市的江西国光商业连锁股份有限公司成立于2005年，是江西本土的商超连锁企业。2018年，正值国光发展的一个战略节点：新零售的大环境使得实体零售企业面临着更为艰巨的挑战；而对于此刻正在谋划上市的国光而言，如何在日益变化的市场需求和电商的竞争下保持国光的核心竞争力？如何更好地融入资本市场，带领公司迈向新的发展阶段？这些都是企业创始人蒋淑兰夫妇日夜关心的问题。而就在这一年，长江商学院联合吉安市政府开设的"领航井冈"高级研修班，吸引了蒋淑兰的加入，就是这场"缘分"，让蒋淑兰对国光的发展逐渐有了更深入的思考。

蒋淑兰，农民家庭出身，经历了改革开放的热潮，并抓住了我国流通业市场化改革和零售业多元化发展的机遇，与丈夫一同推动了国光的诞生。在国光刚成立的那个时点，我国的现代零售业刚步入正轨，市场也才刚开始由以供销社为主体的卖方市场，向超市、百货等多业态共同发展的买方市场转变。因为拥有琳琅满目的商品、透明的标价，人们对于超市这种连锁零售业态十分欢迎。正因为看准了人们消费习惯和需求的变化，国光抢先开拓丰富的采购渠道，与本土和外地供应商保持着稳定、灵活的合作关系，探索出符合自身特点和本土消费习惯的采购、物流和销售体系；在树立良好的口碑和美誉后，国光就积极展开连锁扩张，将门店覆盖到所在城市的核心地段和主要商圈；同时，发展自有物业，这样一来，公司受租赁物业到期无法续租或续租租金大幅上涨的影响就大大降低。

随着品牌影响力在赣南地区的进一步加深，国光加速了扩张步伐：一方面扩展业态和经营模式，比如设计具有地标意义的国光城市综合体，针对性开发国光购物广场、国光百货、国光社区等业态，将门店的部分场地出租给第三方经营，提供仓储、促销等供应链增值服务；另一方面，在"江西广度，赣南深度"发展战略的指引下，国光在吉安市、赣州市、宜春市和新余市布局61家超市和百货商店，在吉安、赣州建立了2个自有配送中心，并积极向赣中、赣北区域扩张。通过十多年的不懈努力，国光凭借着生鲜、食品品类经营优势，以及高效、高频、准确的供应链能力，在2017年取得了21.35亿元的营业收入，一跃成为赣中南地区最大的本土零售商。

变革：放开眼界，价值对接

传统零售业因为技术含量低，一向缺乏资本和媒体的关注，在全社会、各行业积极拥抱数字化和组织变革浪潮的背景下，广大的实体零售商显得"后知后觉"。国光作为江西本土优秀的连锁零售企业，本身具有很明显的先发优势，加上十余年来在赣中南地区的深耕，可谓确立了比较稳固的市场地位。

蒋淑兰和丈夫一开始并没有觉得国光这样一个传统企业会和"创新"这个词密切相关，更重要的是，在他们眼里，国光已经拥有一定的市场地位，凭借着之前积累的资产和口碑，就这么步步为营更为稳妥，没必要"折腾"。这种想法一直持续到蒋淑兰的儿子从海外归国进入国光工作。

据蒋淑兰介绍，其子一直在海外留学，毕业后直接进入国光工作。由于在国外深入学习了解过不同企业的转型案例，因此蒋淑兰的儿子能够比较敏锐地意识到规范化运营以及战略计划对传统企业长远发展的意义。于是，在亲身参与国光的日常运营和管理决策后，儿子就对蒋淑兰夫妇提出，要请国际知名的咨询公司IBM来为国光的未来发展"把把脉"。

起初，夫妻俩是犹豫的，因为他们从来没有想过耗费巨资来请外资咨询公司为企业提建议，甚至都不知道"咨询"是做什么的。但后来经过探讨，一方面他们认为儿子受过优质高等教育，眼界放得更开；另一方面他们又觉得这个企业未来终究还是要交给他的，因此让他提前践行自己的一些想法也有好处。在儿子的推动下，公司成立了战略部，由每个部门领导推荐的年轻人组成。这些年轻人的思维比较活跃，眼界也相对开放，有助于企业面向未来的创新和人才衔接。在引入IBM咨询团队后，整个战略部一边配合和协调咨询团队的一系列调研活动，一边学习先进的咨询理念与方法，后期便和咨询团队一起梳理和完善公司的流程，整个流程持续了两年多的时间。

在咨询过程中，国光的管理团队受到启发，将眼光拓展到了全球，了解到了山姆会员商店、开市客（Costco）等国外知名的实体零售企业，并在某些运营理念和方法上向这些世界知名企业看齐。例如，为了优化零售服务，国光邀请顾客来"挑毛病"，对于顾客的投诉，如产品过期、服务不到位等，只要接到并查实，会第一时间奖励顾客200元现金。这种服务主导下的零售模式大大提升了企业的竞争力，也使得实体门店在电商竞争下仍然保持生命力。

领航：自我迭代，企业"升级"

咨询团队的意见反馈给公司后，一系列的变革和转型让公司的运营变得更加规范和高效，也进一步激发了国光创始人蒋淑兰持续学习、自我迭代的热情。

2018年，长江商学院配合江西省吉安市政府创办的"领航井冈"企业家高级研修班二期班开班，蒋淑兰主动找到吉安市政府，希望参加长江商学院的学习——在她看来，有资格入读长江是一件荣幸的事。

"长江商学院的课程设计既充满密度又不是满堂灌，在课程学习的过程中我们形成了交流思想的好习惯，只要有机会坐在一起都会找些问题来讨论，这也是一个很好的氛围。"谈及在"领航井冈"研修班中的"自我迭代"经验时，蒋淑兰回顾了自己在张晓萌教授开设的领导力课程上的学习感悟："企业中有各种类型的人，各种性格的人，要如何融入？有时企业运营不理想，不能一味责怪员工，而是需要有认知员工的途径，擅于发掘他们的优点，做到人尽其才。这堂课对我的影响很深，我开始反思自我，寻求变革，更多维、更立体地理解管理企业这件事，从自己开始，辐射整个企业，使得企业也在无形中变得越来越好了。"

在蒋淑兰参加研修的同时，国光也迎来了又一步"台阶"：蒋淑兰夫妇开始筹备国光的上市计划。在对A股零售行业上市公司做了比较全面的研究后，他们发现有六成以上的成功案例是由中信证券的消费组保荐承销的，于是就专程前往北京请来中信的团队到吉安考察国光。经过一星期的考察，中信不仅希望担任辅导券商，还希望能够发动中信证券旗下的投资实体对国光进行投资，这能看出国光在资本方眼里的价值潜力。

正巧，长江商学院也将"资本素养"融入"优秀企业家"的培养体系中，通过课程设计和面对面交流，增强企业家的资本运作能力和股权意识。蒋淑兰十分重视每一次和长江商学院教授交谈的机会，即便每天还要处理各种公司重大事项，也给自己留足了时间去反思、去提问、去学习新鲜事物。

"国光上市时，我们碰到问题常常请教长江教授，有时会拿本子记着，课后就去咨询教授。从准备上市到上市敲定，三年时间，是长江教授们的授业解惑与当地政府的大力支持铸就了国光的上市速度。"2020年7月28日，江西国光商业连锁股份有限公司在上交所成功上市，成为江西省商贸流通行业首家上市企业。国光能在新冠肺炎疫情冲击下逆势上市，充分体现了蒋淑兰夫妇出色的管理能力以及服务社会的优秀理念。

不仅是资本模式上的重大升级，蒋淑兰的"自我迭代"精神，也推动国光对各业态门店进行精细分级和精准定位，展开零售模式的转型升级，更好地服务于不同需求的消费者。一是加快融入数字化商业潮流：国光的线上零售业务在国光商城、美团外卖、饿了么、京东到家等平台相继上线，顾客在国光商城购买商品可以采用快递发货和上门自提的方式，真正地做到了线上和线下融合，在很大程度上满足了顾客网上购物的需求。二是在线下门店新增自助扫脸购和自助收银机等先进的结算设备，让顾客购物更轻松更便捷。三是及时把握不同客户的季节性需求。如2022年春节，国光连锁提供的预制菜一方面在B端满足外卖、团餐、乡厨等客户需求，另一方面，在C端也能够满足年轻人群对于便捷省事、口味多样化的需求。四是对部分门店进行改造升级，优化门店商品结构，更好地满足消费者对高端购物场景的需求。

回馈：善用财富，服务社会

实现共同富裕，需要企业家从为何经商、如何经商以及如何使用财富三个方面，对整个财富循环进行新的界定。

在十几年的发展历程中，国光实现了各种突破，蒋淑兰也亲历了国光从艰难起家到如今"领航井冈"的全过程。通过创新业态、变革管理、迭代模式，国光目前已经真正实现了"江西广度，赣南深度"的战略目标，年均营业收入稳定在22亿元以上，总市值目前已达到39亿元。

从农民的孩子，到上市公司的掌舵人，蒋淑兰认为国光的成长离不开身边各种力量的启发和影响。谈到吉安市政府与长江商学院引领的"领航井冈"项目，蒋淑兰表示十分感激："生在了好时代，党的领导好，政府对我们也很支持。多亏了政府，我们才能走到今天，以后我们会竭尽所能，回报家乡。"

在助农扶贫、畅通社会流通方面，国光早在2008年就被商务部、财政部、农业部等六部委确定为全国开展"农超对接"试点工作的首批九家试点企业之一。近些年来，在"脱贫攻坚""共同富裕"和"乡村振兴"等主旋律的影响下，国光不断设计和丰富符合国光特点的社会创新模式。比如国光会派专人到比较偏远的农村，特别是政府确定的扶贫点，协助设立农产品生产基地，通过农村合作社与农户对接的方式引导农户，使农产品的种植规模化、标准化，最后再由国光负责采购，类似于星巴克和咖啡农之间的关系。目前，算上经销商、农业合作社、农户在内，国光已拥有大约2000多家合作供应商，其中诸如辣椒、西红柿、红薯这类销量较大的农产品，50%以上的货源都来自设立的基地。对于江西这样的农业大省，推广国光农产品生产基地的模式对各方都有好处：农户增加了收入，国光得到了稳定的货源和优质的品牌，政府则通过较少的财政投入推进了脱贫振兴进度。

在新冠肺炎疫情来临之际，蒋淑兰积极响应政府"保供"号召，要求国光所有门店不歇业、不断供、不涨价，同时呼吁员工在保护自身的同时走上物资保障岗位。新冠肺炎疫情防控常态化以后，国光又结合业务扩张计划，有针对性地与当地的职业技术院校对接，提供实习机会；通过实习，大部分学生熟悉了国光的岗位，也获得了各种相关的技能知识培训，加之工作地点靠近自己的家乡，这些学生大都愿意留在国光工作。借此机会，国光不仅帮助政府创造了更多就业机会，也实实在在地解决了自身的用工问题。

除此之外，作为"农民的孩子"，蒋淑兰十分热衷于社会公益。比如新冠肺炎疫情防控期间积极捐助抗疫物资，还向吉安、泰和、吉水的医院捐赠了三辆负压救护车，用于转运传染病人；国光对老区贫困家庭也十分关怀，每年帮助30个来自贫困村的学生完成学业，从成立以来已经坚持了十几年。

勇立潮头、创新模式，而后服务社会，这是国光能取得现如今的成绩的关键所在。蒋淑兰认为，"商学院和政府的作用也许就是激发我们内在的潜力"，秉持"自我迭代"精神的她，也会带领着国光，继续紧跟时代的步伐。

社会创新：各行各业齐开花

共同富裕不是平均主义，而是要坚持"通过推动高质量发展、通过共同艰苦奋斗促进共同富裕"[1]。在吉安市的高质量发展路径和社会创新探索中，同样涌现出了一批优秀的"领航"企业乃至产业集群，他们以各自的思路和经验彰显社会创新的价值。

---

[1] 刘鹤. 必须实现高质量发展［N］. 人民日报，2021-11-24（006）.

海能实业：小电子撬动全球产业链

安福县海能实业股份有限公司是一家专业化的消费电子产品制造商，自2009年落户吉安市安福县以来，自建工业园并快速投产，打造了集技术研发、定制化生产、销售服务于一体的消费电子产品业务群。小小的电子配件对于大多数人而言可能较为陌生，但基于这些配件所衍生的各种消费电子产品却影响着每个人的生产生活。公司的产品主要分为三类：一是信号线束，主要功能是实现数据、信号的传输以及充电，产品包括了USB、Type-C、Lightning等当前市场主流的线束类型；二是信号适配器，比如应用于笔记本、电视、手机等设备之间信号转换、放大、扩展的连接接口；三是电源适配器，包括电脑、车载、无线充电器等所使用的电力供应系统。

谈及公司早期发展和园区建设的经历，海能实业执行经理、"领航井冈"四期学员肖寒对吉安市安福县政府的热情记忆深刻。

"当时我有一个在安福外商投资企业工作的朋友，在他的推荐下，我和公司董事长来到安福考察，被政府的热情和招商环境打动，之后就签了购地协议，建起厂房。在之后的生产过程中也发现了安福的营商环境非常好，因此我们也不断加大在安福的投资。"

尽管线束类产品属于消费电子配件的一块细分市场，但海能却能扎根下去，将其做到极致——海能拥有自主研发能力和定制化产品服务能力，并在国际各类行业协会标准协议上具备了自行设计硬件和开发软件代码的能力。这得益于公司一贯注重科技研发与生产相结合，以及核心技术人才的引进与培育。为保持核心竞争力，公司每年投入大量人力、物力到新产品、新技术的研制开发中，2020年度公司研发投入金额为8892万元，占营业收入的5.7%，同比增长17.6%。十多年来，海能已经在江西省安福县、遂川县，广东省东莞市以及越南设立生产基地，形成电线、连接器、模具等生产及组装产业集群，拥有面向全球的销售体系和60多项产品检测能力，公司客户分布于北美、欧洲、亚洲等地区，与全球众多品牌商建立了广泛的合作关系。

2019年8月，海能实业在深圳证券交易所创业板挂牌上市，也成为吉安市本土诞生的"第一股"。在参加"领航井冈"项目后，肖寒对海能的发展有了更多思考："在长江商学院学习让我的视野更加宽广，引导我们去思考是否可能共同做一些事情，比如产业上下游之间的合作、商业资源的互补。"

从融入全球市场到成功上市，海能越来越注重产业链整合及其衍生出的社会效应。由于最近几年原材料价格上涨幅度较大，为了控制成本，海能从最基础的模具、注塑、连接器等环节入手整合产业链，让自身产品在品牌、品质、成本方面都更有优势；同时，海能的上市，也吸引了一些供应商入驻安福，以设厂的方式相互形成了集聚效应，逐渐带动了吉安相关产业园区上下游企业的发展，为吉安市的就业吸纳、产业竞争力强化贡献了重要力量。

除了围绕主营业务展开的社会创新探索，海能还积极履行社会责任，希望回馈社会。比如在生产环节率先引入了环境友善型模式，不光为本地提供就业机会和税收，还助力绿色发展；在人才福利上，公司主动投资建设本地的人才公寓，建成之后以成本价出售给管理人员和服务期限较长的员工，让大家愿意留在安福工作；在新冠肺炎疫情初期抗疫物资最紧缺的时候，海能利用自身外贸渠道从国外买到了一些高防护等级的口罩捐给当地政府。

峡江大健康产业：从农户到制药公司的资源整合

2017年，吉安市出台了《加快发展大健康产业的实施意见》。吉安的大健康产业以生物医药制造为核心，构建以"种"为基础、"产"为支撑、"养"为配套的融合式产业集群，被列为江西省布局新经济、发展新产业、引领经济高质量发展的典型示范。其中，吉安市峡江县生物医药产业获批"省级新型工业化基地""省级重点产业集群"，在大健康产业发展之路上独树一帜。

峡江县人口不足20万，却在2019年就取得大健康产业主营业务收入过百亿元的成就，成为峡江县的"首位产业"。谈到峡江县大健康产业的发展，"领航井冈"二期学员、康雅医疗董事长张晓兵表示："总的来说，峡江比较小，产业也较为分散，相对于一线城市还有很大差距，因此，政策不能盲目进行对标，而要从具备实用性的政策入手。"

关于峡江县的成功，豫章药业董事长、"领航井冈"三期学员罗建林很有感触："峡江开始打造大健康千亿产业之后，市里县里出台了一系列举措。吉安市搞了一个'科贷通'，助推企业发展。"玉峡药业董事长、"领航井冈"三期学员罗熙补充道："市政府和县政府还为我们提供了贷款便利，有一些免抵押的政策性贷款，例如'产业信贷通'，由政府财政局旗下担保公司进行担保增信。"

除了政府的资金补贴和担保支持，得天独厚的生态资源与区位优势也为峡江大健康产业的发展提供了沃土。峡江地处赣中腹地，位于吉安市北部，气候属亚热带季风性湿润气候，雨量充沛、光照充足、四季分明、无霜期长。境内野生植物有200余科1400余种，其中药用植物就有260余种，如黄栀子、金银花、钩藤、草珊瑚等。宜人的气候、秀美的山水以及淳朴好客的风情文化，也赋予峡江县大健康产业链延伸到康养旅游的潜力，比如金坪热敏灸小镇、玉笥山都已发展了特色康养项目。

在各种外部条件的助力下，众多峡江本地的生物制药公司充分发挥活力，践行社会创新的模式，开辟出具有特色的生物医药大健康发展道路。罗建林提道："自从党中央提出乡村振兴战略以来，'千企帮万村'的扶贫模式一直是企业工作的重点，企业通过农业合作社让药物品种在乡间落户，将单纯的粮食作物种植改为药材种植，就可以显著增加农户的劳动收入。"

通过政府扶持、企业创新实践，峡江县已经形成了"企业＋合作社＋农户"的生物医药大健康产业运作模式。在这一模式下，一方面，合作社作为农户的集合体，能够减少公司与单一农户的沟通谈判成本，起到了桥梁的作用，也能减少农户直接和公司合作时的抵触感；另一方面，农户加入合作社以后，可以一目了然地掌握合作社的盈利状况，口口相传从而激发其他农户加入合作社的热情；合作社的规模扩大，能帮助企业解决部分生产问题，同时又能将企业所代表的市场需求信息传递给农户，引导农户有针对性地种植中药材，最终形成多方受益的格局。

具体到产业链上的不同企业，也都有自己独特的发展路线。比如玉峡药业在中草药种植、饮片加工、生物敷料、特殊膳食等领域已经颇有影响力；豫章药业围绕生物耗材、药妆、妇科洗液等产品不断研发创新，顺应"预防为主"的品质方针，正朝着中国药用生物耗材隐形冠军的目标奋斗；还有康雅医疗在医疗器械、医用耗材和卫生用品等方面，迄今已和众多知名医院、药店形成直接的合作关系。

自2019年主营业务收入破百亿元以来，峡江县的大健康产业进一步迎来快速发展，县政府持续健全项目帮扶推进机制，全力推动项目建设，帮扶重点企业（项目）解决审批、融资、用地、用工等问题。协丰医用卫生品有限公司竣工投产，和美药业二期项目开工，国培药业项目开工……截至2020年年末，峡江县已落户生物医药大健康企业超过100家。

政府扶持产业，企业带动农户，共同推动了当地经济的发展和人民生活的改善。在2020年抗击新冠肺炎疫情的紧要关头，峡江县16家生物医药企业被列为全省新冠肺炎疫情防控重点保障企业，向全省紧急供应雾化器1.1万台、消杀用品30吨、口罩500余万个……峡江大健康产业的社会创新之路已初具成果。

"吉安模式"：无边胜景在前头

2022年，是长江商学院与吉安市政府携手推出"领航井冈"课程的第5个年头，历经五期研修班，一大批企业家学员带着吉安市人民的殷切期待，肩负吉安市高质量发展和经济转型排头兵的重任，扬井冈风帆，探商海新知，追创业梦想。"领航井冈"搭建了一个企业与企业之间、企业与政府之间、企业与社会机构之间沟通、交流、合作的平台，让企业可持续发展与地区经济社会发展形成了紧密的共同体，开辟了吉安社会创新的独特模式。

社会创新的核心是通过跨界协作整合各类社会资源（政府、企业、NGO及国际组织），以寻求重大社会问题的解决之道。那么，如何推广社会创新的"吉安模式"？"吉安模式"有哪些经验值得借鉴？

其一，地方政府做好顶层设计，创造良好的营商环境。

国家已把实现共同富裕提到一个新的高度，同时也强调，要对共同富裕的长期性、艰巨性、复杂性有充分估计，鼓励各地因地制宜探索有效路径，总结经验，逐步推开。

"有为政府"背景下的宏观顶层设计会在很长时期内影响地区的发展进程。吉安市历届政府班子的全市发展战略规划具有很强的连续性，在工业强市的核心战略部署下，"1＋4＋N"[1]产业扩量提质，产业能级突破提升，动能接续卓有成效。同时，吉安市委、市政府一直都高度重视企业家队伍建设和优化对企业的放管服。比如在2016年"映山红行动"（江西省政府推进省内企业上市的工作方案）中，江西省证监局、吉安市金融办、安福县人民政府为海能实业提供了"一企一策"的一对一帮扶，实实在在解决了其在上市过程中遇到的难题。近年来，吉安市所出台的惠企帮扶资金、资源对接支持、行政审批简化、精英人才保障等政策显著地调动了企业积极性，激发了企业的创新活力和企业家的社会责任意识。

吉安市政府的持续支持是"领航井冈"项目成功的关键因素之一。深圳奥海科技有限公司、"领航井冈"首期学员刘昊对此颇有感触："如果一个县打通一个小瓶颈，一个市打通一个品类的全产业，细分领域技术性突破的牵引，是比投资理念更有价值的东西。吉安市委、市政府正是看到了这一点，以长远的发展的眼光，带领吉安走向光明之路。是政府引导学习的理念，铸就了我当前的成绩。"

其二，产业政策精准规划，产业集群因地制宜。

---

[1] "1"就是电子信息产业；"4"就是生物医药（含中医药）、绿色食品、先进装备制造、新型材料四大主导产业；"N"就是通用航空、移动物联网等新兴产业。

　　"要发展"如今已是各地政府的共识，"如何发展"才是更为关键的问题。吉安市很早就确立了工业强市的核心战略，近年来紧跟国家战略导向，着眼全球科技前沿，进一步大力扶植发展电子信息产业和生物医药大健康等特色产业。吉安市的发展一方面立足于吉安市的资源基础和区位环境，另一方面则体现了对未来趋势的预判。

　　在"领航井冈"五期学员所属的企业中，工业企业有109家，占比近3/4，其中电子信息企业占比37%，超过1/3。在这些工业龙头企业的带动下，吉安全市工业经济加快发展、持续壮大，规模工业增加值连续九年居全省前三。吉安连续三年获全省工业高质量发展先进市，2020年被国务院授予"促进工业稳增长和转型升级成效明显市"，这是全省唯一、全国10个城市之一的荣誉。2020年吉安市电子信息产业营收1707亿元，总量居全省第一、全国30强。

　　再以大健康产业为例，通过政府牵头、企业创新，吉安市广大的农户、合作社以及当地丰富的植物资源被充分利用，在产业扶贫的同时，成功开辟了一条以"生物医药＋中医农业＋康养旅游"为核心的全产业链发展道路，将大健康产业做成了第二个"千亿产业"。

　　其三，头部企业带动，引进资源形成合力。

　　改革开放四十余年来，"引进来"和"走出去"相结合的开放政策在完善我国内外联动、助力高质量开放过程中发挥了重要作用，对于地方经济发展和产业转型，这种双向的开放政策也起到了重要作用。进入动能转换和产业升级转型新阶段以后，吉安市加大了对本土企业的扶植力度和对外地企业的引资力度。如今吉安所形成的"双千亿"产业格局和强大的工业动能，既离不开国光连锁、玉峡药业、新赣江药业等土生土长的龙头企业的"领航"与创新，也离不开海能实业、恒泰电子、南亚新材料等优秀外地企业的"加盟"和支持。

　　自"领航井冈"项目实施以来，学员企业资本运作意识显著增强，企业活力进一步释放。海能实业、国光连锁在主板上市，实现吉安本土主板上市企业

"零"的突破。通过头部企业引领带动，吉安企业上市挂牌积极性显著提升，截至2021年10月，全市共有10家学员企业挂牌上市。近几年来，学员企业帮助引进"以商招商"新项目近40个，进一步完善全市产业链。同时，企业家们创新意识不断提升，据吉安市政府统计，2019年68家学员企业研发支出13.35亿元，占全市的26%，年研发支出1000万元以上的企业达到26家，为吉安的创新发展注入了强劲动力。

"达则兼济天下"，企业家们成长起来之后，能将其丰富的管理经验与能力带到解决社会问题的项目中，再通过他们手中的资源及影响力产生"杠杆效应"，进而一步步拓展到企业乃至全社会。

其四，善用专家人才的智慧，助力成长之路。

人才是地区发展和经济增长的核心要素，这不仅体现在人参与生产劳动的属性，也是因为人才的专业素养和创新精神，能为整个发展进程注入"催化剂"。自工业强市战略确立以来，吉安市和下辖县区先后成立了十几家省、市级院士工作站，通过把院士、专家等高端人才及其创新团队引入企业，与企业研发团队联合进行技术研发、项目合作和人才培养，有效促进了企业技术创新与产业转型升级。

国光连锁作为区域型传统业务企业，在发展的关键阶段，引进国际咨询公司及国内知名券商的"智慧"，借力"领航井冈"平台，推动企业实现了业务精进、管理提升，并获得资本市场的认可，就是一个很好的例子。

"领航井冈"企业家高级研修项目的成功推进，也是政府重视智库建言和企业家人才队伍的体现。时任吉安市市长的王少玄认为："'领航井冈'研修班是抓要害、促发展的关键举措，更是'利当前、谋长远'的战略抉择，所彰显的是市委、市政府弘扬精神，发扬优势的态度与决心。"通过搭建各种产学研交流合作平台，吉安市的人才潜力、企业活力、产业动能得到了充分释放，为吉安市的经济发展提供了强劲的智力支持。

对于长江商学院而言，借鉴吉安模式的经验，弘扬社会创新的氛围，正是对其办学理念的践行以及对教育创新的探索。目前，长江商学院已经在河北衡水复制了吉安模式，并且期望在未来将这种普惠性的社会创新模式复制到更多欠发达地区，助力社会发展和乡村振兴，为共同富裕和地区高质量发展做出贡献。

善行如同涓涓细流，汇入长江，奔赴大海，滋润沿岸的万物。未来，着眼于全球，希望这种创新模式能在非洲、东南亚、拉美等地区"落地发芽"，为解决全球更多国家和地区的社会问题与经济发展贡献中国方案和中国智慧！

教授点评

阎爱民

长江商学院管理学教授
对外事务、校区建设、行政事务副院长
校友事务及长江商学院教育发展基金会副院长
长江商学院教育发展基金会副理事长

这个时代的企业家精神强调上进之心和向善之心。作为商学教育与研究机构，长江商学院是优秀企业家成长和提高的平台。我们时刻感受到一种责任，要坚持和弘扬公益与社会责任的理念，影响并激发企业家校友，使我们的学员有善心、尽善能、行善事、做善人，拿出更多的资源去帮助有需要的人，有效解决社会问题，推动共同富裕。我们与吉安市政府合作发起的"领航井冈"企业家研修班，聚集了当地政府、企业、长江商学院江西校友会等各方资源，践行了长江商学院倡导的社会创新理念。

研究员说

陈剑

长江商学院案例中心
助理主任

乔亿源

长江商学院案例中心高级
研究员

在"共同富裕"大背景下,长江商学院提出并倡导"社会创新"模式。中国地大物博,各地经济发展、产业结构与比较优势各不相同。"吉安模式"是将社会创新理念在革命老区进行实践的有益探索。从学员反馈来看,企业家们受益于公益性的高管培训,带领企业发展壮大,推动当地产业的进步,并进一步回馈社会,促进民生与就业,推动地区脱贫致富,有效探索了以高质量发展推动共同富裕的路径。最后,感谢长江商学院高层管理教育项目王丹娜老师、校友事务及发展部闫雯老师对本文的大力支持,使本文得以成形。